JN411641

대숲에 흐른 세월

백금종 수필집

대숲에 흐른 세월

백 금 종

도서출판 Book Manager

들어가며

마음에 새겨진 무늬

우리 집 뒤란에는 커다란 대밭이 있었습니다. 그곳에서는 계절마다 아름다운 풍경을 연출해 주었습니다. 봄에는 죽순이 무럭무럭 자라 맛있는 먹거리를 제공해 주었고, 겨울이면 눈을 한 아름 머리에 이고 산수화를 그려 주었습니다. 그런가 하면 가을이면 바람이 대숲으로 숨어들며 휭휭 쉰 목소리로 노래를 부르고 어느 때는 댓잎을 바르르 떨게 하며 애달픈 곡조를 읊어냈습니다. 해가 서산으로 내려앉고 어둠이 내리면 어디에서 날아 왔는지 이름 모를 텃새들의 천국이 됩니다. 그들이 대나무 사이를 푸득푸득 날아오르기도 하고 짹짹 찍찍 합창을 합니다. 나는 그럴 때면 뒤 창문을 열고 그들의 동무가 되었습니다. 그리고 무지개를 꿈꾸었습니다. 그렇게 나의 유년은 대밭과 함께 자랐습니다. 지금까지도 그 시절 대밭에서 이루어진 서정은 잊을 수 없는 아름다운 추억입니다. 고향집을 생각하면 그 대나무 숲이 떠오르고 대밭을 떠올리면 나의 순진무구한 어린 시절이 아련히 그려집니다.

성년이 되어 대발이 펼쳐주었던 아름다웠던 설렘과 뭉클했던 감동을 글로 적어보아야겠다고 다짐을 하면서도 게으름을 피우다 보니 아무것도 이루지 못하고 황혼을 맞이하게 되었습니다. 마치 풋풋하고 아리따운 소녀를 마음속으로만 그리워했지 정작 한마디 말도 건너지 못한 숙맥처럼 그렇게 세월을 보냈습니다.

이제는 더 지체할 수 없다는 절박감이 나를 소스라치게 채찍했습니다. 살아갈 날이 살아 온 날 보다 턱없이 부족하기에 마음에 풍랑이 일었습니다. 무엇인가 적어보고, 그려보려 노력했습니다. 그런데 서두르는 일에는 결코 깔끔한 마무리를 기대하기 어려운 가 봅니다. 한 톨 한 톨 주워 모은 알곡이라 했지만 튼실하지 않아 아쉬움이 많습니다.

그러나 어찌하겠습니까? 겨울이 다가 오기에 수확해야 하겠지요. 그러한 심정으로 저의 부족한 작품을 한 점 한 점 주워 모아 책으로 엮어 보았습니다. 내마음속에 간직하고 있는 생각과 풍경들에 색칠을 하고 향기를 불어넣고 잔잔한 감동을 주려했지만 바탕이 얕은 저로서는 벅찬 작업이었음을 솔직히 고백합니다. 한 가지 작은 위안이 되는 것은 인생의 후반을 맞이하며 마음속에 새겨있는 무늬들을 서툴게나마 그려내려 했다는데 있습니다.

비록 향기 높은 명작은 아닐지라도 독자들에게 감명을 주고 긴 여운을 남길 수 있는 단 한 줄의 글이라도 써 보려고 노력했습니다. 그 길만이 저의 부족한 작품을 찾아 주시는 독자님들에 대한 최소한의 예의라고 생각합니다.

영국의 낭만파 시인이자 '초원의 빛'으로 유명한 윌리엄 워즈워스는 '책 한권이 하나의 세계이다.'라는 명언을 남겼습니다. 그렇습니다. 책 한권 속에는 작가의 삶과 인생역정, 그리고 그의 사상과 가치관 세계관 철학관이 모두 담아 있어서 작자의 진면목을 엿볼 수 있기 때문이라고 생각됩니다. 부족하지만 저의 글속에는 지난날 추억의 샘물에서 길어 올린 동화 같은 이야기를 엮었습니다. 그 것이 바로 인생의 발자취이니까요

그동안 저를 이 자리까지 디딤돌을 놓아 주셨던 김 학 교수님, 정성수 시인님 그리고 책이 출판되기까지 음양으로 도와주신 김규원 문우님께도 사랑으로 보은하려 합니다. 더하여 각별한 애정으로 이 책의 산고에 힘을 보태주신 도서출판사 김서종 사장님께도 감사의 말씀 올립니다.

끝으로 옆에서 지켜보며 용기를 주었던 아내와 아들딸들에게도 고맙다고 손길을 내밀며 끝을 맺으려 합니다.

감사합니다.

2018년 3월

백 금 종

차 례

들어가며 _ 마음에 새겨진 무늬 4

첫 번째 이야기 ▶▶▶ 추억의 그림자

내려놓을 수 없는 그림 12
다시 알을 품은 어미 새 17
보리타작 참에 농주 한 사발 22
사라진 논문서 26
새벽 닭 울음소리 30
속담의 의미를 되새겨 준 손자 35
송아지 (1) 39
송아지 (2) 45
어떤 꿈을 심어 주었을까 48
어머니의 보행기 53
제자 영광이의 꿈 57
할아버지와의 약속 63
호수의 아침 67

두 번째 이야기 ▶▶▶ 그리운 날들

그 끈을 자르고 싶다. 72
날마다 아들의 정을 마신다. 77
다지기 가족 81
돌아올 수 없는 외출 85
마음 짠한 어버이날 89
벌초 93
빨강 운동화 96
산새소리 101
어머니의 밥상 105
이발 110

세 번째 이야기 ▶▶▶ 사람과 사람

공원에서 만난 스승 116
교통사고 120
끼 많은 주례 선생님 127
빗나간 관상풀이 131
산책길에서 만난 천사 135
여인의 향기 139
의미 있는 시제 행사 143
정이 흐르는 강 147
제자 151

네 번째 이야기 ▶▶▶ 삶의 길목에

건강의 화원 156

걸레 161

고구마의 꿈 165

놀이터 풍경 170

두 마리의 토끼 174

발의 서정 179

어미 새의 고단한 날개 짓 184

연꽃처럼 그 향기처럼 188

오늘도 걷는다마는 192

종친회 197

KTX를 타고 204

다섯 번째 이야기 ▶▶▶ 당신 있음에

꿈이여 이루어져라 210

내 몸에 들어온 친구 214

마음속의 꽃 219

묵의 속삭임 223

발맞추기 226

변 신 232

자전거 나들이 238

제라늄 사랑 244

홀로서기 248
화이트데이 선물 252

여섯 번째 이야기 ▶▶▶ 자연의 품에서

고향의 저수지 258
가을의 품에 안긴 전주 천 263
달팽이 268
대접받는 곤충자원 273
두물머리 같은 삶 279
밤이 더욱 행복하다. 284
봄은 갔는데 288
사과 삼형제 292
텃밭에서 얻은 행복 296

첫 번째 이야기

추억의 그림자

내려놓을 수 없는 그림 | 다시 알을 품은 어미 새
보리타작 참에 농주 한 사발 | 사라진 논문서
새벽 닭 울음소리 | 속담의 의미를 되새겨 준 손자
송아지 (1) | 송아지 (2)
어떤 꿈을 심어 주었을까 | 어머니의 보행기
제자 영광이의 꿈 | 할아버지와의 약속
호수의 아침

내려놓을 수 없는 그림

우리 집 거실 벽에는 몇 개의 그림이 자리하고 있다. 그 그림들은 유명한 화백의 붓에서 빚어진 걸작도 아니요, 그렇다고 조상으로부터 가보家寶로 물려받은 고미술품도 아니다. 평범한 작가가 그린, 값도 칠 수 없을 만큼 그저 그런 그림이다. 그러나 나는 누가 그렸느냐의 여부를 떠나서 애지중지하며 감상하고 있다.

지금은 모든 것이 값으로만 따지는 세상이 되었다. 작품 속에 어떤 의미나 내용이 함축되어 있는지 살펴보지 않고 또 그 작가의 예술적 혼이 얼마나 녹아 있는지도 개의치 않는다. 작품의 어느 곳에 유명한 분의 낙관이 있는지, 가격은 얼마인지에 따라 관심의 정도가 갈린다. 또 상품이면 어떤 브랜드이고 얼마짜리인지에 따라 반응이 다르다. TV 프로그램에 '진품명품'이라는 프로그램이 있다. 프로그램의 진행과정을 보면 아나운서가 출품한 분의 변辯을 들어보고 작품의 작가나 제작 연대, 내용이나 의미 등을 탐구한 뒤 종국에는 그 감정가격이 얼마인가를 확인한다, 가격이 예상외로 고가이면 탄성이 나오지만 기대에 못 미치면 실망하는 것으로 보아 출품한 분이나 방청하는 분들의 제일 궁금한 것은 가격에 귀착되지 않나 싶다.

몇 년 전에 어린 학생들 사이에서 모 섬유회사의 제품인 겨울 파커가 유행한 적이 있었다. 그 옷을 입지 않으면 또래집단에서 따돌림을 당하거나 친구로서 대우를 받을 수가 없었다. 신상품을 사 입힐 수 없는 가정에서는 중고품을 사다가 세탁한 뒤 입혀서 학교에 보냈다니 가히 그 열풍을 짐작하고도 남음이 있다. 그것은 브랜드를 선호하기 때문이지만 50여 만 원이 넘는 고가품이기에 그러지 않았을까 한다. 이는 비단 어린 학생들 사이에서만 만연하는 폐단이 아니라 어른들 사회에서도 그렇다. 유명 연예인이나 저명한 인사들은 어느 부촌에 있는 얼마짜리 저택에서 단꿈을 꾸는지, 얼마짜리의 대형 외제차에 몸을 싣는지가 종편 방송 프로그램에 단골 메뉴로 등장하기도 한다.

지난번 새 집으로 이사하면서 아내는 극구 그림들을 걸지 말라고 강요 했다. 그 이유인즉 오래도록 보아온 그림이라 싫증이 났을 법도 하고, 변색되어 볼품이 없기 때문이었으리라. 그러나 그보다도 더 큰 이유는 별로 유명한 분의 작품도 아니고 값어치도 없는 그림을 무엇 때문에 걸려 하느냐 는 뜻도 있었으리라. 더군다나 이삿짐센터에서 나온 분들도 요즈음엔 벽에다 아무것도 부착하지 않은 추세라고 했다. 넓고 깨끗한 벽면을 여백으로 비워두고 그 속에서 순백의 여유와 안락을 구가한다는 것이다. 그러나 나는 아내의 강요도 이삿짐센터 아저씨들의 조언도 받아들이지 않았다. 그러한 행태가 구태에 젖어있는 고정관념인지 아니면 오랫동안 교직에 몸담았기에 직업적 속성이 있어서 그런지 벽에다 장식하려는 성향이 있는 것만은 사실이다. 이런 일련의 행위들이 무엇인가를 채우려는 욕심에서 비롯된 것이 아닌가 하며 자신을 돌아보는 때도 있다.

문제의 그림은 우리 고장의 원로작가가 그린 홍시도紅枾圖이다. 부러질 듯 가녀린 가지가 화폭의 중앙을 가로질러 늘어지고, 위 부분과 중앙, 그리고 아래 부분에 몇 개의 홍시가 계절에 걸맞은 색채감과 볼륨감, 그리고 여백을 고려하여 아기자기하게 달려있다. 어느 것은 풍부한 여인처럼 적나라하게 전신을 내보이는 것이 있는가 하면 어떤 것은 수줍은 처녀처럼 잎 뒤에 숨어 얼굴을 반만 내보인다. 청갈색 잎에 선홍색 홍시로 보아 가을이 익어가고 있으리라. 한껏 부풀어 올라 한 입 물면 꿀맛 같은 속살이 입안에 가득할 것 같다. 물 흐르듯이 여유로운 붓놀림을 한 노 화백의 필치에 풍요한 자연이 살아 숨 쉬고 있어 경외심을 느끼게 한다. 그러나 그것보다는 그림 속에서 지난날의 추억의 조각들을 찾아낼 수 있어 더 좋은 것이다.

내 어릴 적 고향집 울안에는 세 그루의 감나무가 어깨를 나란히 자라고 있었다. 이 감나무는 할아버지께서 나의 출생을 기념하기 위해 심으신 나무이다. 외아들을 두어 고적함을 느끼시다가 큰 손자가 태어나니 반갑기도 하고 앞으로 건강하게 자라서 좋은 결실을 맺으라는 뜻으로 심은 듯하다. 내가 무럭무럭 자랄 때 이 감나무들도 자라서 달콤한 감을 가마니로 선사하는 보물이 되었다. 나뭇잎이 붉게 물들고 감들이 단맛을 품게 될 때쯤이면 나는 장대를 들고 감나무에 오르고 동생들은 고개를 젖히고 두 팔을 벌려 감을 받을 준비를 한다. 그러나 감들은 나의 뜻대로 응하지 않았다. 장대 끝을 쪼개어 만든 갈고리로 감을 따곤 했는데 가지에서 떨어지면 아래로 곤두박질을 쳤다. 동생들의 손안으로 안전하게 떨어지는 녀석이 있는가 하면, 땅바닥에 내동댕이쳐지는 녀석도 있고, 또 얄궂은 녀석들은 동생들의 얼굴에 떨어지기도 했다. 그렇게 따온 감들을 집집마다 십여 개씩 나누어 드리고 남는 것은 대바구니에 담아 놓고 먹었다. 익는 순서대로 골라 먹는 재미도 쏠쏠하지만 그 백미는 겨울철 눈 속에 파묻어 놓았다가 먹는 홍시야말로 천하 일미였다. 냉장고가 없던 시절이라 눈 속에 잠깐 넣었다가 꺼내 먹는데도 시원하고 부드럽고 달콤한 속살이 입안에서 녹을 때 그 맛은 꿀 사탕 이상이었다.

그러던 감나무에 몇 년 전부터 이상이 생겼다. 웃어른들도 돌아가시고 나마저도 도회지로 떠나오자 시나브로 죽어갔다. 정성스럽게 돌보아줄 손길이 없으니 나무인들 잘 버틸 수 있겠는가? 한 그루는 장마철에 물손을 받아 고사하고, 나머지 두 그루는 몇 년 사이를 두고 불어온 태풍에 쓰러지고 말았다. 천하를 호령하던 영웅호걸들도 낙엽처럼 떨어지는데 하물며 나무인들 온전하랴.

거실에 고적하게 걸려 있는 홍시그림을 마주하고 있노라면 갖가지 상념에 잠기곤 한다. 튼실한 결실을 맺을 때까지 얼마나 갖은 풍상을 이겨냈을까 하는 애련함을 느끼기도 하고 단풍이 들고 무서리가 내려 깊어가는 가을의 정취와 함께 풍성한 배부름을 느낄 수 있다. 아웅다웅하며 감 따 던 모습이며 어머니의 품안으로 파고들던 동생들의 철없는 얼굴도 떠오른다. 감 가지에는 어른들의 말씀이 송송 매달려 있고 감잎사이로 오순도순 살았던 고향집 마당이 펼쳐진다. 한편 나도 가을빛에 익어가는 감처럼 튼실한 결실을 맺는 삶이 되어야지 않을까 반성하기도 한다. 값이야 비록 미미하지만 이처럼 아련한 동심의 세계와 망각의 세계를 깨우쳐 주는 이 그림을 어찌 내려놓을 수 있겠는가?

(국보문학 2016년 11월호)

다시 알을 품은 어미 새

올봄은 유독 무더웠다. 5월말인데도 수은주가 섭씨 30도를 웃돌아 한여름을 무색케 했다. 따뜻해진 날씨에 환호하는 것은 식물들이었다. 지난 주말 과수원에 가 보았다. 그곳에도 봄비를 생명수로 비축한 수목들이 푸른 하늘로 활개를 치며 자랐다. 수풀에 둘러싸인 감들은 갈색 꽃잎을 입에 물고 부끄러운 듯 얼굴을 반쯤 내밀고 있었다. 햇빛을 받아 반짝거리는 모습이 푸른 구슬처럼 아름다웠다. 늦가을 분홍빛 열매로 일생을 완성하기까지는 가마솥 같은 더위와 몰아치는 비바람에 담금질하는 노력이 있어야 하려니 싶다. 그 옆에서 한자리를 찾지 하는 매실은 푸른 기운이 펄펄 넘치는 청춘이었다. 푸른 잎 사이로 알알이 맺혀 부푼 공처럼 튀어오를 것 같은 탄력이 있었다. 한 입 물고 씹으니 시큼한 맛이 입안을 개운하게 씻어주었다. 며칠 후면 술이나 설탕과 어우러져 약주가 되고 효소가 되어 우리의 건강을 도우리라 생각하니 옹골진 마음이 들었다. 한편 곳곳에서 하얀 꽃을 피운 망초, 산죽처럼 질긴 억새풀, 연보라색 나팔꽃, 솜털 같은 홀씨를 바람에 날리는 민들레 등도 터줏대감처럼 의기양양하게 초여름의 기운을 즐기고 있었다. 이 모든 식물들은 불같이 타오른 태양이 우리 인간에게 내린 선물이 아닌가 한다. 그러나 이것들 중에도 인간에게 유무 익의 존재들이 있다.

과수원의 잡초들을 베어내기로 했다. 농약을 치면 쉽게 풀을 제거할 수도 있지만 땅이 오염되고 과수들에게도 막대한 피해를 입히니 결코 선택할 수 있는 방법이 아니다. 사랑하는 가족과 가까운 친지들 앞에 청정과일로 나서게 하려면 어찌 농약을 칠 수 있겠는가? 예초기를 둘러매었다. 윙윙 천지를 진동하는 굉음을 자장가 삼아 칼날을 내 둘렀다. 그때마다 풀들은 맥없이 쓸어져 나갔다. 처음에는 그런대로 할 수 있었으나 시간이 지날수록 땀이 비 오듯 흐르고 팔다리가 아파 오기 시작했다. 이 세상 모든 일이 쉽게 되던 일이 있던가? 몽롱한 상태에서 거의 반사적인 몸놀림으로 풀을 베어 가고 있을 때 예리한 칼날 밑으로 6개의 누런 알이 나타났다. 섬뜩했다. 크기는 메추리알보다 조금 큰듯한데 색깔은 거의 비슷했다. 연회색 바탕에 진갈색 무늬가 있는 알이었다. 머리를 맞대고 오순도순 있는 모양이 정겨워 보였다.

그러나 얼마나 다행인가? 만약 칼날에 부딪쳤다면 산산조각이 났을 것이고, 내가 밟았어도 온전하지 못했을 것이다. 그런데 어느 것 하나 다치지 않고 완전한 상태로 있는 것이 아닌가?

일촉즉발의 순간을 모면하고 생명을 건진 그들이 대견했다. 이런 경우를 천우신조天佑神助라고 하던가? 한편 어미 새는 둥지를 지키다 허겁지겁 떠난 듯 기척이 없었다. 굉음과 함께 칼날이 접근해 오자 하는 수 없이 알들을 버리고 둥지를 떠났으리라. 피골이 상접하는 고통을 마다않고 새 생명의 탄생을 기원했던 어미 새는 지금쯤 얼마나 애를 태우고 있을까? 고의는 아니지만 한 순간에 평화를 짓밟은 나의 행동은 어떤 이유로든 그 새 가족들에게는 정당화될 수 없으리라. 모든 생명은 소중한 것. 베어진 풀잎을 모아 동그랗게 보금자리를 만들어주고 알들을 살짝 덮어 주었다. 제초 작업을 하다가 위해危害행위를 한 내가 그들에게 베풀 수 있는 최선의 배려가 되려니 해서였다.

종달새. 초여름 하늘이 천길 높아지고 보리들이 푸르게 자라면 하늘에서 찌르르 찌르르 노래하는 새가 아닌가? 높이 날다가 보리 숲을 향해 쏜살같이 내려오기도 하고 또 다시 솟구치며 드넓은 하늘에서 유희를 하는 새이다. 그때쯤이면 악동들은 보리대로 피리를 만들어 삘리리삘리리 불며 나팔수가 된 냥 뽐내기도 했다. 때론 종달새를 따라 내 달리기도 하면서 드높은 창공을 한 없이 날기를 기원했다.

또 한 편으로는 대부분의 어린이들이 그러하듯이 나도 어린 시절에는 호기심이 많은 철부지였다. 풀벌레를 찾아 풀숲을 헤맸고, 뻐꾸기와 비둘기 알을 찾으러 보리밭이나 밀밭을 쏘다니기 일쑤였다. 초가지붕 구멍 속에 낳은 참새 알을 꺼내 가지고 놀다가 깨드려도 눈썹 하나 까닥하지 않는 위인이었다. 심지어 솜털이 송송 난 아기 새를 잡아다 기른다며 모이와 물을 먹이며 밤새 바라보다 잠이 들곤 했었다. 결국 죽음에 이르러서야 마음을 돌리곤 했다. 순수한 어린 마음이라 치부하기엔 너무 어처구니없는 일이 아닐 수 없었다. 새들에게는 생사가 걸린 중대한 일이 아니던가? 그런데 오늘 다행히 목숨을 부지한 알에 대해서 연민의 정을 느끼는 것은 생명의 소중함을 성찰할 수 있는 나이가 되기도 했지만 어린 시절의 치기稚氣에 대한 일말의 참회이기도 하리라.

풀이 베어질수록 과수원은 단정하게 이발한 내 모습처럼 산뜻해졌다. 뻥 뚫린 공간으로 시원한 바람이 불어와 흐르는 땀을 씻어주었다. 숨통이 트인 과수들도 생기가 도는 듯했다. 그러나 쾌적해진 과수원의 정경에 비해 마음이 개운하지 않음은 왜일까? 풀베기를 하다 새들의 보금자리를 파괴했다는 일말의 자괴감 때문이리라.

세상일에도 이러한 경우가 있어 우리를 안타깝게 할 때가 종종 있다. 산허리를 파헤쳐 도로를 만들면 교통은 편리해 질지 몰라도 동식물의 생활터전과 환경은 파괴되고, 갯벌을 막아 간척지로 개발하면 농경지나 공업용지가 늘어 경제적 가치는 있을지 몰라도 해양 생물들의 삶터를 잃어야 하는 아쉬움이 있지 않던가? 풀을 베는 동안 내내 나의 신경은 온통 알이 있는 곳으로 집중되었다. 어미 새가 지금쯤 날아들까 힐끔 힐끔 돌아보며 일을 하니 진행하는 속도가 더디기만 하였다. 뜨거운 태양이 노을 진 산 너머로 서서히 기울 무렵 어설프게나마 일을 마무리 했다. 어미 새는 아직도 찾아오지 않았다. 아무 일도 없었다는 듯이 덩그마니 놓여 있는 알들만이 석양빛에 반사되어 빛나고 있었다.나는 짐을 챙겨들었다. 멀리 산 벚꽃이 진 숲속에서 피울음을 토하고 있을 어미 새를 생각하니 발걸음이 무거웠다.

애잔한 마음에 단잠을 설치고 이튿날 날이 밝자 서둘러 일어나 밭으로 가 보았다. 밭 입구에서 바라보니 조그마한 새 한 마리가 오뚝하니 알을 품고 있는 것이 아닌가? 반가웠다. 지은 죄를 벗은 사람처럼 마음이 가벼웠다. 살금살금 다가가도 새는 꿈쩍도 하지 않고 알을 품고 있었다. 어제의 참담함이 되살아나는 듯 경계의 끈을 늦추지 않는 듯하다. 미물이지만 생명을 지키려는 모성애가 가상했다.

"나는 결코 너를 해치러 온 것이 아니다. 그리고 나의 피치 못할 실수로 너희들의 생명에 위협이 되었다면 용서해 다오." 나는 조심조심 그곳을 물러 나왔다.

(2015. 10. 국보문학)

보리타작 참에 농주 한 사발

보리밭에 누르스름한 기운이 돈는다. 보리 이삭이 영글어 타작할 때가 되었다는 자연의 신호다. 이맘때면 그때의 뜨겁고 껄끄럽고 힘들어 주저앉고 싶었던 보리타작 마당이 생각난다. 직장에 다니던 때였지만, 혼자되신 어머니가 허리 펼 새도 없이 바쁘게 일하시는지라 새벽이나 오후, 휴일에 짬을 내서 도왔다. 농사일 치고 어느 것 하나 쉬운 일이 있을까만 그 중에서도 제일 힘들었던 게 보리타작이다.

6월에 들어서는 무렵이면 뙤약볕 아래에서 보리를 베기 시작한다. 얕은 살갗을 파고드는 보리이삭에 닿지 않게 피하면서 이리저리 쓰러진 보리를 찾아 베노라면 금세 지쳐서 주저앉곤 한다. 그럴 때쯤이면 필요한 것이 새참이지만, 더욱 효과가 큰 것은 농주 한 사발이다. 텁텁한 듯 알싸한 농주 한 잔을 벌컥벌컥 들이켜고 나면 언제 그랬느냐는 듯 아팠던 허리도 펴지고 흐르던 땀방울도 거두어져 활기가 솟는다. 다시 낫을 들고 보리를 싹둑싹둑 벨 수가 있었다.

벤 보리는 4,5일쯤 밭에 깔아 놓았다가 어느 정도 마르면 단을 지어서 지게로 나른다. 산더미처럼 쌓아놓은 보리를 경운기를 이용해서 타작을 한다. 타작이 시작되면 자연스레 분업이 이루어진다. 보리 단을 안아서 탈곡기 앞으로 보내주는 사람, 이를 받아서 기계로 밀어 넣는 사람, 기계에서 나오는 알곡을 가마니에 담는 사람, 마지막으로 알곡을 털고 나온 보리짚단을 모아서 쌓는 사람까지. 모두가 초긴장 상태로 눈코 뜰 새 없이 바쁘게 움직여야 한다.

보리 단을 탈곡기에 넣을 때 주의할 점은 완급을 조절해야 하는 일이다. 보리 단을 한 번에 몽당 집어넣으면 기계가 멈춰 서 버리고, 적게 넣으면 일의 능률이 떨어지기 때문이다. 그리고 알 보리를 가마니에 담을 때는 구석구석 빈틈없이 잘 채워지도록 흔들면서 받는다. 심지어는 작대기를 꽂아 넣고 흔들면서 담으니 가마니는 항아리처럼 배가 부풀어 오른다. 또 다른 쪽에서는 알곡을 털고 나온 보리 짚을 받아다 동산처럼 쌓는다. 어느 한 곳이 부진하면 전체적으로 일을 처리할 수 없게 되니 한 몸같이 손발을 맞추어야 한다. 이러한 모습은 비단 보리타작에서 뿐만이 아니고 가정이나 사회에서도 필요하지 않을까? 아빠는 아빠로서 역할에 충실하고, 엄마는 건강한 가족을 위한 파수꾼으로, 자녀들 또한 그들의 본분을 다하며 돛을 올릴 때 순항의 배를 띄울 수 있으리라.

보리 짚을 쌓는 일은 나의 몫이었다. 대개 일에 서툰 사람이 하는 일이다. 그러나 동산처럼 쌓으려면 그렇게 호락호락하게 되는 게 아니다. 미끌미끌한 속성 때문에 서로 붙어있지 않고 한쪽으로 삐져나오려 한다. 그러기에 점점 높아지는 짚더미를 오르려다 넘어지는 일은 다반사다. 건성 건성으로 하다가 균형을 맞추지 못하면 와그르르 무너지는 낭패를 당하기 쉽다. 작은 일에도 신중을 기해야 함은 보리 짚 쌓기나 세상일이나 마찬가지이려니 싶다.

햇볕은 불가마가 무색할 정도로 쏟아지고 땀은 비 오듯 흐른다. 껄끄러운 이삭은 거머리처럼 달라붙어 속살로 파고든다. 먼지는 눈과 코를 가리지 않고 덤벼든다. 세상의 모든 형벌을 뒤집어 쓴 괴물의 모습이다. 이때도 찾는 것이 바로 농주가 아닌가? 경운기가 숨을 고르고 농군들도 허리를 펴면 어머니의 손길로 빚어진 농주가 나온다. 뚝배기에 가득 부어 한 숨에 마시고 된장을 듬뿍 묻힌 고추를 씹으면 피로가 눈 녹 듯 사라지고 쓰린 고통도 잊혀 진다. 근처 사래 긴 밭에서 허리 펄 틈 없이 땀 흘리는 이웃들을 불러 함께 마시면 그 맛이 배가 되기도 한다. 농주! 이 얼마나 서민적이고 구수한 정이 있는 술인가? 같이 나누어 마시면 모두가 이웃집 아저씨 같이 가까워지고, 마셔서 흥이 나면 한 곡조 뽑을 수 있는 술이다. 농사가 시작되면 농주부터 빚고 농주가 익으면 마을의 인심도 후해 지곤 했다.

세월이 많이 흘렀다. 농사짓는 방법도 많이 변했다. 고향을 찾아가도 보리가 널려있는 전답을 쉬이 볼 수 없다. 보리타작하는 모습 또한 시원한 그늘 아래에서 촌로들이 엮어가는 전설로 남아있다. 술이 익어가는 마을의 정취도, 농주를 권하며 나누던 훈훈한 정도 동구 밖 느티나무가지에 매달린 추억이다. 편리를 추구하는 문화는 도시를 거쳐 농촌, 산촌을 가리지 않고 스며들었다. 일손이 급속히 감소하게 되니 더욱 그러 하리라.

가마솥에서 땀을 뻘뻘 흘리며 장만했던 어머니의 구수한 손맛은 간 곳 없고 편리하게 배달된 음식이 그 자리를 차지한다. 광주리에 음식을 가득 담아 머리에 이고 바둑이를 앞세워 들로 나가던 어머니의 모습도 볼 수 없다. 심지어는 농주대신 커피로 피로를 푼다 한다. 농촌에 가더라도 그 옛날의 정취는 간곳이 없고 옛 추억의 그림자도 찾을 수 없으니 아쉽고 그리운 마음이다.

일손이 고단할 때 구실삼아 허리도 펴고 잠깐 쉬면서 벌컥벌컥 서로를 보듬고 위로하며 들이켜던 그 농주가 그립다. 농주는 술이 아니라 가족과 이웃의 정으로 빚어진 사랑이었다.

(2017년 6월 30일 전주일보)

사라진 논문서

우리들의 어린 시절에는 오늘날과 달리 제기차기 자치기, 구슬치기, 팽이치기, 연날리기 등 여러 가지 전통 놀이를 하며 지냈다. 계절에 따라 하는 놀이가 있는가 하면 일 년 사시사철 한시도 빠지고 않고 하는 놀이도 있다. 학교가 파하고 마을의 공터에 모이면 철부지 친구들은 어김없이 놀이는 시작했다. 어둠이 내리고 굴뚝에 연기가 멈춘 뒤에도 이어져 어머니의 부름을 받고서야 집으로 돌아가곤 했다. 돌아가면서도 놀이에 대한 미련을 버리지 못하고 뒤돌아보면 벼락같은 꾸중이 떨어지기도 했다.

제기차기는 때와 장소에 구애받지 않고 쉽게 즐길 수 있는 놀이이다. 발로 얼마나 많은 개수를 차느냐에 따라 승패를 가르기도 하고, 일정한 거리를 정해놓고 그곳까지 제기를 차면서 돌아오는 방법도 있다. 또 빙 둘러서서 술래잡기를 하는 놀이방법도 있다. 하여간 어떤 방법으로 하던 제기놀이에도 매력이 있다. 요즈음에도 전신 운동이 된다하여 권장하는 놀이 중에 하나이다. 각 지방에서 행해지는 행사에 가 보면 꼭 제기차기가 단골 경기종목으로 채택되는 경우를 볼 수 있다.

오늘날에는 공장에서 대량 생산되는 제기를 쉽게 구입해서 편리하게 사용할 수 있지만 예전에는 어디 그럴 수 있었던가? 손수 만들어서 사용해야 했다. 그러하니 손재주가 있는 친구들은 자기 스스로 만들어서 사용할 수 있지만 재주가 없는 나로서는 제기라도 하나 만들려면 꼭 이웃집 형의 손을 빌리곤 했다. 세상에 공짜는 없다. 그 형의 손을 빌리려면 수고한 대가로 무언가 제공해야 한다. 또 제기를 만들 때는 조선 시대의 엽전을 주로 이용했다. 그 엽전에는 네모난 구멍이 있어 제기를 만드는데 안성맞춤이다. 또 구멍이 없는 동전을 이용하기도 했는데 실로 종이를 동여 맨 후 사용하였다. 조금은 불편하나 구멍 난 엽전이 없으니 궁여지책으로 이용하였다.

제기를 감싸는 종이로는 백지나 미농지를 이용하기도 했다. 백지나 미농지는 제기수술을 만들 때 수월하게 찢어져 편리했기 때문이다. 백지는 물이 조금만 묻어도 찢어지거나 망가지는 단점이 있는데 그에 비하여 미농지는 물이 묻었다 하더라도 그 모양새를 잘 유지하여 수술을 만드는 종이로 제격이었다. 그러나 미농지를 구하기가 결코 쉬운 일이 아니었다.

어느 날 서랍을 열어보았다. 누런 봉투 속에 겹겹의 미농지가 있었다. 그 미농지에는 군데군데 붉은 도장이 여러 개 찍혀 있었다. 제기의 꽃술을 만들기에 딱 좋았다. 그 미농지를 한 장 한 장 떼어다 제기를 만들었다. 미농지로 만든 제기는 왜 그렇게 잘 차지는지? 그리고 보기에도 좋았다. 제기를 차면 예쁜 나비가 공중에서 너울너울 춤추는 모습과 같았다. 정말 신이 났다. 친구들에게 우리 집에는 미농지가 많다며 자랑을 하며 뽐내기도 했다. 또 친절을 베푸는 친구에게는 몇 장씩 가져다주며 선심을 쓰기도 했다. 특히 나의 제기를 만들어 준 형에게는 한 장씩 진상하며 그의 비위를 맞추기도 했다. 그러다 보니 얼마 안 가서 미농지도 바닥이 났다.

어느 날 할아버지께서 돋보기를 쓰시고 서랍을 뒤지면서 무언가를 열심히 찾고 계셨다. 나는 아무 일도 없는 듯이 태연하게 할아버지께 무엇을 그렇게 찾으시냐고 여쭈었다. 여기에 있는 논문서가 몽땅 없어졌다. 어디로 갔을까? 할아버지는 매우 당황하는 모습으로 논문서를 찾고 계셨다. 가슴이 덜컥 내려앉았다. 분명 내가 제기를 만들 때 가져다 쓴 미농지를 찾는 것 같았다. 몇 번이나 망설이다 용기를 내어 할아버지께 말씀 드렸다.

"제가 그 종이를 가져다 제기를 만들었는데요."

"논문서인데 큰일 났다. 우리 논은 이제 모두 날아가 버렸다." 걱정하시면 나무라셨다. 그러나 대를 이을 손자가 그랬으니 어쩔 수 없으셨던 모양이다. 허탈한 표정을 지으며 나를 바라보시는 눈에는 근심이 가득 하였다. 세월이 흐르자 할아버지와 아버지께서는 저 세상으로 가셨다. 먹고 살기에 바쁘신 할아버지와 아버지는 돌아가실 때까지 논문서를 재발급 받지 못하셨다. 먼 훗날 토지특별조치법이 발효되고 나서야 내가 다시 재발급을 받았다.

친구들 중에는 도시에서 집을 장만하거나 사업을 하면서 목돈이 필요하면 조상으로부터 물려받은 전답을 파는 경우를 종종 보았다. 또 개발 지구에 재투자하여 막대한 이익금으로 호화주택도 구입하고 승용차도 굴리면서 폼 나게 사는 친구들도 보았다. 그러나 나는 어떤 일이 있어도 조상으로부터 물려받은 토지는 손을 대지 않았다. 조상들의 피땀이 어린 토지를 함부로 처분하는 것도 자손으로서 도리는 아닐 것 같아서였다. 시대의 흐름에 편승하여 큰돈을 손에 쥐는 것도 뛰어난 수완이 되겠지만 고향에 그대로 보존하는 것도 조상에 대한 최소한의 예의라 생각했다. 어떤 길이 현명한 길인가는 먼 훗날 자손들이 판단하리라며 자위한다. 감쪽같이 사라진 논문서를 보시고 걱정이 크셨던 할아버지의 마음을 조금이라도 편하게 해드리려면 논밭을 잘 간수해서 자손대대로 물려주는 것도 하나의 도리가 아닐까?

(2016. 7. 20.)

새벽 닭 울음소리

아직은 회백색 어둠이 사위에 머물고 있다. 숨소리조차 거두어 간 방안에는 고요만이 흐르고 있다. 온 저녁 느긋하게 단잠을 자고 무위無爲의 순간을 즐기고 있을 때 멀리서 새벽닭 우는 소리가 들려왔다. 새로 이사 온 아파트가 도시의 외곽에 자리한 까닭에 가까이 있는 시골마을에서 들려오는 소리이다. 아파트에 살면서도 옛날 고향집에서 들었던 그 소리를 들을 수 있는 것은 또 다른 행운이다.

아련한 어린 시절, 그 시절의 닭울음소리는 맑고 청아했다. 잘 조율된 피아노의 고음처럼 잡음이 섞이지 않았다. 영혼을 깨우는 소리처럼 가까이 들으면 해 맑아서 좋았고 멀리서 들려와도 그 아련함에 귀를 기우렸던 것이다. 어느 한 집의 닭의 시작으로 이곳저곳에서 따라 울면 벌써 동녘에선 해가 떠올랐다. 부지런한 농부들은 잠방이를 주워 입고 해장 일을 나섰다. 적막에 잠겨있던 마을에 활기찬 아침을 열어주곤 했다.

오늘날에도 새벽닭이 우는 소리를 듣고 하루를 여는 사람들이 많다. 고기잡이를 나서는 어부들은 만선의 부푼 꿈을 안고 새벽안개가 짙게 깔린 바다를 노 젖어 간다. 그런가 하면 거리를 깨끗이 청소하기 위해 나서는 미화원들, 음식물 쓰레기를 수거하는 사람들은 달구리[1]에 신발 끈을 동여매야 한다. 새벽녘에 공부해야 정신 집중이 잘 되어 학습에 능률이 오른다고 일찍 일어나는 수험생들도 있다. 새벽이면 좋은 영감을 얻게 된다는 예술가들도 있다. 그들은 아름다운 작품을 구상하고 창작하는데 더 없이 좋은 시간이 새벽이라며 밤을 밝히기도 한다.

이처럼 새벽이란 삶을 위해 몸을 내 던지는 사람들의 출발선이요 오르막이 있으면 내리막이 있고 지름길이 있으면 두름 길도 있는 인생길에 돛을 올리는 시간이다. 이 황금 같은 시간을 알려 주는 것이 닭의 울음소리이다. 그래서 닭 울음소리는 새날이 밝았음을 알려주는 희망의 소리요 기쁨의 노래요 격려의 함성이려니 싶다.

나에게도 새벽 닭 울음소리에 얽힌 아기자기한 일들이 있다. 서울에서 고등학교를 다닐 때의 들풀처럼 풋풋한 이야기이다. 서울에 가려면 꼭 두 새벽에 일어나야 한다. 그도 그럴 것이 정

1) 이른 새벽닭이 울 무렵

읍에서 완행열차를 타면 열 네 댓 시간이 걸리기 때문이다. 여름철이면 해가 일찍 솟기에 별반 없지만 겨울철이면 문제가 심각해진다. 기차시간에 맞추려면 밤잠을 설치다가 닭이 우는 소리를 듣고 부리나케 일어나 6km가 넘는 길을 서리바람을 밀치며 걸어야 했다.

얼음장처럼 꽁꽁 언 몸을 이끌며 기차에 오르면 고향을 등지고 서울로 향하는 사람들로 만원을 이루었다. 2인석인 의자에도 3-4인이 앉고 통로에도 사람들이 빽빽이 들어차 마치 콩 나물 시루와 다름이 없었다. 허름한 복장에 매캐한 냄새가 나는 사람들과 함께 서울역 까지 거기란 고역이었다. 그러나 나는 물론 그들도 세월의 갖가지 풍화과정을 겪으며 오늘에 이르렀다. 그리고 국내는 물론 국외까지 나가가서 생활전선에서 몸부림치기도 하고 나라 발전에 초석을 다진 주인공들이 되었다. 그 시절에는 곤고했던 우리들의 초상肖像이지만 조용히 눈감고 생각하면 머리를 헤집고 올라오는 아름다운 추억이 아닐 수 없다.

새벽닭 울음소리가 나의 마음에 소인燒印이 되어 남아 있는 일이 있다. 그것은 한국전쟁 때 공산당의 횡포이었다. 어느 날 새벽 소란한 소리에 눈을 떴다. 방안에서는 낯모르는 사람들이 여러 명 서성이고 있었다. 그들의 손에는 총이 들려 있었다. 나는 무서워서 얼른 눈을 감았다.그들은 야음을 틈타 마을로 쳐들어 온 빨갱이(공산군)이었다. 몇 명은 할아버지를 겁박하고 몇 명은 방안을 뒤지며 무엇이든 손에 잡히는 것은 모두 포대자루에 쓸어 넣는 것 같았다. 구석구석에 조금씩 숨겨두었던 곡식이며 간장 된장과 고춧가루 등 양념들도 용케 찾아내어 남김없이 담아 갔다. 어린것들 입에 풀칠이라도 하게 조금만 남겨놓고 가라는 할머니의 애원에도 아랑 곳 없었다. 그들은 한 톨 남김없이 쓸어 담은 후 썰물처럼 사라졌다.

다른 무리들은 닭장에 있는 닭들을 잡아가는지 푸드득, 꼬꼬댁 거리는 소리가 요란했다. 한바탕 소동이 벌어진 후 잠잠해졌다. 조심스럽게 눈을 떠 보니 할아버지는 피투성이가 되어 앉아 있고 그 옆에는 망연자실한 할머니가 있었다. 아버지를 어디에다 숨겼느냐고 할아버지를 위협하며 개머리로 가격加擊하였다 한다. 신음하며 괴로워하는 할아버지와 겁에 질려 벌벌 떨고 있는 할머니의 모습은 참담하기 그지없었다. 어둠이 점점 물러가자 멀리 떨어져 있는 산동네의 닭들은 우리 가족의 수난을 아는지 목청을 돋우며 울고 있었다.

전란 중 공산치하에서 그들의 협박과 억압에 고생했던 사람들은 붉은 장미만 보아도 가슴이 덜컹 내려앉고 몸서리를 쳤다 한다. 그와 같은 증상은 나에게도 예외가 아니었다. 나는 성인이 되어서도 닭 울음소리가 들릴 때면 그 시절 처참했던 모습들이 다시 떠올라 치를 떨곤 한다. 중년의 나이가 될 때 까지도 전쟁의 처절한 장면이 꿈으로 나타나 소스라치게 놀라 일어나기도 했다. 예리한 정으로 새긴 석화石畵처럼 나의 뇌리에 각인된 슬픈 추억이 아닐 수 없다.

오늘 들리는 닭울음소리는 그 옛날 듣던 닭울음소리가 아니다. 목에 무엇이 걸린 듯이 탁한 소리가 어둠을 헤치고 들려왔다. 탁주라도 한잔 마시고 나면 쉰 소리가 나던 나의 목소리와 닮았다. 왜 닭소리가 그렇게 변했을까? 그것은 발전을 지향하는 인간들이 저질러 놓은 자연 파괴의 영향이 아닐까? 자동차의 매연이나 유해가스에 노출되어 목이 상하지는 않았는지? 각종유해 물질이 첨가된 먹이에 의해 닭에도 생체변화가 일어난 것은 아닌지? 또 아니면 단 기간 내에 상품으로 출하하기 위해 비육계肥肉鷄를 만든 인간들의 이기심에 희생양은 아닌지? 아무튼 몸부림치며 탁성을 토해내야 하는 닭은 얼마나 고통스러울까? 가만히 귀 기울려 듣고 있는 내 자신이 오히려 갑갑하다.

(2015. 9. 1.)

속담의 의미를 되새겨 준 손자

사람들은 누구나 어린 시절의 아련한 추억이 있다. 돌이켜 보면 빛바랜 한 장의 사진이지만 그때의 일을 생각해 내곤 때론 살가운 정을 그리워하며 눈물을 짓기도 하고, 입가에 웃음을 자아내기도 한다. 사랑했던 가족이나 개구쟁이 친구들의 모습이 보름달처럼 떠올라 오순도순 살았던 그 곳으로 돌아가고 싶은 때도 있다.

내가 너 댓 살 때의 일이었다. 그 시절에는 초등학교에 입학하기 전에 의례히 어른으로 부터 닿소리와 홀소리를 배웠다. 그리고 닿소리와 홀소리를 조합하여 만든 볼 문장을 배웠다. 볼 문장은 누런 비료부대에 연필이나 붓으로 써서 벽에 붙이고 웃어른을 따라 암송하기도 하고 연필로 필순에 따라 쓰면서 익혔다. 쓰다가 틀리기라도 하면 손끝에 침을 묻혀서 문지르며 지웠다. 지워지는 것이 아니라 손때가 새까맣게 묻어 글자를 가릴 뿐이었다. 그러나 할아버지는 글자의 구성 원리를 설명하며 열심히 가르쳐 주셨다. 할아버지의 열의에 비해 그 원리를 잘 이해하지 못하고 무작정 읽고 쓰다 보니 싫증도 느끼고 익히는 진도가 더디었다.

겨울 어느 날, 기온이 영하로 내려가고 흰 눈이 펑펑 쏟아지고 있었다. 할아버지와 아버지는 방안에서 왕골 돗틀을 펴놓고 돗자리를 짜셨다. 나는 그 옆에서 볼 문장을 익혔다. 처음에는 그런대로 주의를 기울려 잘 익혔으나 시간이 흐를수록 싫증을 느꼈다. 더군다나 책상도 없이 방바닥에 엎드려서 공부를 해야 하니 어린 아이지만 무척 답답했으리라. 웃어른들은 돗자리 짜시는 일에 열중이었으므로 나에게 별로 관심을 두지 않으셨다. 가끔 무슨 짓을 하는지 돌아보시곤 할 따름이었다. 익히던 볼 문장을 밀쳐놓고 해찰이라도 하면 할아버지의 꾸중이 벼락같이 떨어졌다. 할아버지의 꾸중이 무서워 익히는 시늉을 했을 뿐 괴로운 시간만 흘러갔다. 어린소견이지만 어떻게 하면 이 상황을 벗어날 수 있을까 이 궁리 저 궁리를 했다.

"할아버지, 오줌 마려워요."

할아버지의 승낙이 떨어지자마자 나는 곧장 밖으로 나왔다. 밖에는 하얀 눈이 여전히 내리고 있었다. 어제 밤에 내렸던 눈도 발등을 넘었는데 그치지 않고 계속 내리니 무릎을 넘을 정도였다. 온 세상은 눈에 덮인 설국이 되었다. 한 없이 여유롭고 평화로운 풍경도 어린 마음에는 심란하고 어두운 세상으로 보였으리라. 밖으로 나온 나는 화장실은 가지 않고 토방에 세워놓은 커다란 콩 동 사이로 들어갔다. 몸을 웅크리고 숨었다. 시간이 흐를수록 몸이 차가워 져 벌벌 떨렸다. 그런데도 나는 방안으로 들어갈 생각은 안하고 그대로 쪼그리고 앉아 있었다. 그리고 하염없이 쏟아지는 눈만 바라보고 있었다.

한참을 기다려도 오지 않는 손자가 걱정이 되었던지 문을 여는 소리가 들렸다. 나는 자세를 낮추고 웅크리며 몸을 더욱 숨겼다.

"금종아."

내 이름을 부르는 소리가 들렸다. 나는 못 들은 척 하고 가만히 있었다. 드디어 밖으로 나오시는 기척이 났다. 마루를 서성이는 소리가 들릴 때마다 내 가슴은 쿵쾅쿵쾅 뛰었다.

"발자국도 없는데……"

눈이 펑펑 내리므로 변소에 갔으면 발자국이 있어야 할 텐데 흔적은 없고 손자는 보이지 않고 조바심이 생기신 모양이었다. 여기저기 기웃거리더니 콩 다발 사이를 들어다 보셨다. 웅크리고 있는 나를 발견 하시고는

"야 이놈아 거기에서 무얼 하고 있느냐"며 큰 소리로 나를 나무라셨다. 그 소리를 듣고 밖으로 나오신 할머니께서

"손자 죽이겠어요. 어지간히 시키세요."

할아버지를 타박하시면서 나를 안고 방안으로 들어가셨다. 그런 일이 있은 후로 할아버지는 볼 문장을 익히는데 다그치시

지도 안 하시고 조금은 너그럽게 대해 주셨다. 엄격했던 할아버지의 교육관에 변화가 일어난 듯 했다. 자연히 나의 정신 상태는 해이해 지고 공부에도 소홀하게 되었다.

나에게는 다섯 날 난 손자가 있다. 제 어미가 열심히 가르친 덕분으로 한글을 어느 정도 익히고 영어까지 공부하고 있다. 그리고 각종 어린이 도서를 읽고 여러 종류의 조립상자와 레고를 스스로 익혀서 어린나이인데도 상당한 수준에 이르렀다. 우리 집에 오면 나한테 한자까지도 가르쳐 달라며 조른다. 일에서 백까지 그리고 월 화 수 목 금 토를 가르쳐 주었다. 익히는 속도가 나의 예상보다도 빨랐다. 이해하는 능력도 대견하지만 무엇이든지 하려는 의욕이 가상하였다. 저희 집에 가면 할아버지한테 한자를 배우고 왔다며 자랑이 대단하단다. 나의 어린 시절 하던 행동과는 사뭇 달랐다. 나도 손자처럼 할아버지의 뜻에 따라 열심히 공부했더라면 오늘의 처지보다는 조금은 더 낫지 않을까 하는 생각을 해 보곤 한다. '될 성 싶은 나무는 떡잎 때부터 알아본다.'는 속담이 마음을 때리는 때가 있다.

(2015. 9. 20. 울산 광역 신문, 2016년 양지춘추 창간호)

*볼문장: 닿소리와 홀소리를 조합하여 만든 글자 중 받침이 없는 글자를 순서대로 나열하여 놓은 문장.

*콩동: 콩을 뽑아 둘레를 수수깡으로 싸서 큼직하게 묶은 덩이.

송아지 (1)

어릴 적 우리 집에서도 송아지를 길렀다. 송아지에게는 풀을 베어다 쇠죽을 쑤어 먹이거나 풀밭으로 끌고 나가 꼴을 뜯어 먹여야 하는데 그 일은 항상 내 몫이었다. 학교가 끝나고 집으로 오면 어김없이 송아지를 몰고 풀밭으로 나가야 했다. 다른 아이들은 저수지에서 멱을 감거나, 모래밭에서 공을 차면서 신나게 노는데 난 매일 오후만 되면 송아지를 몰고 나가 꼴을 뜯어 먹여야 하니 여간 고역이 아니었다. 그렇지만 엄하신 할아버지의 분부라 말 한마디 못하고 꼼짝없이 하라는 대로 하였다. 코도 뚫리지 않은 어린 송아지인지라 내가 끄는 대로 가지도 않고 제 마음대로였다. 풀은 외면하고 남의 밭 농작물을 뜯어 먹기 일쑤고, 다른 송아지라도 보면 이성이 발동하는지 발버둥을 쳤다. 고삐를 잡아당기지만 힘이 약한 나는 질질 끌려가기도 하고, 풀밭에 나뒹굴기 다반사였다. 쇠파리라도 붙어 제 몸을 괴롭히면 이리 날뛰고 저리 날뛰면서 내 정신을 빼 놓곤 했다. 내가 신경질을 내면 송아지는 나보다도 더 신경이 날카로워져 기고만장했다. 송아지이지만 항상 나를 얕잡아 보면서 완력을 과시하는 것 같았다. 그런 어려움 속에서도 꼴을 뜯어 먹이고 석양에 송아지를 몰고 집에 들어가면 할아버지께서는 꼴을 잘 뜯어 먹였는지 유심히 살피셨다. 배 불리 뜯어 먹이지 않은 것 같으면 호통을 치셨다. 그럴 때면 혼자 사랑방 툇마루 옆에 숨어서 할아버지를 원망하면서 눈물을 흘리기도 했다.

어느 여름날 오후였다, 날씨가 몹시 덥기도 했지만 꼴을 뜯어 먹이기 싫증이 나고 지루해서 송아지를 풀밭에 매어놓고 모래밭에서 친구들과 신나게 놀았다. 해가 져서 집으로 가야 할 즈음에 송아지를 몰고 저수지로 가서 물을 실컷 마시게 했다. 송아지의 뱃구레가 부풀어 올라 풀을 많이 먹은 것 같이 보이게 해서였다. 할아버지께서는 그것까지도 귀신같이 아시고 호통을 치셨다.

그런데 이튿날 문제가 생겼다. 송아지가 설사를 하면서 먹이도 잘 먹지 않고 시름시름 앓기 시작했다.

할아버지는

“네가 더운 저수지 물을 너무 많이 먹여서 배탈이 난 거야, 큰일 났다.”

하시면서 걱정하셨다. ‘혹시 송아지가 병이라도 나서 죽으면 어쩌지?’ 나도 속으로 겁이 났다. 괴로워하는 송아지가 불쌍하기도 했다. 약을 지어다 먹이고, 죽을 쑤어 먹이고, 갖은 정성으로 보살폈지만 송아지는 쉽게 회복되지 않았다. 며칠이 지나자 쌀뜨물 같은 변을 쏟은 송아지는 더욱 지쳐서 움직이지도 못하고 힘없이 앉아 커다란 눈만 껌뻑거릴 뿐이었다. 내가 살금살금 다가가 등을 쓰다듬어도 꿈쩍하지 않고 멍하니 앉아 있기만 했다. 기세 좋게 날뛰던 송아지의 모습은 볼 수가 없었다. 보고만 있을 수 없자 할아버지는 송아지의 입을 벌리고 흰죽을 손으로 넣어 주셨다. 눈물이 글썽이며 억지로 받아먹지만 삼키는 것보다 입 밖으로 뱉어버리는 양이 더 많았다. 그래도 할아버지는 하루에도 서너 번씩 그 일을 반복하셨다. 다행히 송아지는 할아버지의 정성어린 간호로 조금씩 기력을 회복하는 것 같았다. 십여 일이 지나자 차츰 설사도 잦아들고, 일어서서 주위를 살피거나 코를 벌름거리며 냄새를 맡기도 했다. 그리고 꼬리를 휘저으며 파리를 쫓기도 했다. 내가 풀을 입에 넣어 주면 한참동안 냄새를 맡다가 혀를 길게 휘둘러 받아먹기도 했다. 정상으로 되기까지는 한 달여의 시간이 걸렸다. 나의 잘못으로 뼈가 앙상하게 드러나 볼품이 없이 고생한 송아지가 가엾게 느껴졌다.

친정에 오신 고모할머니께서 송아지를 몰고 다니는 내 모습을 보시고는

"송아지나 주인이나 쪼그마한 게 똑같구먼!"

"우리 손자는 저희 애비와 비슷해. 장마에 물외 크듯 한다니까."

어린아이가 작은 송아지를 끌고 다니면서 기르는 것이 대견해서 하시는 칭찬인지, 송아지나 주인이나 쪼그마한 게 볼품이 없으니 하시는 말씀인지 아니면 비아냥거림으로 하시는 말씀인지는 모르지만 어린 내가 듣기로는 굉장히 기분이 몹시 언짢았

다. 그럴 때면 '할머니 그런 말씀 마세요. 기분이 안 좋아요.'하고 말을 할 수도 있으련만 소심하고 내성적인 성격이었던 나는 말 한마디 못하고 속으로 분을 삭였다.

엄격하신 할아버지는 칭찬이나 수고에 대한 말씀은 한마디 없고 조금이라도 성이 차지 않으면 야단을 치니 항상 어렵고 두려운 마음뿐이었다. 그래서 그런지 엄한 할아버지 밑에서 자라면서 억눌리는 생활을 하다 보니 말대답도 제대로 못하는 소극적인 성격이 형성된 것은 아닐까? 어렸을 때의 교육이 한 인간의 성격형성에 커다란 영향을 준다는 것을 나의 성장과정을 통해 실증되었다고 생각했다. 성격형성은 선천적인 요인도 있지만 후천적인 생활환경이나 교육환경에 의해 판이하게 달라지기 때문이다.

1년 정도 기르면 송아지도 장성하여 힘도 세어지므로 코뚜레를 해야 한다. 송아지를 큰 나무에 동여 맨 다음 송아지의 양 콧구멍에 엄지와 중지를 넣어 콧벽을 잡고 콧벽의 제일 얇은 부분을 찾아 송곳처럼 날카롭게 깍은 나뭇가지로 뚫으면 송아지는 붉은 피를 흘리면서 벼락같은 소리를 지르고 몸부림을 친다. 재빠른 손놀림으로 나뭇가지를 빼고 그 자리에 장작불에 조금씩 태워 살균 소독한 노간주나무를 밀어 넣어 둥근형의 코뚜레를 만든다. 송아지는 거친 숨을 몰아쉬고 콧물을 흘리면서 고통을 참느라 애를 쓴다. 그 때 송아지의 피 흐르는 코에다 대고 오줌을 싸라고 하셨는데 이는 소독차 그랬는지 하나의 의식인지는 지금 생각해도 잘 모르겠다. 코뚜레를 하면 무던히도 망나니짓을 하는 말썽꾸러기에서 얌전한 순동이로 변하곤 했는데 여간 통쾌할 수가 없었다. 코뚜레의 위력은 대단해서 고삐를 조금만 잡아당기면 돌아서고, 이리 끌면 이리 오고, 저리 끌면 저리 가고, 내 말을 잘 들었다. 송아지를 끌고 다니면서 풀을 뜯어 먹이는 일이 신났다.

차츰 송아지도 철이 들고 차분해졌다. 서로 마음이 통하는 친구 같아 기분이 좋았다. 송아지의 볼기짝에도 차츰 두툼하게 살이 붙고 윤기가 흐르며 제법 어미 소의 자태를 닮아갔다. 그런 송아지를 보고 할아버지께서는 살림 밑천이라고 하며 흐뭇한 표정을 지으며 말씀하셨다.한참 뒤에 안 일이지만 우리 집은 그렇게 해서 키운 송아지가 어미 소가 되면 남의 집에 '배메기'를 주어 부리게 한 다음 그 소에서 송아지가 나오면 길러서 또 배메기로 주면서 어미 소의 마리수를 늘렸다. 할아버지께서는 농사와 함께 송아지를 기르면서 빈곤한 가세를 일으켰던 것이다.

어린 손자가 송아지를 기르면서 겪는 어려움을 왜 모르시겠는가? 할아버지는 농사만으로는 대가족의 생계를 꾸리는데 역부족이므로 그 보완책으로 송아지를 길렀다. 소라도 길러야 고모님들 혼수에 쓰고, 아버지의 대학교육비를 충당하고, 또 위급할 때는 생명을 구하는 도구로도 활용할 수 있다고 터득하신 것이 아니겠는가?

어릴 때부터 자생력을 길러야 험난한 세상에서 살아갈 수 있다는 철학을 가지고 무슨 일이든 어려서부터 해보면 커서는 더 잘할 수 있고, 미리 준비하면 요긴할 때 쓰고, 어려운 일을 해보면 자신감이 생기고, 참고 견디면 좋은 결과를 얻을 수 있다는 것을 알려주신 것 같았다. 그래서 어린 손자지만 호통을 치며 소를 기르게 했고, 인내를 감수하게 했다. 내가 교단에 있을 때 학생들에게 작은 일이라도 꾸준히 실천하는 생활인이 되도록 강조한 것도 할아버지한테 배운 실학정신에서 비롯되었다고 생각한다. 할아버지는 송아지가 집안을 일으키는 종자돈이요, 위기를 탈출할 수 있는 보증수표요, 손자의 인성교육에 필요한 매체라고 생각하셨던 것이다. 지금도 송아지만 보면 어릴 때의 추억들이 영화의 장면들처럼 떠오른다.

(국보문학 2017. 1.)

송아지 (2)

송아지의 위력을 실감하게 된 기막힌 사연이 또 하나 있다. 6 · 25전쟁이 나자 학교는 휴교령이 내렸다. 늦깎이로 학교에 다니던 아버지는 집으로 돌아와 계셨다. 6남매 중 외동아들로 태어난 아버지는 할아버지의 각별한 배려로 나이(18세)에 비해 일찍 결혼하고 자녀를 둔 뒤에도 멀리 광주까지 유학을 하였다. 그 시대는 고학력의 인재가 드문 시대라 고향에 돌아온 아버지의 일거수일투족은 고을 주민들의 주목의 대상이었다. 좌우익 사상이 소용돌이치는 와중에 낮에는 대한 군경이, 밤에는 빨치산이 지배하는 생지옥 같은 세상인데 지식층의 사상은 지역주민들의 사상 향배에 가늠자가 되고 상징적 의미가 크기에 아버지는 빨치산의 납치대상 인물이 되었다. 빨치산이 납치하려고 혈안이 된 줄도 모르고 집에 오신 어느 날 밤, 아버지는 그들에게 납치되어 어둠속으로 사라지셨다.

외동아들이 빨치산에 납치되자 할아버지, 할머니는 가슴을 도려내고 오장이 뒤틀리는 아픔을 겪으셨다. 식음을 전폐하고 아버지의 소식이라도 알려고 동분서주하셨고 구출할만한 사람을 찾아 연줄이 되어 달라고 통사정을 했으나 냉정하게 거절당했다. 어디에 있는지?, 살았는지, 죽었는지? 오리무중이었다. 할머니는 가슴이 벌벌 떨려 집에 계시질 못하고, 아무 정보도 없이 살아있다는 소식만이라도 들을 수 있을까? 하고 정신없이 읍내에 나다니셨다. 머리위로 총알이 빗발치듯 날아가도 무서운 줄 모르고, 신이 벗겨진 발에는 가시가 무수히 박히고 찢어졌어도 아픈 줄 모르며 헤매는 반 실성의 상태였다.

"자식의 생사는 모르는데 나만 살아있다니"

하시면서 목으로 밥 한 술 물 한 모금 넘기지 못하는 처절한 질곡桎梏의 시간이었다. 며칠이 지난 어느 밤, 읍내에서 한 사람이 찾아와 할아버지께 은밀하게 협박조로 말했다.

"당신의 아들을 구하고 싶으면 집에서 기르는 소를 전부 ○○일 ○○시까지 ○○장소에 갖다 놓으시오."

어둠속으로 사라진 사내가 가르쳐 준대로 우람한 황소 두 마리를 끌고 가서 그 장소에 매어놓았더니 잠시 후 인기척이 났다. 다가가 보니 아버지가 피투성이가 된 채 쓰러져 있는 것이 아닌가?

들쳐 업고 집에 와 보니 팅팅 부은 오른 얼굴과 양 어깨 뼈는 부러져서 움직이지 못하고, 검붉게 멍든 살덩이는 갈기갈기 찢어졌으며, 피가 흐르다가 옷과 함께 엉겨 장작처럼 굳고, 도륙屠戮당한 짐승처럼 차마 눈뜨고는 볼 수 없는 몰골을 하고 있었다.

"인민해방 전선에 동참하고 빨치산에 협조하라."

"그렇지 않으면 반동으로 몰아 처단하겠다."

다그치는 그들의 협박에 그럴 수 없다고 반대하자 내리꽂은 대검에 정신을 잃었다. 죽창을 턱밑까지 들이밀고 그들의 요구를 관철하러 아버지를 회유했지만 그때마다 거절하자 쇠갈퀴로 온몸을 후려쳐 이 모양 이 꼴이 되었다. 아버지는 단말마斷末魔를 느끼셨으리라.

병원치료도 제대로 못 받고 단방약으로 몇 달을 치료한 뒤 상처가 아문 듯하자 군대에 자원 입대하셨다. 그때의 상처 때문에 평생 아버지는 양어깨에 부스럼의 표피처럼 울퉁불퉁한 흉터를 갖고 통증을 호소하다 돌아 가셨다.

어떤 꿈을 심어 주었을까

초등학교 2학년 때의 일이다. 그때 나는 반장이었다. 무더운 여름 어느 날, 교실수업을 마치고 체육수업을 하려고 운동장으로 나가려는 나를 향해

"반장은 학생들을 나무그늘에 모두 모여 놓도록 해라."

선생님께서 명령을 내리셨다.

"모여라, 모여."

목청껏 외쳤지만 어느 누구도 모이지 않았다. 친구들은 나의 외침에는 아랑곳하지 않고 고삐 풀린 망아지처럼 운동장을 뛰어 다녔다. 그 당시 우리 학교의 운동장 둘레에는 여러 그루의 벚나무가 열병하는 군사처럼 심어져 있었다. 그래서 봄에는 벚꽃으로 온 교정을 수놓는가 하면 여름에는 시원한 그늘을 베풀어 주었다. 우리는 그 그늘에서 야외학습을 하곤 했었다. 그런데 우리 반 아이들이 모이지 않은 틈을 타서 일찍 나오신 옆 반 선생님과 그 반 친구들이 나무 그늘의 차지하고 말았다. 시작종

이 울리고도 한참 지난 뒤에야 나오신 우리 반 선생님께서 나무 그늘에 모여 있지 않는 우리의 모습을 보시고 화가 나신 듯했다.

"반장, 나와. 그늘에 모여 있으라고 했는데 이게 뭐야?"

'철석, 철석' 한 손으로 나의 뺨을 움켜잡고 다른 손바닥으로 내 뺨을 때리셨다. 나는 눈물을 흘리며 고개를 숙이고, 반 친구들은 겁먹은 표정으로 꿈쩍도 하지 못하고 똑바로 서 있었다.

그 임무를 수행하지 못한 반장에 대한 채찍이셨다. 난 지금까지 그 선생님에 대해서 서운해 하거나 미워하지는 않는다. 좀 더 당차지 못하고 임무를 완수하지 못한 내 자신을 책망하고 있을 뿐이다. 그렇지만 나는 그 사건의 전말과 그 당시 그 선생님의 표정은 오늘 이 시각 까지도 똑똑하게 나의 뇌리에 각인되어 있다. 단단한 체구에 약간은 건들건들하신 모습이 조금은 정서적으로 불안한 분이 아니었던가 싶다. 그 당시 우리 친구들 사이에서는 주먹이 세고 싸움을 잘하는 선생님으로 소문이 났고, 또 호랑이 선생님으로도 유명하셨다. 그래서 그런지 그 선생님만 생각하면 건들거리는 모습과 커다란 주먹이 먼저 생각난다.

나는 인터넷 아이디로 gbw를 사용하고 있다. 이 아이디는 내가 창의적으로 지은 것이 아니라 중학교 때 영어선생님께서 나의 이름을 영어로 부르시는 데에서 착안하여 만든 것이다. 그 선생님은 담임 선생님이 아니고 영어담당이셨는데도 나에 대하여 관심이 많으셨다. 수업 차 들어오신 선생님께서 출석을 부르시다 내 이름 앞에서 잠시 뜸을 들이셨다.

"백금종 이라."
"미스터 화이트가 여기에도 한 분 계시는구나!"
하고 중얼거렸다. 이어서

"백금종"
하고 부르셨다. 대답하고 일어서자
"이름이 골든 벨 화잇 이로구먼."
이라고 하셨다. 그 시간 이후부터 우리 반에서는 나를 '미스터 화잇'으로 부르거나, '골든벨 화잇'으로 부르게 되었다. 그러면서 연세대학교에 백낙준 박사님이 계시는데 그분은 대학교에서나 외교가에서 '미스터 화잇'으로 통한다고 소개해 주셨다. 나는 자연히 학급에서 유명인사(?)가 되었고 친구들의 놀림을 많이 받기도 했다. 영어시간만 되면 미스터 화잇을 지명해서 읽고 해석해 보라고 하셨다. 마침 영어에 관심이 많았는데, 그 뒤로 더욱 열심히 하여 우수한 성적을 나타내기도 했다. 선생님의 작은 관심이 어린 학생에게는 커다란 자극제가 된다는 것을 보여 주었다.

gbw는 바로 골든 벨 화잇(golden bell white)의 세 머리글자(이니셜 레터)를 인용한 것이다. 나는 그 선생님을 생각하면 나의 영어 이름이 생각나고 인터넷에서 아이디를 사용할 때마다 그 선생님의 모습을 그려보곤 한다. 그렇기에 많은 선생님들 중에서 나의 마음속에 크게 자라잡고 있는 선생님 중의 한 분이시다. 선생님은 그리 크지 않은 체구에다 얼굴이 둥글고 짙은 눈썹에 수염이 덥수룩한 약간은 자유분방한 성격의 소유자였다. 서글서글한 눈매에 온화함이 묻어났다. 학생들의 짓궂은 질문도 잘 받아주시고 대화를 통해 문제를 해결하는 수용적인 스승이셨다. 선생님의 작은 관심이 제자에게 의미 있는 아이디를 만들어 주는 계기가 되었다. 나 또한 수많은 선생님들 중에서 오늘날까지 그 모습이나 성품까지 생생하게 기억하며 존경하고 있다. 아마 이 세상을 마칠 때까지 나의 아이디는 변함이 없을 것이고, 선생님 또한 나의 훌륭하신 스승 상으로 영원히 남아 있지 않겠나 하는 생각이다.

선생님이 무심코 던진 말 한마디, 행동 하나가 어린 학생들의 가슴에 용기를 샘솟게 하는 등불이 되기도 하고 실망의 늪으로 빠지게 하는 진흙이 되기도 한다. 잘 썼다고 칭찬 받은 일기 한 줄이 위대한 문호를 탄생하게 하는 싹이 되고, 게시판에 걸려지는 그림을 보고 용기를 얻어 아름다움을 창조해 가는 화가가 되기도 한다. 만화가 이현세도 초등학교 시절 무심히 그린 만화를 보고 칭찬하고 격려하는 선생님의 말씀에 힘입어 만화가의 길로 접어들었다고 고백하는 것을 들었다.

내 자신이 40여 년간을 교단에서 어린이들을 지도했다. 교직에 대해 사명감을 가지고 한 가지라도 더 가르치고 깨우쳐 주려 노력했다. 칭찬과 격려를 하고 때론 채찍을 들기도 했다. 바른 길로 가고 참다운 삶을 영위하는 인간이 되라고 열정을 다했다. 나의 노력들이 어린 제자들의 가슴에 무엇으로 어떻게 새겨져 있을지 궁금하다. 어떤 가르침을 주었고, 감동을 준 것은 무엇이며, 오래토록 기억하고 있는 것은 무엇일까?

(2013. 5. 16.)

어머니의 보행기

어디 지난날에야 그랬던가? 삼 십리 자갈길 시골 장을 바람처럼 내 달렸던 다리였다. 한 수레 족히 되는 보따리를 머리에 이고 서릿발 새벽길에 열기를 내 뿜던 화차였다. 그러나 이제는 굽고 닳아진 다리가 좀 먹은 삭정이처럼 푸석하다. 아프지 않은 곳 없고 시리지 않은 마디가 없다. 세월이 가져다 준 삶의 옹이임에 틀림없다. 물 흐르듯 지나간 세월을 돌아보나 되돌릴 수 없는 강물이다. 텅 빈 가슴속에 찬바람만 세차게 분다.

어머니는 한 발자국이라도 움직이려면 보행기에 의지해서 걷는다. 노쇠한 몸은 물론 마음도 싣고 정까지 담고 다닌다. 생명의 끈까지도 매고 있으니 보호자나 다름없다. 비록 인간처럼 따뜻한 정이야 없지만 한시도 멀리해서는 안 되는 동반자다.

따뜻한 햇볕이 마당위로 빗살처럼 내리쬐면 어머니는 보행기를 찾는다. 한낮에 졸다 깬 보행기가 어머니를 유혹했을지도 모른다. 섬돌을 내려서 마당도 거닐고 동네 마실 길도 나선다. 어디 그 뿐인가? 봄나물이 색시처럼 수줍은 얼굴을 내밀면 푸성귀 곁들여 밥반찬을 마련한다. 어줍은 손놀림이지만 옛이야기를 더듬듯 쏙쏙 뽑아 올린다. 어머니의 굽은 등위로는 훨훨 나비가 날아와 앉고, 검돌박이 강아지도 꼬리를 살래살래 흔들며 따라 온다. 어머니는 나비와 강아지와 한 나절 친구가 된다. 봄볕이 내려 쬐는 마당가에서 언제 끝날지 모르는 당신의 생에 또 한 장의 수채화를 그린다. 짧은 시간이나마 정체된 공간을 벗어나 주위의 사물과 정을 나누고 소통할 수 있는 것은 숫제 보행기의 덕이다.

보행기도 어머니만큼이나 낡았다. 푸른빛 치장에 견실한 모습은 옛말. 뼈대는 마른 강바닥처럼 쩍쩍 금이 가 있고, 철사로 마디마디 얽어매었다. 바퀴는 철없는 아이처럼 멋대로 구르고, 손잡이도 느슨하여 방향을 가늠하기 어렵다. 요리 밀고 저리 비틀면서 달래면 겨우 움직여 준다. 숙련된 어머니의 솜씨로 다스리니 그나마 가능하다.

"어머니 보행기를 교환해야겠어요."

"아니야, 바꾸기는 뭘 바꾸어? 그럭저럭 사용하다 죽으면 말제." 삶에 미련을 놓은 듯 처연한 그 말씀이 내 마음을 파고든다. 어느 것 하나 허투루 쓰지 않고 아껴 쓰던 옛 솜씨 그대로이다. 닳고 헤진 옷자락을 꿰매 입던 그 성정도 여전하다.

고향을 찾은 손녀의 애교에 부럼처럼 단단한 고집도 물에 잠긴 녹말처럼 풀리는 듯 했다. 최신제품 보행기와 휠체어를 사드렸다. 편리하게 사용하라는 손녀의 신신당부에 미소가 얼굴가득 번졌다. 그러나 아랑 곳 없다. 손녀의 앞에서만 고개를 끄덕였을 뿐 마루에 신주처럼 모셔 놓았다. 삐걱삐걱 구닥다리가 여전히 어머니의 곁을 지켰다. 친구도 오래된 친구가 참 친구요, 장도 오래된 것이 진한 맛을 품고 있다더니. 아마도 당신의 마음을 조금이라도 알아주는 것은 그래도 고물 보행기라고 생각하는 것 같았다.

어머니의 삶은 우리들의 보행기였다. 자신의 몸을 의지하게 해주는 보행기처럼 자식의 손과 발이 되어 주었다. 울안을 벗어나려는 마음을 다독이고, 붙잡아 조각조각 맞춰 주었다. 자식이 아프면 덜어주지 못해서 마음이 상했고, 괴로워하면 씻어주지 못해서 긴 밤을 뜬 눈으로 새웠다. 불혹의 나이에 이승을 하직한 아버지를 대신해 집채보다 무거운 짐을 얹고 삐거덕삐거덕 세상을 굴러가는 보행기였다.

알곡을 털기 위한 도리깨질은 주야와 계절을 구분하지 않았다. 제철마다 거둔 푸성귀는 도회인의 식탁에 미련 없이 올렸고, 질퍽한 논바닥에서 걷어 올린 볏 알은 자녀들의 눈을 띄우는 데 아낌없이 바쳤다. 베틀위에서 젓꼭지를 내 맡긴 체 부르는 자장가는 밤의 적막을 지우는 아리아가 되었고, 긴 밤 고독은 실과 함께 물레에 감아야 했다. 황량한 바람을 잠재우기 위해 얼마나 많은 태질을 하셨을까? 풍파로 굴곡진 세월을 인고로 헤쳐야 했다. 고단한 삶과 미래에 대한 불안은 어느 것 하나 쉽게 들어 올릴 수 없는 시시포스의 바위였다. 외줄타기 곡예를 터득했을지도 모른다. 8남매 자식을 품안에서 떠나보낼 때 마다 보행기에서 짐을 퍼내는 홀가분한 기분이었으리라.

악마의 시샘은 가혹한 법. 서슬 퍼런 칼바람 겨울, 쌀을 싣고 돌아오던 경운기에서 떨어져 어깨뼈와 엉덩뼈가 바스러지는 수난을 당했다. 하늘처럼 믿던 남편을 떠나보낸 이후 최대의 위기를 맞았다. 보행기를 얽고 설키 듯 온몸을 하연 붕대로 휘감은 백색인간이 되었어도 남을 탓하지 않았다. 다만 현명하지 못했던 당신을 탓할 뿐. 아픔을 이겨내며 한 발자국이라도 더 떼어 보고 굴러보려는 의지는 보행기의 본능과 같았다. 이를 깨물며 치료를 받고 있는 상황에서도 나가 있는 자식들엔 내색한번 안 하셨다. 긴 세월이 흐른 뒤에야 상처의 흔적들을 감춰두었던 보석처럼 내보였다.

세상에 존재하는 모든 것들은 서로 간에 도움을 필요로 한다. 인간사회에는 말 할 것 없고 감정이 없는 무생물 사이에도 그렇다. 하찮은 풀 한포기도 생명의 은인이 될 수 있고 볼품없는 돌 한 조각도 주춧돌로 쓰일 때가 있다. 우주만물이 알게 모르게 정을 주고 연을 맺으며 존재 한다. 마당 한구석에 소리 없이 자리하고 있다가 어머니의 부름에 기꺼이 나서는 보행기. 제 몸도 성치 못하거늘 어머니를 지탱해 주니 고마운 존재가 아닌가?따스한 햇볕이 굽은 허리에서 굼실거린다. 나서는 어머니의 얼굴이 해 맑다. (문인과 문학)(전주일보 2017. 4. 17.)

제자 영광이의 꿈

오랜 세월동안 교단에서 학생들을 지도하다 보면 별의별 어린이들을 다 만나게 된다. 두뇌가 명석하여 학습활동에 앞서가는 어린이가 있는 가하면 이해도가 떨어져 부모님이나 선생님의 애간장을 녹이는 어린이도 있다. 또한 체육이나 놀이 활동에 특출한 기능을 발휘하는가 하면 음악이나 미술 등 예능방면에 흥미를 가지고 있는 어린이도 볼 수 있다. 지극히 정상적인 어린이가 대부분이지만 불행하게도 신체적으로나 정신적으로 부족한 어린이도 있어 안타까운 때도 있다.

1980년대 중반 전주 H초등학교 1학년 담임 때의 일이다. 신학기초, 오전 내내 재잘거리던 꼬마들도 물러가고 따스한 햇살만이 교실을 밝혀주고 있었다. 신입생 입학서류 정리에 여념이 없는데 앞문이 지그시 열렸다. 자모 인 듯한 여인이 아이의 손을 잡고 들어섰다.

앉으시라고 권하는 의자도 마다하고 겸연쩍은 표정으로 말문을 열었다.

"선생님, 이 아이는 이 영광이에요. 오전에 오려고 했는데 아이들의 눈초리가 두려워 늦게 찾아 왔어요."

"선생님, 수고가 많으시겠어요. 잘 부탁 드려요." 아이어머니는 가슴에 큰 근심을 묻어 두고 있는 듯 기어들어가는 목소리로 조심스럽게 말했다.

영광이는 선천성 지체장애아였다. 다리를 절을 뿐만 아니라 손목이 앞으로 굽어져 손놀림을 제대로 못했다. 그리고 얼굴이 뒤틀려 입이 다물어지지 않고 침을 질질 흘리는 아이였다. 한마디라도 말하려면 입을 비틀면서 더듬거려야만 가능했다.

"오, 네가 영광이구나! 우리 반에 온 것을 축하한다. 오전부터 기다렸는데 이제야 왔구나."

머리를 쓰다듬으며 격려했더니 빙긋 웃었다. 신체는 비록 불편하지만 귀로 들을 수 있고 또 자기의 감정을 표현할 줄 아는구나 하면서 학습에 대한 가능성을 확인했다. 헬런 켈러를 지도한 앤 설리반 선생님 같은 역할은 못해도 이 어린 생명에게 희망을 주고 꿈을 가질 수 있도록 해야겠다고 다짐했다.

"영광이 어머님, 걱정하지 마세요. 최선을 다해 볼게요. 교육이란 영광이와 같은 사람을 위해서 필요한 것 아니겠어요?" 영광이 어머니도 안도하는 표정이 역력했다.

이튿날 영광이는 엄마의 손을 잡고 등교했다.

"어린이 여러분, 이 친구는 이영광이에요. 여러분과 같이 공부하게 되었어요. 친절하게 잘 도와주세요."

아이들은 초롱초롱한 눈망울로 신기하다는 듯이 더욱 빛을 내며 바라보았다. 맨 앞좌석에 앉히고 옆에는 엄마의 좌석까지 마련해 주었다. 근 2개월 가까이 엄마가 책상 옆에 앉아서 도와주었다. 콧물과 침도 닦아주고, 학용품도 준비해주고, 화장실도 데려다 주고.

영광이가 문자를 익히는데 많은 어려움이 있었다. 단음절 발음은 가능한데 2음절, 3음절부터는 연결이 잘되지 않았다. 그래서 단음절씩 익혀 갔다. 뿐더러 글자를 쓰려면 연필도 잘 쥐어지지 않고 덜덜 떨려서 글자의 모양은 톱니바퀴 마냥 뾰족뾰족하고 들쑥날쑥 하였다. 손에 힘이 없으니 글자를 쓰는 것이 아니고 그린다고 해야 옳았다. 또 침이 흘러서 글자위에 떨어지면 글자인지 그림인지 분간이 안 되는 경우가 허다했다. 그 글자를 알아볼 수 있는 사람은 오직 영광이와 담임교사인 나뿐이었다. 받아쓰기를 해서 한 자라도 맞추게 쓰면 친구들 앞에서 칭찬을 해 주었다. 한 자씩 익히고 써 가면서 만족 해 하는 영광이가 대견했다.

어느 정도 학교생활에 적응되어가는 기미가 보였다.

"학부모님은 등교까지 시켜주고 그냥 돌아가세요. 그리고 하교 때면 와서 데려가도록 하세요."

나의 부탁에도 돌아서지 않고 한 동안 옆에 앉아 코도 닦아 주고 등도 두드리면서 그의 곁에 머물고 있었다. 무언지 믿음이 가지 않는 모양이었다. 나의 거듭되는 부탁에 그래도 되겠느냐는 듯이 겨우 발길을 돌렸다. 창밖에 서서 한 동안 아들의 동정을 살펴본 다음에야 겨우 밖으로 나갔다. 가슴에 바위를 품고 있는 듯 무거운 발걸음이었다.

처음에는 담임인 내가 엄마의 역할을 했다. 학습용구를 챙겨주고 학습을 도와주고 화장실까지 데려다 주고 또 데려오고 영광이의 일 거수 일 투족에 신경을 곤두세웠다. 그리하다 보니 영광이는 안전하게 학교생활을 이어갈 수 있지만 내 자신이 지쳐 갔다. 무엇보다도 영광이에게 신경을 쓰다보면 다른 어린이에 대한 보살핌이 부족했다. 그래서 묘안을 생각해 냈다. 영광이의 도우미를 모집했다. 지원하는 많은 친구들 중에서 몇 어린이를 선정하여 윤번으로 도와주도록 했다. 화장실은 물론 운동장에서 놀이를 할 때나 교실에서 서성일 때도 친구들이 그림자처럼 따랐다. 마음이 곱고 순진한 아이들이라 서로 자기가 돕겠다고 나섰다. 도움을 받는 영광이는 안전해서 좋고 도움을 주는 친구들은 배려하는 마음 봉사하는 마음을 배워서 좋았다.

차츰 자신감이 생기는지 모든 일을 혼자 하려고 했다. 기우뚱 기우뚱 돌아다니며 친구들과 장난도 하고 뛰어다니기도 했다. 바라보는 제 3자는 불안하기 그지없으나 제 딴에는 재미있어했다. 제일 근심되는 것이 안전이었다. 신체가 불편한지라 헛딛거나 넘어져도 문제요, 내달리는 아이와 부딪쳐도 문제였다. 어디에서 무엇을 하고 있는지 눈을 매달아야 했다. 그의 동정을 파악해야만 안심이 되었다.

영광이의 부모님은 노동으로 하루하루 벌어서 생계를 꾸려가는 형편이었다. 거기에 영광이까지 보살펴야 하니 그 고통은 이루 말할 수 없었다. 그렇지만 희망의 끈을 놓지 않고 열성을 다하였다. 바쁜 틈을 쪼개어 사회봉사활동도 하고 이웃을 돕는 일에도 적극 참여하였다. 자기의 어려움을 알고 있기에 남의 어려움도 눈에 보인다고 했다. 남에게 베풀면 베푼 만큼 그 복이 영광이게 돌아오지 않겠느냐며 나섰다. 건강하고 구김 없이 자라는 영광이를 바라보는 것이 제일의 소망이라고 했다. 그래서 인지 한 걸음씩 발을 떼어놓는 어린아이처럼 나날이 학교생활에 적응해 가며 자라는 영광이의 모습을 보면 마음에 가득 찼던 수심도 안개 걷히듯 사라지고 차츰 여유가 생기며 밝아진다고 했다.

자기의 꿈을 발표하는 시간이 되었다. 친구들은 앞으로 어떤 사람이 되겠는지 저마다 좋아하는 미래의 모습을 그림으로 그리고 그 이유도 적어 발표했다. 119 소방관이 되겠다는 친구, 경찰관이 되겠다는 친구, 간호사가 되겠다는 친구, 등등 재잘거리는 모습이 귀여웠다.

영광이의 차례가 되었다.

"저 어 는 모 옥 사 님이 되게 써어요. 그래서 부울싸앙한 사라암을 돕게 써어요"

더듬거리며 한마디씩 내뱉는 말이 힘들지만 자신에 찬 목소리였다. 모든 어린이들이 박수를 보내주었다. 그날 하교 때 영광이 어머님께 그 말을 전했더니 눈물을 글썽이며 내 손을 꼭 잡고 몇 번이나 감사하다는 말을 되풀이했다. 돌아서는 모자母子의 뒷모습에는 희망의 빛이 서려 있었다.

인간은 꿈을 먹고 산다. 꿈을 이루기 위해 최선을 다한다. 산을 넘고 또 넘듯이 꿈을 하나씩 하나씩 이루어가며 산다. 꿈을 이루게 되면 인생에 자신감이 생기고 행복을 느끼게 된다. 2002년 한일 월드컵 축구대회 때 "꿈은 이루어진다!"는 표어 아래 온 국민이 한마음 한뜻으로 단결하여 4강의 신화를 이루고 행복에 젖지 않았던가?

영광이와 헤어진지도 벌써 30년 가까이 세월이 흘렀다. 그도 불혹에 가까운 나이가 되었을 것이다. 그 때의 꿈을 위해 열심히 노력했다면 지금쯤은 훌륭한 목사님이 되었겠지. 그래서 복음을 전하고 자기처럼 불우한 사람을 돕는 천사가 되었겠지…….

(2016년 황학 광장)

할아버지와의 약속

요즈음 방송 매체에서는 도박에 대한 이야기가 뜨거운 화두가 되고 있다. 미국까지 가족여행을 갔다가 카지노에 들러 도박을 한 인기가수의 행태를 두고 갑론을박을 하고 있다. 그리고 그 장면을 목격하고 보도하겠다고 으름장을 놓은 언론사의 태도가 정론이냐 협박이냐 말들이 많다. 어느 쪽이 거짓이고 어느 쪽이 진실인지 머지않아 밝혀지겠지만, 한 가지 분명한 것은 도박이란 한 인간을 파멸로 몰아넣는 악마이다.

자식이 부모의 목숨을 뺏는 인면수심人面獸心의 패륜적인 행위도, 어린 새싹들을 무참히 꺾어버리는 흉악무도한 짓도 알고 보면 그 원흉은 도박인 경우가 많다. 도박으로 진 빚을 해결하기 위해 끔직한 만행을 서슴지 않는다. 심각한 도박의 폐해가 아닐 수 없다.

도박은 재미나 스트레스를 풀려고 시작한다고 한다. 또 무료한 시간을 때우려고 하는 경우도 있다. '바늘 도둑이 소도둑 된다.' 는 속담처럼 심심풀이로 시작한 도박이 공룡처럼 부풀어 급기야는 자신을 삼키고 가정을 파탄시키기도 한다. 결국은 사회로부터 손가락질을 받은 뒤 후회하나 이미 엎질러진 물이 된다.

그러나 도박의 구렁텅이에서 헤어나 보람 있는 인생길을 걷는 이도 있다. KBS 주말 프로그램 중에 '강연 100℃'가 있다. '척 보면 압니다.'라는 유행어로 이름을 날렸던 개그맨 황기순씨가 출연하여 '비 온 뒤에 땅이 굳는다.' 라는 주제로 강연을 했다. 재미로 고스톱을 하다 상습 도박꾼이 되었고, 급기야는 눈덩이처럼 불어난 빚을 갚기 위해 필리핀까지 가서 원정도박을 했단다. 막대한 빚을 지고 좌절의 늪에 빠져 있다가 동료들의 설득으로 손을 씻고 열심히 일하여 모든 빚을 청산했다 한다. 2000년부터는 휠체어 기증을 위한 '사랑 더하기 사이클 대행진 투어'를 실시하여 장애 우들을 도우며 새로운 삶을 살고 있다. 무엇보다도 도박의 족쇄에서 벗어나 평안한 마음으로 오늘을 살아갈 수 있어 감사한다며 끝을 맺었다. 절망적 위기는 발전의 기회요, 최악의 처지는 새 출발의 디딤돌이 된다는 것을 증명해 보인 셈이다.

요즈음은 도박에 물들기 쉬운 세상이 되었다. 상가喪家, 음식점은 물론 상설 도박장을 개설해 놓고 손님을 기다리는 곳이 한

두 군데가 아니다. 강원랜드 카지노를 찾아서 빠징꼬를 돌리기도 하고, 포커의 현란한 손동작에 넋을 잃는 경우도 있다. 또 경마, 경륜에도 뭉칫돈을 걸고 심지어는 건전한 놀이나 운동까지도 도박으로 변질되고 있다. 더욱 심각한 것은 컴퓨터만 켜면 부녀자는 물론 미성년자까지 쉽게 도박 사이트에 접근할 수 있는 세상이 되었다.

도박은 오늘날뿐만 아니라 옛날에도 만연했다. 농한기인 겨울철이 되면 어른들 사이에서 성행했다. 하룻밤에 서마지기 논문서를 날렸다는 소리가 주막의 술안주로 등장하기도 했다. 일 년 동안 일하고 받은 새경을 몽땅 날리고 서울행 밤 열차를 탔다는 소문이 우물가 참새들의 입방아에 올랐다.

도박은 어른들 사이에서 뿐만 아니라 어린이들 사이에서도 이루어졌다. 못난 망아지 엉덩이에 뿔난다.'고 못된 짓은 누가 가르쳐 주지 않아도 잘 터득한다. 어른들의 못된 행태를 본받았을 게다. 하루는 친구의 집에서 사탕을 걸고 화투놀이를 하다 동생의 밀고로 할아버지한테 들키고 말았다. 할아버지의 불같은 호령이 떨어지자 친구들은 혼비백산하여 달아났다. 나는 대나무 숲 아래에 있는 한길 낭떠러지로 쏜살같이 뛰어 내렸다. 지금 생각하면 어린 주제에 그 높은 곳을 어떻게 뛰어 내렸는지 의아하게 생각할 때가 한두 번이 아니다. 위급할 때는 초능력이 발휘된다더니 그랬을지도 모를 일이다.

도망쳐 보아야 어디로 가겠는가? 할아버지 앞에 무릎을 꿇고 용서를 빌었다. 그러나 할아버지께서는 '씨 없는 손자'가 생겼다고 크게 꾸짖으시면서 가혹한 벌을 내리셨다. 엄동설한에 양말을 벗고 얼어붙은 논으로 들어가라 하셨다. 어린 손자지만 엄한 가풍家風을 세우기 위해서였을 것이다. 얼마의 시간이 지났을까. 발은 벌겋게 얼고 전신으로 한기가 엄습해 왔다. 눈물이 콧물과 함께 범벅이 되어 비온 뒤의 폭포수처럼 흘러내렸다. 화투의 그림들이 나를 비웃는 듯 눈앞에 어른 거렸다.

한참동안의 시간이 흐른 후 어머니가 나를 데리러 오셨다. 어머니를 보자마자 엉엉 더 큰 소리로 울었다. 무슨 억울한 일이나 당한 듯이. 어머니는 그러한 나의 모습이 안쓰러웠던지 꼭 안아준 다음 손을 잡고 집으로 가자고 했다. 어머니의 품이 그렇게 따뜻하고 포근한 솜이불이라는 것을 그때 처음 느꼈다. 할아버지 앞에서 앞으로는 절대 화투에 손을 대지 않겠다고 약속을 하고 그 내용을 글로 써서 벽에 붙였다. 약속한 내용을 매일 읽으면서 반성하라고 하셨다. 동네 어른들이 우리 집에 오시기라도 하시면 나를 놀리시곤 했는데 그때마다 쥐구멍이라도 찾아 들어가고 싶은 심정이었다.

그 뒤 어른이 되어서 이런저런 연유로 도박의 유혹이 있었지만 벗어날 수 있었던 것은 옛날 할아버지와의 했던 약속의 효력이 아니었을까?

(2015. 3. 25.)

호수의 아침

우리 집에서 멀지 않은 곳에 작은 호수가 있다. 예전에는 농작물에 물을 대어주는 역할을 했지만 요즈음은 지역주민들의 쉼터가 되고 건강을 다져주는 힐링 공간이 된다. 나는 마침 큰 호수가 있는 고장에서 태어났기에이 호수만 보면 고향에 있는 호수가 생각나 정겹고 친근한 느낌이 든다. 그리고 고즈넉이 자리한 고향집과 부모 형제들의 모습을 아련히 떠올리며 향수에 젖곤 한다. 여름이면 미역 감고 겨울이면 얼음을 지치던 어릴 때 친구들의 모습이며 보랏빛 꿈을 키웠던 청년시절을 떠올리며 미소 짓곤 한다.

아침이 되면 이 호수로 나간다. 본래의 목적은 운동을 위해서이나 무심히 걷다 보면 지난날을 회상하며 카타르시스에 젖게 하는 마력이 있기에 발길을 재촉하곤 한다. 아침마다 만나는 호수인데도 나의 발길이 닿을 때 마다 호수는 새로운 모습으로 나를 맞이한다.

환하고 둥근 해가 호수 위로 떠올랐다. 잠이 덜 깬 듯 잔잔한 호수에는 붉은 햇빛과 푸른 물이 상응하여 연분홍분 색을 자아내기 시작한다. 시간이 지날수록 그 색의 농도는 더욱 짙어져 물에 붉은 색을 풀어놓은 것 같기도 하다. 심지어 나를 처음으로 맞이하며 발그레 물들었던 아내의 얼굴빛처럼 보인다. 바라볼수록 인간으로서는 감히 흉내 낼 수 없는 자연색이다. 자연과 자연이 교합하여 연출할 수 있는 최상의 작품이다. 해의 고도가 높아질수록 진분홍 물감은 사라지고 호수를 가로질러 길게 은빛 물길이 생긴다. 주변은 오히려 어두워지고 그 길만이 반짝반짝 빛이 나며 찰랑거린다. 마치 배가 지나간 후 포말이 모여 만들어 내는 뱃길 같기도 하고 큰딸 아이의 결혼식 때 신랑 신부가 손을 잡고 살짝살짝 걸어 나오던 웨딩카펫 같기도 하다. 시시각각 조화를 부리는 자연의 기교를 감상할 수 있음은 운동만으로 끝내지 않고 호수를 바라보며 사색하는 여유에서 얻을 수 있는 덤이 아니던가?

며칠 전에는 비가 내리고 있었다. 그리고 바람도 세차게 불었다. 오랜 가뭄 끝에 찾아온 태풍「찬홈」의 영향 때문이다. 장대비를 품은 바람은 물결을 일으키고 파도가 되어 세차게 둑으로 몰아쳤다. 둑에 철썩 부딪친 파도는 산산조각 부서지고 다시 물이 되어 호수로 돌아갔다. 그것은 마치 한 동안 참았던 분노를 한 순간에 표출하는 인간의 발악 같았다. 또한 지난날의 아쉬웠던 흔적들을 애석해 하는 나의 절규이려니 싶었다. 그래 나도 파도처럼 거친 세파世波를 물리치려 처절하게 몸부림 쳤던 적이 있었던가? 그리고 나보다는 남을 위해 뜨거운 가슴을 불태웠던 적이 있었던가? 울부짖는 파도소리는 지난날 나약했던 나의 행동들이 회한으로 되돌아와 내 가슴을 때리고 있었다.

오늘 아침 호수에는 안개가 어둠처럼 짙게 내리고 있다. 사방은 고요하고 바람소리 파도소리 하나 들리지 않는다. 지척을 분간하기 어려운 속에 가끔 수중 생명들의 기지개만 물방울이 되어 뽀글뽀글 솟아오를 뿐 묵직한 기운이 호수를 감싸고 있다. 호수는 태고의 비밀을 아직도 간직한 듯 미동도 없이 태연히 자리하고 있다. 호수의 모습은 침묵의 화신처럼 묵직하다. 자식들의 가지가지 걱정거리도 말없이 안으로만 삭이고 내색하나 없는 자애로운 어머니의 모습이다. 소쩍새 울던 날 먼 곳으로 떠나신 아버지를 그리며 밤새 속으로만 우셨던 어머니의 그 모습이다. 아내의 바가지 긁는 투정에도 내색하지 않고 포용하는 현자賢者의 모습이다. 그래 나도 이 호수처럼 주변의 야유와 힐난에 침묵하는 여유를 보였던가? 내가 먼저 말하기 전에 남의 소리를 경청할 줄 아는 아량을 보였던가? 이 호수를 닮고 살아간다면 앞날에 큰 파도는 일지 않으리라. 미운소리 싫은 소리도 내가 먼저 입 다물면 다툼은 사라지고 평온하게 되려니 싶다. 말하기 전에 남의 소리를 귀 담아 들으면 신뢰는 쌓이고 우정은 깊어지리라. 침묵은 금이요 웅변은 은이라 했지 않던가?

'안개가 걷히면 호수는 또 다른 모습으로 내게 다가오겠지.' 아침마다 대하는 호수이지만 해가 맑으면 맑은 대로 의미가 있고, 날이 궂으면 궂은 대로 또 다른 색채를 펼치며 나를 유혹한다. 나의 영혼을 깨우는 호수를 보면 내 마음이 호수에 동화同化되고 호수가 나에게 무언의 울림을 주기에 나는 호수를 대할 때마다 많은 의미를 두곤 한다. 내일 아침에는 또 다른 모습의 호수가 나를 맞이하겠지.

(2015. 7. 17.)

(2016년 향촌문학)

두 번째 이야기

그리운 날들

그 끈을 자르고 싶다. | 날마다 아들의 정을 마신다.
다지기 가족 | 돌아올 수 없는 외출
마음 짠한 어버이날 | 벌초
빨강 운동화 | 산새소리
어머니의 밥상 | 이발

그 끈을 자르고 싶다.

요양원을 가는 길목의 곳곳에 봄기운이 완연하다. 달리는 차창너머로 매화꽃이 흐드러지게 피었고, 언덕 위에 서있는 목련은 봉긋한 게 처녀가슴만큼이나 부풀었다. 천지만물이 봄의 향연에 취해 있는데 이를 바라보는 나의 마음에 자리한 봄은 회색빛이다. 그렇다고 해서 내가 봄의 아름다운 정경을 보고 감흥을 일으키지 못하는 무감각한 인간도 아니고, 정서적으로 결함이 있는 인간은 더더욱 아니다. 나는 계절마다 자연이 펼쳐주는 독특한 서정에 환호하고, 음미할 줄도 알며 또 한 그 속에 깊이 담긴 변화의 섭리도 가늠할 수 있다.

그러나 오늘따라 목석이 된 것은 나름대로 그럴만한 이유가 있다. 요양원에는 백수白壽가 된 어머니가 머물고 있다. 어머니는 늘그막까지 비교적 자신의 몸을 건사할 수 있었다. 그러던 중 어느 해인가 몸이 서서히 불편해 지기 시작하더니 시나브로 자리에 눕는 날이 늘어났다. 이제는 정신도 제대로 가누지 못하고 당신의 자식들마저 흐릿한 기억 속에서 겨우 알아볼 뿐이다.

평소 어머니가 머무르던 방 어느 곳을 둘러보아도 어머니는 보이지 않았다. 반송장이 다 된 노인들만 망각의 늪에 빠진 채 침상을 지키고 있다. 초점 잃은 눈빛들이다. 더 이상 푸르른 날을 맞아할 수 없는 영혼들은 앙상한 가지들만 안은 채 침묵 속에 잠기는 한 겨울 회색빛 나목이었다. 방안에 무심히 내리 쬐는 햇볕 속에 정적만이 무심히 흐르고 있을 뿐. 곳곳에서 들리는 신음소리가 마음에 걸린다. 모두 다 우리들의 어머니이고 이웃이 아니던가?

어머니는 이 계절과 잘 어울리는 개나리 실에 있었다. 창밖에는 개나리와 철쭉꽃이 불타고 있다. 그런데 웬일인가? 어머니의 손목이 굵다란 분홍 색 끈으로 묶인 채 깊은 잠에 빠져 있는 것이 아닌가? 가슴이 돌덩이가 내려앉는 듯 철렁했다.

어머니는 이곳에 온 후로 피부병이 생겼다. 실내가 건조하고, 물 섭취량도 부족하니 그 결과로 나타난 병이 아닌가 한다. 그간 약을 복용하고 때론 병원에서 의사의 진료도 받았지만 호전될 기미가 보이지 않았다. 요양원에서는 손톱으로 마구 긁는 것을 막으려 궁여지책으로 손을 끈으로 고정 시켜 놓은 것이라 했다.

끈이란 인간의 태생에서 죽음에 이르기 까지 숙명적인 관계의 물품임에 틀림이 없다. 어머니의 배속에서는 탯줄이라는 끈을 통해 영양을 공급받고 생명을 키워왔는가 하면 그 탯줄을 끊음으로써 한 인간으로 탄생할 수 있었다. 뿐만 아니라 성장하는 과정이나 살아가는 길목에서 혈연이나 지연 또는 학연이라는 끈을 숱하게 이용하기도 하고 때로는 그 끈 때문에 곤욕을 당하는 경우도 있다. 그러하니 우리네의 인생길은 서천에 이르기 까지 끈과 더불어 애환을 함께 터벅터벅 걸어가는 여정이다.

어머니를 일찍부터 끈으로 꽁꽁 묶어 놓은 것은 아버지였다. 아버지는 처절하게 몸부림치며 병마와 싸우다 비교적 젊은 나이인 50에 어머니의 가냘픈 몸에 집채만 한 짐을 묶어놓고 세상을 뜨셨다. 개나리와 진달래가 지고 송화 가루가 날리던 초여름이었다. 대밭에서 산새들이 유난히 우지지고 멀리 숲속에서는 쑥국새가 목 놓아 울어대던 때였다. 목구멍 깊이 기어들어가는 소리로 '잘 살아라' 라는 말을 남기시고 눈을 감았다. 아버지의 운명은 창공을 향해 힘찬 비상을 하려던 어머니의 날개를 여지없이 부러뜨리고야 말았다.

아버지의 시신에 수의를 입힌 어머니는 주검의 곳곳을 끈으로 얽어매었다. 그뿐만이 아니고 여섯 자 목관에 안치 한 다음 뚜껑에 대못을 박고 짚과 백지를 합해 꼰 하얀 끈으로 그 관을 동여매었다. 아버지는 마지막 길에 끈으로 결박당하는 수난을 당했다. 그 끈을 잡은 후손들은 떨어지지 않는 발걸음으로 관을 상여에 옮겨 모셨다. 관을 상여에 또 끈으로 얽어맨 후에야 다시는 못 올 저승을 향해 갔다. 태어날 때 끈을 끊어버린 것과는 반대로 황천길을 갈 때는 이중 삼중으로 동여 맨 것이다.

"간다간다 나는 간다. 북망산천 찾아간다."

앞소리꾼이 상여 끈을 잡고 소리를 하면

"어-노, 어-노, 어-노-야, 어-노."

상여둘레에 둘러쳐진 동아줄을 어깨에 멘 상두꾼들의 뒷소리가 처량하게 이어졌다.

"저승길이 멀다더니 대문 밖이 저승일세. 명사십리 해당화야 꽃 진다고 설워 마라. 명년 삼월 봄이 되면 너는 다시 피려니와 우리 인생 한 번 가면 다시 오기 어려워라."

소리꾼의 사설이 애조를 띠며 고조되자 울음바다가 되고, 상여도 가던 길을 멈추고 머뭇거렸다. 뒤따르던 만장만이 긴 끈처럼 늘어서서 푸른 하늘로 펄럭였다.

어머니는 아버지가 떠난 후 허접한 끈을 잡고 험한 세파를 헤쳐야 했다. 풍랑이 일고 회오리가 몰아쳐도 잡은 끈을 결코 포기하지 않으려 발버둥을 쳤다. 가망 없는 날들을 악착같이 견디며 새 끈으로 단단히 얽어매는 법을 온몸으로 터득했다. 삶에 지쳐버릴 때에는 그 생명의 끈을 잘라버리고 싶을 때도 있었으리라. 차라리 모든 걸 포기하고 휘청거리는 삶에서 내려오고 싶었을지도 모른다. 넝쿨손이 벋어 오르듯이 자신의 앞길에 자식이라는 튼튼한 끈이 얼기설기 드리워 있음을 자각 하고 부터는 안도의 노래를 불렀다.

어머니는 생의 끝자락에 또 한 번 끈에 의탁해야 하는 삶을 맞이했다. 그간에도 푸석한 끈 때문에 만고풍상을 다 겪었는데 또 반갑잖은 끈이라……. 인생이란 영원할 수가 없고, 언젠가는 끈으로 꽁꽁 묶여 한줌의 재로 사라진다 해도 손마디처럼 짧은 여생에 끈의 속박에 얽매여야 하니 가혹한 형벌이 아닐 수 없다. 어머니 삶을 옥죄는 그 끈을 자르고 싶다.

(2016. 11. 20.)

날마다 아들의 정을 마신다.

쌉쌀하고 풋풋한 맛이 입안을 가득 메운다. 물은 이미 목안으로 넘어갔지만 그의 향은 아직도 입안에 가득하다. 부드러운 느낌을 주며 마음까지 포근해 진다. 요즈음 식수로 삼백초를 넣고 끓인 차를 마시고 있다. 주전자에 물을 붓고 한 줌의 삼백초를 끓이면 색이 누렇고 향기가 짙은 차가 된다. 건강에 좋다하니 거르지 않고 마신다.

어느 날 택배가 왔다. 부피는 큰 편인데 가벼운 물건이었다. 수취인은 분명한데 발신인이 뚜렷하지 않았다. 무엇일까? 누가 보냈을까? 의아해 하면서 뜯어보니 삼백초였다. 처음 듣는 이름이었다. 짐작이 가는 이에게 전화를 하며 수소문해 보았다. 딸들은 어느 누구도 보내지 않았단다. 마지막으로 아들에게 전화를 했다. 기대하지도 않았는데 녀석이 보냈다는 것이다. "무슨 일이니? 또 선물을 보내고." 감격해 하는 제 엄마의 모습이 순진한 소녀 같았다.

설 때 집에 와 보니 세월에 부대껴 몰라보게 변해버린 부모의 모습에 안타까운 생각이 들었단다. 그래서 서울로 돌아간 뒤 무엇으로 보답할까? 고심 끝에 삼백초를 구입해서 보냈다는 것이다. 삼백초란 꽃이 필 때쯤 꽃 밑에 있는 2~3 가지의 잎이 하얗게 변하고 꽃과 뿌리가 하얀 색인데 세 가지 모두 흰색을 가졌다 해서 삼백초라 한단다. 잎을 따서 말린 뒤 음용하거나 좌욕, 좌훈 등을 하면 성인병에 효과가 있다 한다.

식수하면 제일 먼저 생각나는 곳이 있다. 좁은 목 약수터이다. 고덕산 줄기에서 솟아나는 생수가 바위틈을 타고 흘러내렸다. 오염이 안 되고 식수로 적합하다 하여 시민들로부터 인기가 대단했다. 벼랑에다 파이프를 박고 그 곳에서 흘러나오는 물을 양동이로 받았다. 어느 파이프에서는 물이 콸콸 쏟아지는데 비해 감질나게 나오는 것 도 있어 큰 곳에 양동이를 놓으려고 눈치를 보는 것도 재미있는 정경이었다. 새벽 일찍 가보면 사람들로 붐볐다. 모두 잠을 설치고 온 사람들이다. 요새는 정수기가 있어 깨끗한 물을 마음대로 마실 수가 있고 또는 마트나 슈퍼에 가면 광천수다 암반수다 하는 생수가 지천으로 쌓여 있다. 그러나 그 시절에는 생수는 고사하고 정수기도 부유한 집에서나 가능하였기에 서민들은 끓여 마시거나 바위틈에서 나오는 생수를 받으러 어디든지 달려가곤 했다.

약수터에 도착하는 순서대로 양동이를 늘어놓는데 그 행렬이 뱀같이 몇 굽이 구불구불하기도 했다. 겨우 받아가지고 오면 출근시간이 늦어 허둥대기를 한 것이 한 두 번이 아니었다. 붐비는 시간을 피해서 자정 무렵에도 가기도 했다. 사람 수가 적어서 수월했으나 단잠을 쪼개야하는 아쉬움이 있었다. 정수기가 보급되지 않던 시절이라 생수를 받아오는 일은 가히 생존경쟁이나 다름없었다. 차례를 기다리면서 약수터 위에 마련된 체련장에서 운동도 하고 간이의자에서 세상살이 이야기도 했던 추억이 아련하다. 좁은 목 생수가 식수로는 부적합하다는 보도가 나오자 발길을 돌려야 했다.

생수를 단념한 우리 집은 그 뒤로는 녹차나 보리차를 마셨다. 녹차는 마트에서 사온 가공품을 사용하였다. 그 무렵 나는 성인병인 콜레스테롤 수치가 높아 신경을 쓰고 있었다. 아내가 마련해준 녹즙도 함께 마시던 중이었다. 때론 녹차도 그런 차원에서 이용했던 것이다. 중국인이 비만이 적고 성인병에도 잘 걸리지 않는 이유는 녹차를 상용하는데 있다 한다.

조선 후기의 선승 초의선사는 전통 차를 즐겨마셨는데 그중 하나가 녹차였다고 한다. 초의선사의 사상은 다선 일미사상으로 집약되는데 그것은 차속에 부처님의 진리와 명상의 기쁨이 녹아 있다는 내용이다. 초의선사처럼 선의 경지에는 다다르지 못할지라도 몸속에 있는 노폐물이라도 지울까하는 마음으로 음용했던 것이다.

지난 초여름 시골에 있는 산소에 가서 연녹색 감잎을 따 왔다. 가마솥에 찌고 덖어 손수 감잎차를 만들어 보았다. 인터넷을 보고 만드는 과정을 익힌 다음 처음 시도해 보았는데 나름대로 잘 만든 듯했다. 근 1년 가까이 감잎차를 마시고 있었는데 아들이 보내준 삼백초에 밀려 지금은 중단하고 있다.

그동안 건강에 좋다는 식수나 차를 여러 가지 음용했다. 각 차마다 특성이 있고 유익한 점이 있지만 그래도 제일 마음에 가는 것은 삼백초로 만든 차가 아닌가 한다. 건강이나 맛을 떠나서 그것에는 따뜻한 정이 있기 때문이다. 모락모락 김과 함께 정도 피어오른다.

(참 좋은 사람 2013. 9월호)

다지기 가족

우리나라의 발효식품중 하나인 김치는 조상들의 슬기로운 지혜와 정성으로 빚어지는 음식이다. 추운 겨울이 긴 우리의 자연환경을 슬기롭게 극복하기 위한 지혜에서 터득한 산물이다. 농경문화가 뿌리를 내리고 곡물이 주식이 됨에 따라 소화를 돕고 균형 잡힌 영양섭취를 위해 채소를 많이 먹게 되었지 않았을까? 채소를 날 것으로 섭취하는 것도 좋지만 오래 보관하거나 미각을 높이기 위해서는 여러 가지 재료를 넣어 버무리고 숙성시키는 발효 김치가 제격이다. 그 중에서도 김치의 백미는 겨울을 앞두고 배추와 무 갓등을 이용하는 김장김치가 아닌가 한다. 온 가족이 모여 김장을 하는 모습은 아름다운 풍습의 하나였다. 일손이 부족하면 이웃이나 친지들끼리 품앗이를 하면서 따뜻한 정을 나누고 공동체 의식을 높이는 계기가 되기도 하였다.

요즈음은 김장을 하지 않고 공장김치를 사먹거나 남의 손을 빌려 해결하는 가정이 늘고 있다. 시간적 여유가 없어서 그러하기도 하지만 번거롭고 귀찮아서 하지 않는 사람도 있다. 한편으로는 김장하는 방법을 몰라서 망설이다 결국 포기하는 사람도 있다. 모두 편리를 추구하는 세태의 단면이 아닐 수 없으니 아쉬운 일이다. 손수 김장을 해 보면 가족의 건강을 지키는 음식을 내 손으로 직접 만드는 보람을 느낄 수도 있다. 또는 조상님들의 지혜도 터득할 수 있는 계기가 될 터인데 말이다. 기능을 익히면서 손맛의 진수를 터득해 보는 것도 바람직한 일이 아닐까?

12월 마지막 주말 우리 집에서도 김장을 했다. 모든 가정에서 겪는 연례행사이므로 대수롭지 않게 여길 수도 있지만 남 다른 의미를 부여하는 것은 두 딸은 물론 두 사위까지도 모두 동참했기 때문이다. 거기에다 서울에서 취직 시험을 준비하고 있는 아들까지도 내려와 거들었다. 특히 새 식구 우현이의 재롱도 꽃송이처럼 예뻤다. 한 행사를 위해 전 가족이 한 마음 한뜻으로 팔을 걷고 나선 것도 의미 있는 일이려니 싶다.

배추가 훌륭한 김치로 거듭나기 위해서 두 개의 커다란 고개를 넘어야 한다. 그 첫 번째가 소금물 속에서 자기의 몸을 조련해야 한다. 지난날 자신의 생명을 보전해 주었던 물기는 덜어내고 간수를 받아 재충전해야 한다. 그러려면 한나절 동안을 침잠沈潛하는 인내를 감수해야 한다. 고행 끝에 진리를 깨닫는 선자仙者처럼 아픔을 참고 견디어야 새로운 모습으로 거듭날 수 있다. 변신을 위한 최적의 상태를 유지한 연후에 맑은 물로 세척

하고 나면 다음 고개가 기다리고 있다. 이 고개야말로 김치로서 승패를 가름하는 중대한 고비이다.

즉 다지기와 만남이다. 다지기는 바다에서 건져 올린 젓갈, 해초와 대지에다 뿌리를 내리고 자란 고추, 마늘, 양파, 생강 등 갖은 채소와 양념 그리고 과즙들이 상호작용을 하며 만들어진 종합 식품이다. 맛깔스런 김치를 위한 키 포인트가 아닌가 한다. 어느 것 한가지인들 양이 넘쳐나도 안 되고 모자라도 안 된다. 각자의 개성을 발휘하면서도 조화를 이루어야 한다. 황금 비율을 이루어야 최고의 맛을 낼 수 있게 된다. 그것이 바로 그 집 주부의 손맛인데 이는 오래된 경험에 의해서 얻어지는 비법이다

오케스트라가 곡을 연주 할 때 각 악기마다 고유의 음색을 나타내면서도 전체적으로 하모니를 이루는 것과 일맥상통한다. 이는 비단 음악만이 아니고 사회나 국가나 모든 영역에서 적용되는 진리이다. 각자의 역할이 다르면서도 조화를 이룰 때 사회와 국가는 밝고 건전하게 발전할 수 있으리라.

그렇다. 김장을 하는 과정에서 우리 가족은 각자가 다지기 속의 양념들과 같은 역할을 했다. 배추에 다지기를 버무리는 초벌 일은 두 사위가 맡았다. 비록 부담 없이 하는 일이지만 다지기로 말하면 마늘, 양파, 생강과 같은 역할이다. 독특한 맛을 내면서 자신의 존재를 알리는 양념같이 처가의 김장에 한몫을 담당

하고 자신들의 존재를 각인시켜 줄 수 있는 기회를 잡았기 때문이다. 미각을 높이는 양념들처럼 화목의 싹을 피우기 위해 동참한 그 들의 마음이 대견하다.

배추에 다지기를 재벌로 바르는 일은 큰딸이 맡았다. 다지기 중에서 매콤한 맛을 내고 빛깔을 곱게 하는 고춧가루이다. 깊은 맛이 고루 스며들도록 잔손질을 하여 맛깔스럽고 빛깔 좋은 김치로 자리 매김 했기 때문이다. 도공이 유약을 재벌 삼벌 바르면서 빛깔 좋은 자기가 나오기를 기대하는 그 마음과 같지 않을까?

마지막으로 김치를 점검하고 마무리하여 김칫독에 저장하는 아내는 젓갈과 소금과 같은 역할이다. 다지기의 결정적인 맛은 간 맞추기에 있다. 간을 맞추는 데는 소금과 젓갈이 그 역할을 담당한다. 아내는 마지막으로 김치의 품격을 확인하고 안식처를 마련해 생명력을 유지할수록 하기 때문이다.

나와 아들은 김장이 순조롭게 이루어지도록 배추를 나르고 그릇을 챙기는 등 잔 심부름을 했다. 이는 과일이나 과즙이다. 다지기의 맛을 내는데 있으면 도움이 되겠지만 없어도 당장 아쉬울 것 없는 것이 과일이나 과즙이다. 그러나 있다면 마다하지 않는 존재이다. 온 가족이 손이 되고 발이 되어 오순도순 김장을 하니 지루하지 않는 가운데 마치게 되었다. 해는 아직도 중천에 떠 있다. 조화로운 다지기가 명품 김치를 탄생하게 하듯이 우리가족도 오늘처럼 서로를 격려하고 배려하면서 조화를 이룬다면 김치처럼 맛깔스런 가정이 되지 않을까? (2012. 12. 15.)

돌아올 수 없는 외출

그는 메마른 나뭇가지였다. 모든 잎을 떨쳐버리고 수액마저 마른 앙상한 토막이었다. 휩쓸고 지나간 세찬 비바람에 맥없이 무너져 내린 벌거숭이였다. 차마 눈뜨고는 볼 수 없는 박제된 인간이었다. 약 두 달 전, 어떤 병이라도 이길 수 있다고 자신 있게 말하던 기백은 온 데 간 데 없다.

"매형, 누나를 괴롭게 해서 미안해요."

기어가는 목소리로 말하고 난후 흐느껴 운다. 인간이 순식간에 이처럼 비참하게 무너질 수 있는가?

'무슨 말로 위로해야 용기를 줄까?' 마른침을 목구멍으로 넘기며 뱉은 한마디

"나을 수 있어, 힘을 내어야지."

그에게는 무슨 약이 되었는지 모른다. 한마디 후에 긴 침묵이

흘렀다. 집에 와서 있으니 마음만은 편하다는 말을 그의 아내가 대신 들려준다. 헐떡거리는 숨소리와 눈을 감고 있는 창백한 표정 속에서도 삶에 대한 미련은 버리지 않았다. 돌아눕는다. 저의 초라한 모습을 보여주기 싫은 모양이다. 그의 아내는 동네병원에 가자고 하면 버럭 화를 낸다고 하면서 서울 A병원에 대한 미련을 버리지 못하고 있다 한다.

42년 전, 병마로 쓰러져 허우적거리는 아버지의 모습도 이러했다. 아버지 역시 아까운 젊은 나이였다. 스스로는 가누기도 힘든 몸통을 주체하지도 못하면서 두 손을 모아 간구했다. 그 옆에서 지켜보는 나는 어떤 도움도 드릴 수 없는 무기력한 인간임을 한탄하면서 하염없이 눈물을 흘렀다. 쓰러져 가는 고목에 새 생명을 불어 넣을 수 있는 온기를 달라고.

곤한 잠속인데 전화벨이 울렸다. 그러잖아도 처남의 병세가 위중해 진 다음부터는 전화벨이 울리면 가슴이 철렁 내려앉곤 한다. 받아보니 처남이 운명했다는 것이다. 드디어 올 것이 왔구나! 새벽 3시 30분. 왜 그리 빠르게도 사그라지는 불꽃인가?

서울 A병원으로 가던 날의 모습은 한그루의 푸른 소나무였다. '매형, 잠깐 외출하는 기분으로 다녀오겠습니다.' 내 아내이며 제 누나인 보호자의 곁에 서서 당당하게 말하던 모습은 결전을 앞둔 장수의 기세였다.' 그런데 불과 2개 월 여 만에 이승을 하직하는 불귀의 객이 되었다. 향년 57세. 잠을 이룰 수가 없다. 너무도 아쉬운 삶이다. 결코 길지 않았던 그의 행적들이 바람처럼 지나갔다.

그는 학창시절에 높은 꿈을 품고 고시공부에 열중하였다. 산사에 들어가 몇 년 동안 머리를 싸매고 노력하였으나 행운은 비켜가기만 했다. 물거품이 된 꿈을 허공으로 보내고 새로운 진로를 모색하였다. 그 후 교직에 몸담고 있는 아내를 만나 가정을 이루었고, 영민英敏한 3남매를 두었다. 비록 고시에서는 실패의 쓴맛을 보았지만 차선으로 선택한 것이 경제학이었다. 우리나라 유망기업의 재무구조와 성장 전망을 심층 연구하였다. 그리고 세계 각국의 경제 동향이 우리나라에 미치는 영향까지도 분석하였다. 특히 워렌 버핏이나 조지 소로스의 투자기법을 섭렵하였다. 일류만이 살아남는다는 신념을 가지고 재산을 운용하였다. 국내의 최우량기업 S전자에 집중 투자한 결과 불과 수년 내에 수십억 원의 재산을 모으는 개가를 올렸다. 고시로 이루지 못한 꿈을 경제적으로라도 이루게 되나 싶어 대견하게 생각하였다.

뒤척이다 날이 밝기를 기다려 서둘러 익산 병원 장례식장으로 갔다. 그는 벌써 영안실에 안치되어 있고 분향 실에는 그의 생전 건강한 모습이 사진 속에서 환하게 웃고 있다. 야속한 사람. 무엇이 그리 바빠 어린 자식들을 남겨 두고 영영 돌아오지 못할 외출에 나섰는가? 무엇이 잡초처럼 끈질긴 생명줄에 난도질을 했는가? 차마 눈을 감지 못하고 애타게 몸부림 쳤을 마지막 순간은 얼마나 처절했을까? 자식들이 눈에 밟혀 제대로 눈을 감기나 했을까? 눈을 홍건이 적시고 난후에야 이성을 찾을 수가 있었다.

그는 3일후 한줌 재가 되었다. 그동안 품었던 야망과 함께 겪어야 했던 고통과 근심과 병마까지도 육신과 함께 산화했다.

"모든 근심 걱정 떨쳐버리고 편안히 허공을 나르소. 이승에서 모다 이룬 꿈 저승에서는 창대하게 펼치고 살소."

벌써 신이 된 그의 영정 앞에 향을 피웠다.

'죽음은 먼 곳에만 있는 줄 알았는데 이렇게 가까운 곳에도 있을 줄이야.'

(2014. 1. 6.)

마음 짠한 어버이날

올해도 어버이날을 보냈습니다. 이 나라의 많은 자식들이 그 날을 기렸을 것입니다. 어떤 이는 용돈을 드리고, 다른 이는 선물을 올리고, 또 다른 어떤 이는 식사를 대접하였거나 편지나 전화로 사랑을 전하였을 것입니다. 방법이야 개인에 따라 다르지만 낳아주시고 길러주신 부모님의 은혜를 잊지 않고 감사를 올리는 마음은 한결 같았을 것입니다. 이처럼 한 해에 한번쯤은 부모님의 마음을 헤아리고 은공에 감사하는 자식들이 있기에 화목한 가정, 기본이 바로 서는 사회가 되리라 믿습니다.

저에게도 자식이 셋이나 있습니다. 이제는 모두 성인이 되어 가정을 꾸리고 직장에서 주어진 임무에 충실 하는 사회인으로 성장하였습니다. 그 자식들이 어버이날을 맞이하여 우리 부부에게 고마움을 전해 왔습니다. 두 딸은 건강식품으로, 아들 녀석은 저녁에 초대해서 식사를 대접해 주었습니다. 하루가 다르게 머리가 하얗게 되고 주름살이 깊어지는 부모의 모습이 안쓰러웠던 가 봅니다. 거르지 말고 잘 챙겨먹으라는 딸의 말이 전화기 저편에서 낭랑하게 울렸습니다. 정성이 크고 작음을 떠나 어버이날을 기억하고 챙기는 마음이 가상 했습니다.

나는 이렇게 자식들한테 대접받는 부모의 위치에 있을뿐더러 한편으로는 구순의 중턱을 훌쩍 넘긴 어머니가 계시기에 자식으로서 도리를 다해야 할 입장입니다. 기력이 쇠진하고 활동하시기가 불편해서 요양원에 모셨습니다. 몇 년 전까지만 해도 고향집에 계셨는데, 날이 갈수록 거동은커녕 손발하나 움직이기도 힘들어 하셔서 그곳으로 가시게 했습니다. 자식으로서 잘 모시지 못한데 대해 죄책감이 있지만 수발을 제대로 못해 드릴 형편이니 이나마 차선이 아닌가 합니다.

지난 5월 8일 어머니를 찾아뵈었습니다. 준비해 간 다과를 한 방에 같이 계신 어머니들께 나누어 드리고, 가슴에는 빨간 카네이션 꽃도 달아드렸습니다. 어버이 은혜에 감사하는 노래도 불렀습니다. 목을 가다듬고 감정을 잡아서 불렀지만, 듣는 이들은 아무 감흥이 없는지 정적만 흐르고 있었습니다. 오히려 노래를 부른 내가 더 민망했습니다. 그래도 몇 분 어머니들은 오늘의 의미를 아는지 고개를 들고 나와 눈을 맞추는데, 내 어머니를 비롯한 몇 분은 오늘이 무슨 날이고, 꽃은 왜 달아주며, 노래는 왜 부르는지 꿈속을 헤매고 있었습니다. 어버이날이라 찾아왔다는 아내의 말에도 아랑곳 하지 않는 모습은 여전했습니다.

몇 해 전까지도 어버이날에 꽃이라도 달아드리면 큰아들이 사왔다고 함박웃음을 짓던 분입니다. 어쩌다 막내딸이 값싼 스웨터라도 하나 사 드리면 동네방네 자랑하며 돌아다니신 분입니다. 이제는 기뻐하시는 내색은 고사하고 몸조차 가누지 못하는 연체인간이 되었습니다. 세월이 흘러가면 짚불처럼 사위어지는 것이 인생이라 하지만 이처럼 빨리도 무너지고 바스러질 수 있는 것인지? 꽃이 늘 화사하지 않듯이 인생 또한 늘 봄만 있는 것은 아닌 듯합니다.

손발을 주무르고, 등을 두드리면서 한 동안 이런저런 말을 해 드렸습니다. 그 동안 어느 자식이 다녀갔고, 점심시간에 무엇을 드셨는지 기억의 저편에 잠자고 있는 파편들을 끄집어내려 했습니다. 어둠에 묻혀있던 무늬들이 어렴풋이 나타나는지 눈을 깜박이며 엷은 미소를 띠었습니다. 역시 피를 나눈 정은 몸 안에 정체되어 있는 기운을 불러일으키고, 저 깊디깊은 바닥에서 잠자고 있는 흔적들을 두레박으로 퍼 올리듯이 건져낼 수 있고, 회색빛 어둠도 밝힐 수 있는 힘이 있는 가 봅니다.

어머니를 휠체어에 모시고 바깥나들이도 했습니다. 눈부신 오월의 해살이 등위로 포근하게 내리쬐었습니다. 어머니의 얼굴도 한층 밝아졌습니다. 푸른 잎이 출렁이는 공원에는 풋풋한 젊음과 푸른 희망이 넘치고 있었습니다. 어머니도 한때 저런 푸름과 젊음이 넘실대던 꽃 시절이 있었고 무지개를 꿈꾸던 시간들도 있었을 것입니다. 노랑 저고리에 분홍치마를 받쳐 입고 공원길을 자박자박 거닐던 때도 있었겠지요. 지금은 한치 앞도 가늠할 수 없는 미명에 묻혔으니 삶이란 그렇게 아래로 굽이치며 흘러서 먼 바다에 이르는 것인가 봅니다.

아쉬운 시간이 지나고 헤어져야할 순간 어머니의 손을 꼭 잡았습니다. 온기가 없고 거친 손마디가 마른 솔가지처럼 느껴졌습니다. 그러나 그 손은 새벽에 닭 울음소리가 들릴 때면 절구에 통보리를 찧어 어린 자식들의 배를 채웠던 손이요, 농사철이면 땀에 젖은 베적삼을 입고 밤낮없이 논밭을 일구던 손이고, 긴긴 겨울밤 배틀 위에서 당신의 고단한 삶을 날줄과 씨줄로 엮으신 손이기도 하지요. 저 손이 있었기에 오늘날 푸른 솔 같이 건강한 자식들이 있고, 행복이 새순처럼 돋아나는 터전이 있는 것이지요.

어머니의 곁을 물러나면서 올해는 이렇게나마 자식과 함께 보낼 수 있지만 내년에는 어떤 어버이날이 될지 모른다는 경망한 생각이 불쑥 들기도 했습니다. 고목에서 꽃이 피기를 기대할 수는 없지만, 저런 모습이나마 그 자리에 계시기를 바라는 마음이 간절했습니다. 옛날처럼 함박웃음을 짓던 그 모습을 다시 뵐 수 있으면 더 좋으련만……. 병실 창 너머로 보이는 서쪽 하늘의 노을빛이 점점 더 붉어지는 가 했더니 어느새 어둠이 내리고 있었습니다.

(2017. 5. 19. 전주일보)

벌초

우리겨레는 예로부터 아름다운 미풍양속을 많이 가지고 있습니다. 벌초하고 성묘하는 것도 그중의 하나입니다. 벌초는 단순히 조상의 묘에 난 풀을 제거하는 행위로 끝나는 것이 아니고 조상 숭배와 효 사상 그리고 가족 사랑이 한데 어우러진 크나큰 가족행사입니다. 그러하기에 수많은 사람들이 한가위 철만 되면 고향을 찾아 벌초하고 성묘하고 차례를 지내는 일에 나서는가 봅니다.

모든 일은 시대의 흐름에 따라 변합니다. 벌초도 예외는 아니어서 자손들이 직접 벌초에 나서는가 하면 대행회사에 맡겨 편리하게 해결하는 경우도 있습니다. 무슨 방법으로 하던 각자의 형편에 따라 하므로 꼭 선악을 가리고 싶지 않습니다. 중요한 것은 조상님께 도리를 다하려는 자손들의 마음가짐일 것입니다.

나도 아버지가 일찍 서천으로 떠나신 후, 젊은 시절부터 벌초를 내 손으로 해오고 있습니다. '등 굽은 나무가 선산 지킨다.'고 어린동생들은 먼 객지에 둥지를 틀고, 나 혼자 고향 가까운 곳에 거주하고 있으니 자연 선산을 돌보고 벌초를 하는 일은 나의 몫이 되었습니다. 젊은 시절에는 낫으로 벌초를 했습니다. 일하는 자세가 몸에 배어있지 않던 때라 조금만 풀베기를 하면 오금이 저려오고 전신이 쑤셨습니다. 그래도 꾹 참고 이곳저곳에 흩어져 있는 묘를 찾아 벌초를 했습니다. 해가 뉘엿뉘엿 질 때까지 베고 나면 몸은 파김치가 되지만 조상님께 도리를 다했다는 생각에 마음만은 하늘을 날 듯 가벼워졌습니다. 그 후 예초기를 구입하고부터는 한결 쉬어졌으나 그것도 결코 만만치 않은 일입니다. 요란하게 돌아가는 애초기를 꼭 붙잡고 하다보면 위험하기도 하지만 팔뚝이 끊어질 듯 아픕니다. 그럴 때면 예초기도 잠시 숨을 고르게 한 후, 한참 동안 팔운동, 목운동을 하면서 근육을 풀고, 먼 산을 바라보며 심호흡을 하고난 후에 다시 풀베기를 했지요.

4,5년 전부터의 일입니다. 벌초할 때면 동생들이 참석하겠다고 제의해 왔습니다. 생활이 바쁘고 내왕 하려면 번잡 할 텐데 그럴 것 없다고 만류해도 한사코 동참하겠다고 해서 그들의 순수한 뜻을 받아들였습니다. 그래서 삼형제가 날짜를 정해서 실행하고 있습니다. 혼자 할 때보다야 엄청 쉬워졌지요. 한쪽에서 예초기로 풀을 베면 다른 쪽에서 갈퀴로 베어진 풀을 모아 마무리를 하니 한나절이면 끝나곤 합니다. 아내는 시골 토종닭을 사다가 각종 약재와 찹쌀을 넣고 죽을 끓여 피곤한 동생들의 몸과 마음을 풀어줍니다.

올해는 더 뜻깊은 벌초행사가 되었습니다. 그것은 미국에 살고 있는 둘째 동생까지 합류를 했습니다. 형제들이 모여서 벌초를 한다는 소리를 듣고 참석하고 싶은 마음이 간절하더랍니다. 그래서 특별히 시간을 내서 불원천리 미국에서 단숨에 날아왔습니다. 막내 동생이 예초기로 풀을 베는 모습을 유심히 바라보던 미국 동생이 풀을 베겠다고 나섭니다. 어린아이에게 칼을 맡기는 것처럼 위태하게 생각했으나 경험삼아 해보는 것도 좋은 일이라고 예초기를 건넸습니다. 엔진의 단수를 갑자기 높였던가 봅니다. '왜 앵'하고 칼날이 땅속을 파고듭니다. 깜짝 놀란 동생이 칼날을 번쩍 드니 이번에는 허공에서 헬리콥터 프로펠러처럼 요동을 칩니다.'어 어 어' 하고 외마디 소리를 지릅니다. 순간적이지만 대단히 위험한 상황이었습니다. 위급한 순간을 지켜본 동생들이 빈정대는 투로 한마디씩 건넵니다.

"좋은 경험을 해서 비행기 값은 뽑았다"고. 그렇습니다. 세상에는 결코 간단하고 쉬운 일은 없습니다. 벌초도 이렇게 어려움속에 이루어지는 조상에 대한 자손들의 도리인 것입니다.

셋이 하더라도 손쉽게 할 수 있는 벌초를 한사람이 더해서 넷이 하니 수월하게 끝났습니다. 백짓장도 맞들면 났다. 라는 속담이 불현 듯 스쳤습니다. 미끈하게 다듬어진 산소에서 차례를 지낸 다음 음복으로 마신 한잔 술이 그렇게 맛있는 줄은 처음 알았습니다. 조상님의 음덕과 가족애愛가 함께 숙성되어진 술이기에 그러지 않을까요? 모든 일을 마치고 떠나간 그들의 뒤자리에는 가을 색에 물든 햇빛이 환하게 비추고 있었습니다.

(국민연금 2017년 10월호)

빨강 운동화

사람은 생활 속에서 갖가지 희로애락의 풍화과정을 겪는다. 때론 해가 눈부시게 비추는 날이 있는가 하면 숫제 비바람이 온종일 치는 날도 있다. 작은 정을 받으며 행복해 하는 순간이 있는가 하면 주어서 더 행복해 하는 때도 있다.

딸아이가 운동화를 사 왔다. 소위 메이커라는 제품의 빨강 운동화다. 나의 해외여행에 맞추어 사 온 것이다. 편안한 여행이 되라는 뜻 일게다. 나는 그 운동화를 신고 자랑스러운 모습으로 비행기의 트랩에 올랐다. 긴 여정 끝에 호주의 오페라 하우스를 돌아보고 뉴질랜드의 데카포 호수의 비취빛 물결, 그리고 밀포드 사운드의 호화유람선과 만년설 빙하수의 전설을 몸으로 확인하였다. 이 신발이 편안하고 안전한 버팀목이 되었음은 물론이다.

그 후에도 내 생활의 궤적을 따라 함께 웃고 울어주는 수족과 같은 존재가 되었다. 동네를 나들이 하거나 공원을 걸을 때는 물론 운동할 때도 발을 편안하게 보호해 준 보배로운 존재이기도 하다. 발가락 사이로 스며드는 냉기와 물기도 막아주고 솟아나는 땀방울도 거두어 쾌적한 상태를 유지해 주기도 한다. 비가 오나 눈이 내리나 마다하지 않고 나의 친숙한 반려가 되었다. 내가 쉬면 겨우 휴식에 들뿐 내가 움직이면 군말 한마디 않고 나를 따르는 동료이다. 이처럼 고마운 운동화이지만 한 편 이를 대할 때마다 그 옛날 아버지에 대한 추억이 물안개처럼 피어오르곤 한다.

벼가 누렇게 익어가는 가을이 되면 새떼들이 몰려와 물통 벼를 쪼아대곤 했다. 새를 보러 나가는 일은 대개 어린 아이들의 몫이었다. 나도 학교에 갔다 온 오후에는 으레 새를 보러 텃논으로 갔다. '우여! 우여!' 새들은 나의 외침에는 아랑곳하지 않고 떼로 날아와 벼를 쪼아 먹었다. 이곳에 가서 쫓으면 저쪽 구석에 앉고, 또 달려가서 소리를 지르면 나뭇가지에 올랐다가 다시 내려앉곤 했다. 새들이 오히려 나를 놀리며 애를 태우게 했다. 뙤약볕 아래에서 지루하고 싫증이 나면 마을 어귀의 그늘 밑으로 피신하곤 했다. 그날도 새들과 실랑이를 벌이다 그늘 밑으로 돌아와 잠시 쉬고 있던 참이었다. 친구들과 재미있는 놀이에 빠져 시간 가는 줄도 모르고 있다가 눈을 논으로 돌렸다. 어떤 젊은이가 논을 돌아보며 새떼를 쫓고 있었다. '어떤 사람이 우리 논의 새떼를 몰아낼까?' 의아해 하면서도 놀이를 계속했다. 해가 져서 집에 와 보니 아버지께서 와 계셨다. 그리고 나에게 선물을 주셨다. 빨강색의 예쁜 운동화였다.

아버지는 육군 헌병이셨다. 외동아들로 태어나신 아버지는 이른 나이에 결혼을 하고 자녀까지 두신 뒤에야 군대에 가셨다. 6·25전쟁 때 학도병으로 자원입대하셨다가 휴전이 되고서도 군에 남으셨다. 휴가차 집에 오실 때는 헌병 제복을 입고 오셨다. 안전모를 쓰시고 칼날처럼 주름진 바지에 번쩍번쩍 빛나는 군화를 신으셨다. 허리춤에는 권총까지 차고 오셨다. 권총을 선반위에 풀어 놓으면 의자를 딛고 올라가 달그락달그락 만져보기도 했다. 총알이 장전되었는지는 모르나 격발하지는 않았다. 판문점에서 말쑥한 모습으로 보초를 서고 있는 헌병을 보면 아버지의 군인시절 모습이 그려지기도 하였다. 휴가 때면 C레이션(미군전투식량)이나 선물을 가지고 오시곤 했는데, 이번에는 나의 운동화를 사 오셨던 것이다.

어린 시절 나는 거의 고무신을 신고 살았다. 할머니께서 줄포시장에 가서 사다주신 검정 고무신이었다. 고개가 부러질 정도로 곡식을 이고 가서 팔아 손자의 신발을 사 오시곤 하셨다. 가쁜 숨을 쉬며 고개를 넘고 먼지가 뿌옇게 이는 자동찻길을 걸었다. 편도 20리가 넘는 길을 한 발 한 발 옮겨 가실 때 고개는 얼마나 아팠으며 다리는 또한 얼마나 무거웠을까? 오로지 손자에게 실망을 안겨주지 않기 위해 뼈가 부서지는 고통도 참으셨으리라.

고무신은 재생고무로 만들어서 탄력이 없어 쉽게 닳기도 하고 조금만 거칠게 대하면 구멍이 났다. 할아버지께서는 양달에 앉아 구멍이 난 신발에 헝겊이나 고무를 대고 꿰매주시곤 했다.

손자에 대한 사랑으로 한 땀 한 땀 엮으셨을 것이다. 꿰매주신 신발을 조심하면서 신지만 며칠이 못가 또 터져버릴 때면 꾸중을 듣기도 했다. 공차기 할 때 헐렁한 신발이 공보다 더 멀리 날아가는 경우도 있어 웃음거리가 되기도 하였다

한국 전쟁 직후에 구호품으로 나온 운동화도 있었다. 마을 한 곳에 모아 놓고 동네사람들을 불러서 알맞은 것을 골라서 신으라고 했다. 조금 쓸 만한 것은 부지런한 사람들이 먼저 차지하였다. 게으름을 피우다 늦게 나가면 허탕을 치는 경우가 많았다. 발보다 훨씬 커서 신을 수 없는 것들만 있을 때도 있고, 조금 맞는 듯싶은 것이 있으면 서로 같은 짝을 찾을 수가 없어 포기하기도 했다. 운동화를 차지하지 못하고 집에 돌아오면 아쉬워서 눈물을 흘린 적이 한두 번이 아니었다.

이런 아쉬운 기억 속에 살고 있는 나에게 새 운동화를 사 주셨으니 얼마나 기뻤겠는가? 밤새토록 가슴에 안고 잠을 잤다. 신지도 않고 마루에 가지런히 모셔놓고 바라보기도 했다. 어쩌다 한 번이라도 신게 되면 동네 고샅을 돌아다니며 꼬마 친구들에게 자랑하곤 했다. 학교에 신고 가면 신발장에 놓아두지 못하고 책상 속에 모셔 두곤 했다. 공부시간에도 마음은 운동화에가 있어 선생님의 말씀도 귀에 들어오지 않았다. 가끔 휴가차

집에 오셨다가 귀대하시는 날, 아버지께서는 번쩍거리는 군화를 신으시고 나는 빨강 운동화를 신고 버스 정류장까지 함께 걸었다. 그런 때는 내가 헌병이 된 기분이었다.

아버지께서는 돌아오지 못할 먼 길로 가셨다. 우리의 개구쟁이 시절은 빛바랜 사진처럼 추억으로 남아 있을 뿐 그 때의 친구들은 삶을 찾아 곳곳으로 흩어졌다. 자랑하며 다녔던 고샅길에서도 나의 옛 모습을 찾아볼 수 없다. 그러나 아버지께서 사주셨던 빨강 운동화는 반세기가 훌쩍 넘은 지금까지도 고향집 마루에 놓여 있던 그 모습이 눈에 선하다. 대한민국의 헌병이셨던 아버지의 늠름하신 모습과 함께…….

(한국문학신문 2015. 10. 28.)

산새소리

따스한 봄볕이 내리쬐는 석양의 공원은 고요했다. 숨소리마저 들리지 않는 공원에는 겨우내 움츠렸던 나무들만이 온기에 여유를 부리는 듯하다. 소나무의 바늘가지도 더욱 푸르고 버드나무 오리나무도 연녹색 넓은 잎을 손바닥처럼 펴며 봄을 전해주고 있다. 양지바른 언덕에는 개나리가 노란 꽃을 피워 황금성城을 이루고 있다. 노랑색으로 물든 공원은 기품과 운치가 있어 보였다. 나는 이 분위기를 깰 수 없어 미동도 없이 서서 정취를 즐기고 있었다. 심호흡을 하며 자연의 일부가 되어 갔다.

그때 어디선가 산새 한 쌍이 날아와 개나리 가지에 살짝 앉았다. 두리번거리던 산새들이 꽃 사이를 오르내리며 꽃잎을 쪼아대기도 하고 마주보며 재잘거린다. 마치 꽃향기에 취한 듯 새들의 몸짓이 부산하다. 아니 신혼의 단꿈을 꾸며 유희를 하는 한 쌍인 듯도 하다. 이 새들의 지저귐이 계속되자 또 다른 새들이 무리지어 곳곳에서 날아들었다. 푸드득 푸드득 이 가지 저 가지 날아오르기도 하고 숨바꼭질하듯 짝을 찾으며 지저귀었다. 산새들의 방문으로 개나리 성城에도 생기가 돌았다. 비록 불협화음이지만 새들의 지저귐이 퍼져 나가니 공원도 기지개를 켜는 듯 활기가 돋았다.

나는 새들의 지저귐을 귓속에 여운으로 간직한 채 그 곳을 벗어나 공원을 한 바퀴 돌았다. 역시 공원의 곳곳에도 봄의 흔적이 뚜렷하다. 바위틈에 흐르는 물소리도 상쾌하다. 지난겨울 내렸던 눈이 녹아 땅속으로 스몄던 것이 다시 솟구쳐 흐르는 모양이다. 이 물로 생기를 얻은 나무와 꽃들이 봄을 마음껏 즐기며 잎도 돋고 꽃도 피우는가 보다. 봄기운에 몸이 풀린 나는 다시 개나리 성으로 돌아왔다. 조금 전까지 그렇게 지저귀던 산새들이 어디로 날아갔는지 한 마리도 보이지 않았다. 내가 떠나자 그들도 떠난 것인가? 단체로 날아와 산 나게 지저귀던 새들은 대체 어디로 날아갔을까? 산새들이 머물다 간 자리에는 꽃들만 바람에 떨고 있었다. 멀리 서편 하늘에는 노을이 점점 붉게 타올랐다. 개나리의 노랑색과 노을의 분홍색이 조화를 이루어 공원을 격조 있게 꾸며준다. 그러나 공원에는 찬바람이 가끔 넘나들 뿐 다시 적막감이 돌았다. 마치 어린학생들이 재잘거리다 떠나버린 텅 빈 교 실 같았다. 내 마음도 허전하고 외로움이 밀려왔다. 꽃잎 사이를 넘나들며 지저귀던 산새소리만이 쟁쟁하게 내 귓가에 여운으로 남았다.

회백색 물감을 뿌린 듯 어둠이 사위에 스멀스멀밀려오자 그 속에 산새소리의 여운이 결합하여 내 마음에서 큰 파문이 일며 연기처럼 피어올랐다. 그것은 산새소리와 함께 잠재되어 있던 지난날 나의 가슴 아픈 사연이다.

나는 오늘 이 산새소리와 같은 새소리를 들으면 병고로 신음하던 아버지의 초췌한 잔영이 불현 듯 떠오르곤 한다. 언제나 그러한 것은 아니다. 가슴 아팠던 시절 들었던 산새소리와 비슷한 재잘거림을 들으면 망각의 심연에서 잠자던 슬픈 모습이 되살아나곤 한다. 그리고 슬픔에 빠지는 것이다. 오늘 이 시각 사위가 적막한 공원에 홀로 남아 있으니 더욱 그러하다. 새소리는 자연의 소리로 마음을 정화하고 병을 치유할 수 있는 기능이 있다 한다. 그런데 나는 오히려 새소리에 마음의 병을 앓고 있는 셈이다.

아버지께서는 생의 마지막을 산새소리와 함께 하셨다. 대나무 밭이 내다보이는 방에서 기거하셨다. 창문을 열면 널따란 대나무 숲이 있었다. 그 숲속에서는 항상 새들이 지저귀었다. 사각사각 대 바람 소리가 한낮의 정적을 깨드렸다. 따스한 볕이 내리쬐는 날이면 창문을 열고 대숲으로 눈을 돌리셨다. 새소리를 들으며 눈을 뜨셨고 새소리가 멎을 때 하루를 마감하셨다. 고통의 하루를 산새소리를 들으며 보내셨다. 아니 새소리를 들으시며 고통을 이겨 보려고 했을 것이다. 항아리처럼 부어오른 배를 붙잡고 새소리에 의지해 아픔을 견디셨다. 서슬 퍼런 칼날

위에 생명을 내어 놓고 새소리를 의지해 연장해 보려 했을 것이다. 죄어오는 병마에 눈을 감았다가도 그 소리가 들리면 눈을 뜨셨다. 새소리를 들으며 생명의 끈을 놓지 않으려 안간힘을 다하셨다. 시시각각 다가오는 죽음의 그림자를 물리치려 하셨다. 한 줄기 빛을 찾으려 어둠을 헤매셨다. 고통의 연옥에서 벗어나려 처절하게 몸부림을 치셨다. 그러나 대숲에서 산새들이 목 놓아 지저귀던 초여름 어느 날,

"나는 간다, 잘들 살아라."

목안에서 끊어질 듯 이어지며 처량하게 들려오는 한마디를 남기시고 고개를 떨구셨다.

석양빛에 물든 공원에서 산새들의 지저귐을 들으니 그 정경과 감정이 되살아났다. 아버지께서 가셨던 때도 꽃피는 계절이었으니 오늘의 분위기와 비슷했다. 산새들의 지저귐 또한 그때의 새소리를 닮았다. 석양에 홀로 공원에 있으려니 더욱 감정이 고조된다. 코끝이 찡하고 슬픔이 전신으로 물결처럼 퍼져 나갔다. 한 동안 소리 없이 울었다. 슬픈 감정에서 깨어나는데 오랜 시간이 걸렸다. 어느덧 공원에는 어둠이 내리고 있었다.

(2013. 3. 31.)

어머니의 밥상

삼라만상이 고요에 묻힌 새벽녘, 잠결에 들리는 달그락 소리에 눈을 떴다. 귀를 쫑긋 세우고 들어보니 부엌에서 나는 소리이다. 아직은 새벽달이 구름 속을 거닐고 샛별들의 속삭임이 끝나지 않았는데 어머니가 내시는 소리가 아닌가?

" 어머니, 무엇 하세요?"

" 응, 아무것도 아니다."

대답은 그리 하셨지만 여전히 소리는 계속되었다.

"어머니 제가 할 테니 들어오세요."

"오냐 알았다."

선잠에서 깨어나 부엌을 들여다보니 90이 훨씬 넘은 어머니께서 굽은 허리를 추기시며 아침식사를 준비하고 계셨다. 이웃집 젊은이들은 아직도 한참 단잠에 빠져 있을 시간이다.

"무엇이 바빠서 새벽부터 그러세요?"

"아들 먹이려고 그러지."

어머니는 대퇴부가 부러지는 바람에 거의 1년 가까이 병원생활을 하셨다. 완쾌되지 않았으나 집안일이 걱정 되어 오래 버티시지 못하고 퇴원하셨다. 거기에 더하여 젊은 시절부터 무릎관절이 성치 않아 약까지 복용하고 계신다. 허리는 활처럼 휘고 다리는 장작처럼 굳어서 마음대로 뻗고 오므리지 못하신다. 밖에 나가실 때는 보행기에 몸을 의지하여 비척비척 한 걸음씩 옮겨놓으신다. 화장실이나 주방을 가실 때에는 거의 네 발로 기다시피 하신다. 가다가 숨이 차고 고통스러우면 아예 손을 바닥에 짚고 몸을 끌며 다니실 때도 있다. 양념을 찾으러 냉장고로 가시거나 식기를 찾으러 찬장으로 가시는 데도 담배 한두 참이 더 걸린다.

오금이 저려오는 고초인들 왜 없겠는가? 밤이면 잠자리에서 신음소리와 함께 날을 새지 않던가? 그러나 뼛속 깊이 스미는 고통도 아들에게 챙겨 먹이려는 일념 앞엔 하찮은 이유에 불과하신가 보다. 당신의 치부마져 부끄러운 줄 모르는 목석인간이 되었어도 자식 사랑만은 아직도 용광로처럼 뜨겁고 활화산의 용암 같다.

어머니는 음식을 빚어내는 장인이었다. 어머니의 손놀림에 모든 식재료는 예술품으로 변신한다. 된장을 조물거리면 구수한 오지 뚝배기 된장국이 되고, 밀가루를 치대면 담백한 칼국수나 수재비가 된다. 모내기철 하지감자에 갈치를 넣고 끓인 찌개는 농부들의 고봉밥을 순식간에 비우게 하는 밥도둑이었다. 일을 마치고 돌아가는 농부들에게 된장이나 간장을 듬뿍 담아주기도 했는데 항상 따뜻한 마음을 내어주는 마님이라고 칭송이 자자했다.

그런가 하면 동네에 애경사를 맞이하면 콩나물을 기르고 산자와 식혜를 만들어 나누고 주곤 했다. 어느 한 가지라도 허투루 만드는 법이 없어 완성품은 최상의 음식으로 자리매김을 하기도 했다. 완성된 음식들은 제상에도 올리고 또한 찾아오는 손님에게도 대접하기도 했는데 주인댁의 정성이 돋보인다는 소리를 예사로 듣던 어머니였다. 세월이 흐르자 그러한 솜씨들을 뽐낼 기회도 없고 거기에다 기력 또한 쇠잔하니 옛 노인들의 기억 속에서나 희미하게 남아 있는 전설일 뿐이다.

조촐하게 차려진 상 앞에 어머니와 단둘이 앉았다. 밥 한 그릇과 국 한 그릇 그리고 두어 가지 반찬이 전부다. 밥은 밥대로 구수하고 국은 국대로 시원하다. 배추김치는 어머니처럼 곰삭았어도 시큼하면서 깊은 맛을 품고 있다, 한 가닥 쭉 찢어 밥 위에 얹혀놓고 한입에 떠 넣었다. 김치만이 품고 있는 시큼하고 깊은 맛이 입맛을 되살아나게 했다. 오직 어머니만이 갖고 있는 그 솜씨이다.

조금 색다른 반찬이 있다면 프라이팬에 구워진 조기 한 마리. 기름을 두르고 노릇노릇알맞게 구워져서 먹음직스럽다. 어머니께서는 내 곁으로 밀면서 어서 먹으라고 재촉을 하신다. 낸들 어떻게 먹을 수 있을까? 나는 슬그머니 어머니 앞으로 밀었다. 그러면서 요즈음 어미가 많이도 사 와서 잘 먹고 있다고 에둘러서 말했다. 밥그릇과 국그릇은 비워지고 있는데 조기는 식어갈 뿐 처음 모습 그대로이다.

어머니는 조기를 들어 머리를 뚝 떼어낸 뒤 몸통을 내 밥 위에 올려놓으셨다. 자식에게 해 오시던 사랑의 방식이다. 8남매를 모두 그렇게 키우셨다. 조금이라도 맛있는 음식은 자식들의 입에 넣는 것을 최우선으로 하셨다. 당신은 배를 곯을지언정 자식들에게는 한 술이라도 더 떠 넣으려고 애를 쓰셨다. 이 세상을 떠나는 순간까지도 그러 하시리라.

나는 드디어 조기를 들어 뼈를 뜯어내고 살점을 입에 넣었다. 알맞게 밴 간기와 조기의 비릿한 맛이 조화를 이루며 입안으로 퍼졌다. 내가 어린 아일 적 어머니의 젓꼭지를 물때면 나던 바로 그 맛이었다. 잘근잘근 씹으면서 어린 시절 단란했던 모습을 그려보았다. 올망졸망 동생들과 어머니의 품속을 파고들었던 모습이 선연히 떠올랐다. 모든 것이 부족하고 모자랐지만 다시 돌아가고픈 시절이 아닌가?

하얀 속살이 보이는 조기 살점을 어머니의 밥숟갈에도 올려드렸다. 오물오물 씹으시며 맛있게 잡수셨다. 주름진 얼굴에 부드러운 미소가 꽃이 되었다. 향기는 없지만 그 어느 꽃보다도 아름답고 고왔다. 항상 혼자서 외롭고 적적한 밥상을 대하다가 이렇게라도 사랑하는 아들과 함께 밥을 먹고 있으니 행복하신가 보다. 앞으로 이런 기회가 몇 번이나 더 있을 것인가? 나도 모르게 뜨거운 기운이 목까지 차올랐다.

(2016년 양지 춘추 창간호)

이발

지그시 눈을 감고 머리를 맡긴다. 머리카락이 윙윙 기계소리와 함께 잘려 나간다. 나의 모습이 얼마나 정갈하고 예뻐질 것인가 궁금증이 봄 동산 아지랑이처럼 피어오른다. 아들은 나의 조바심을 아는지 모르는지 머리를 오르내리며 이리 자르고 저리 다듬어 나간다.

이발을 하면 기분이 좋다. 그래서 옛말에도 목욕을 하면 하루 동안 기분이 좋고 이발을 하면 일주일이 상쾌하다고 했는가 보다. 그러나 이발을 하려 하면 조금 번거로운 면이 없지도 않다. 그것은 먼저 시간을 내야 한다. 주중에는 이런 저런 일로 바쁘다 핑계대고 주말 또한 애경사나 모임 등으로 바쁜 것이 현실이다. 겨우 시간을 내어서 이발소에 가려면 또 망설여지기도 한다. 대개 집 가까이에 있는 이발소를 찾는 것이 일반이지만 그렇지 않게 되는 경우도 있다. 이발사의 기술이 부족하거나 불친절 하다는 등 자기의 취향에 맞지 않게 되면 다른 곳을 찾아 나서기도 한다. 거기에다 호주머니 사정을 보아서 요금이 얼마인가에 대해서도 신경이 쓰여 진다. 이발하면 일상의 한 부분으로 간단한 일인 것 같지만 막상 해 보려 하면 작은 고민이 이만 저만이 아니다. 이것도 스트레스가 된다.

나는 요즈음 자주 이발을 하는 행운을 갖게 되었다. 이발소를 찾는 고민도 없어졌을 뿐 아니라 단정한 용모도 갖게 되었으며 경제적으로도 작은 도움이 되고 있다. 그것은 아들이 새 이발 기구를 사가지고 와서 나의 머리를 깎아주기 때문이다. 처음에는 머리 깎는 기술이 미숙하여 마음이 내키지 않았으나 한두 번 하다 보니 이제는 어느 정도 숙련이 되어 가고 있다. 단 이발소에 가면 10여분이면 끝나는 것을 30여분이나 공 들여야 하는 노력이 필요하다. 머리를 맡기고 있는 내가 지루할 정도이다. 그런데도 해 주는 호의를 보아서 꾹 참는다.

이발하면 아버지의 모습과 나의 까까 중 머리가 생각난다. 아버지는 양지 녘에 나무 의자를 놓고 나를 앉히셨다. 잘 들지도 않는 이발 기계로 나의 머리를 깎으셨다. 기계가 고물이어서 그런지 정말 아팠다. 머리털이 쏙쏙 뽑아지는 것 같기도 하고 때로는 살갗을 파고드는 것 같은 느낌도 들었다. 눈물이 뚝뚝 떨어졌다. 아버지는 내가 몸을 움찔할 때마다 참으라 하면서 나의 머리를 다 깎곤 했다. 다 마치고 난 다음에는 대야에 물을 부어 머리까지 감아 주셨다. 비눗물이 콧속으로 스며들고 눈도 따가

우면 화까지 치밀었다. 아버지에겐 내색한번 못하고 겨우겨우 참았다. 이발을 마친 내 모습을 본 어머니가 정말로 예쁘다는 말로 위로해 주면 겨우 분이 풀리곤 했다.

아들이 이발 기계를 거두었을 때 거울을 보면 마음에 들지 않는 곳이 한 두 곳이 아니다. 좌우의 대칭이 맞지 않다거나 삐죽한 곳도 눈에 보인다. 더러는 움푹 페인 곳도 있다.하지만 그런대로 잘 되었다고 칭찬하며 끝을 맺는다. 이발을 잘하고 못하고 간에 애비를 챙겨서 이발을 해 주는 그 정성을 높이 사려는 마음에서이다.

그런데 아들은 왜 이발 기구를 사 가지고 와서 애비의 이발을 해 주는가 의구심이 생겼다. 이제까지 없던 일이다. 새로 개발된 혁신 도시로 이사를 왔는데 이곳에는 사회 기반 시설이 턱없이 부족하다. 관공서는 10여개가 입주 했으나 그에 따른 복지시설은 미약하기 그지없다. 더 나아가 서비스 시설도 주민들의 욕구를 충족시키지 못하고 있다. 자연 이발소도 없다. 그래서 애비의 편의를 위해서 그렇게 했나 하고 다름대로 짐작했다. 어느 정도 성장하고 나니 효도도 하는가 보다 하며 기특해 했다.

그러나 그 이유를 알게 된 것은 몇 달의 세월이 흐른 뒤이다. 아들은 군청에 근무하는 공무원이다. 그리고 맡은 직무는 복지분야이다. 자연 몸이 불편한 어르신이나 가정 형편이 곤란한 사람들의 일을 도와주는 것의 그의 임무이다. 아들은 가끔 봉사활동을 나간다고 한다. 산골짜기 오지를 찾아 독거노인이나 거동이 불편한 어르신들의 몸을 씻겨 드리거나 세탁을 해 드린다 한다. 또는 이발을 해 드리기도 한다고 한다. 목욕이나 세탁은 별반 기술 없이 체력만 있으면 가능하나 이발은 그렇지 않다. 그래서 이발 기구를 사서 실습을 해야 했는데 그 대상이 애비인 나인 것이다. 나의 이발을 통해 익힌 기술로 어르신들의 머리를 깎게 된 후로는 칭찬이 자자하다고 한다. 아들의 작은 보살핌으로 정갈해진 외모를 보며 흐뭇해하시는 어르신들의 모습이 떠오른다. 그분들이 앞으로 더욱 건강하고 행복한 나날이 되었으면 좋겠다.

(공무원연금지 2016. 5월호)

세 번째 이야기

사람과 사람

공원에서 만난 스승 | 교통사고
끼 많은 주례 선생님 | 빗나간 관상풀이
산책길에서 만난 천사 | 여인의 향기
의미 있는 시제 행사 | 정이 흐르는 강
제자

공원에서 만난 스승

공원에 오르다 보면 많은 사람들을 만난다. 젊은이도 있고 늙은이도 있다. 다리가 불편하신 할머니도 오시고 어깨통으로 고생하는 아저씨도 오른다. 그 많은 사람 중에 내게 꼭 인사를 전하는 아저씨가 계신다. 그분은 나를 보면 첫 인사로 한자 단어나 한문으로 된 내용을 묻곤 한다.

신문에서 크게 활자화 된 낱말이나 세태를 풍자한 낱말들이 주류를 이룬다. 때론 옛 성현의 가르침이나 고사 성어들을 인용하기도 한다. 쉽게 답변할 수 있는 내용도 있지만 생소한 것은 입을 다물기도 하는데 그때는 길고도 자세한 설명을 해 주곤 한다. 고치에서 실이 풀리듯, 도랑물이 졸졸 흐르듯 거침없이 뿜어 나온다. 조금 지루한 때도 있으나 세상 물정을 알게 되고, 인간으로서 지켜야할 인의예지仁義禮智에 대해 깊은 뜻을 익히게 되니 좋은 약이 된다.

그분은 어려서부터 한문공부를 많이 했고 지금도 복지관에서 틈틈이 한학을 공부하고 있다. 그래서 그런지 인간의 도리와 자연의 이치에 조예가 깊다. 나는 그분을 좋아한다. 옛 성현의 말씀을 인생의 지침으로 삼고 유유자적 세상을 살아가는 선비적 자세가 좋다. 마음을 비우고 적은 것에도 감사하고 만족해하는 생활태도를 배우고 싶다. 한 가지라도 아는 것이 있으면 망설이지 않고 전해주려는 열의가 대단하다. 격의 없이 인사를 건너는 붙임성이 좋고, 또 마음속에 담아두지 않고 있는 그대로 표출하는 성정 또한 본받을 만하다. 나뭇잎에서 또르르 구르는 이슬처럼 탄력이 있고 날렵한 분이다. 이웃집 아저씨처럼 순박하고 흉허물 없이 정을 나눌 수 있는 분이다. 짧은 시간이지만 대화를 통해 교감하고 소통할 수 있는 것이 그리 흔한 일은 아니니 말이다.

오늘 아침에는 대면 즉시 시산혈하屍山血河가 무슨 뜻인지 물었다. 한자를 보지 않고 음音으로만 들으니 쉽게 떠오르지 않는다. 기습 공격하는 게릴라 전법이라고나 할까? 아무 생각 없이 텅 빈 머릿속에 자기만이 생각한 내용을 갑자기 물으니 홍두깨로 뒤통수를 맞은 격이다. 한참동안 헤매다가 더듬거리며 답하니 부족했던지 한자로 풀이해 가며 설명해 주셨다. 문구가 선명하게 떠오르고 그 뜻 또한 정확하게 이해할 수 있었다.

며칠 전 백마고지를 탐방했는데 그곳의 안내판에서 읽은 문구라고 했다. 즉 6 · 25때 치열한 공방전을 벌이며 수많은 생명을 이슬로 사라지게 했던 백마고지의 전투상황을 한마디로 요약해서 표현한 문구가 아닌가? '시체가 산을 이루고 피가 내를 이루었다'는 뜻이다. 6 · 25의 처참했던 한국전쟁이 생각나고 대표적인 격전지였던 백마고지의 모습이 눈에 어렸다. 우리 모두 처절했던 그 때의 아픔을 거울삼아 반공의 결의를 다지고 평화통일에 대한 확고한 신념을 가져야 할 때이려니 싶다. 그리고 그때의 참상을 모르는 젊은 세대들에게 가르쳐 주어야 할 것 같다. 이른 아침에 공원에서 나눈 몇 마디가 6월의 깊은 뜻을 새기는 학습의 기회가 되었고, 우리의 현실을 직시하는 안목도 길렀다. 또한 자기의 체제를 강화하기 위해 무차별 인명을 살상하고 공포 분위기를 조성하며 핵실험에 미사일 발사 등 틈만 있으면 무력으로 우리를 생명과 재산을 위협하는 김정은의 경거망동에 대해 성토하는 시간이 되기도 했다.

그는 이어서 백마고지의 안내판에 적혀있는 그 밖의 문구를 꺼내어 오랜 시간 나를 붙들고 놓아주지 않았다. 내용 중에는 갈등葛藤이라는 낱말도 있었다. 갈등이란 말의 사전적 풀이는 '서로 이해관계가 달라 대립하거나 충돌을 일으키다'는 뜻이다. 그 속에는 깊고 오묘한 자연의 이치가 들어있는 말이 아니던가? 즉 갈등은 칡과 등나무의 성장하는 모습에서 연유된 말이다. 칡과 등나무는 감고 오르는 방향이 정 반대다. 칡은 오른쪽으로 감아 오르는 반면 등나무는 왼쪽으로 감아 오른다. 여기에서 갈등이란 낱말이 태어나게 된 것이다. 남북한은 60여 년 동안 갈등을 겪으며 오늘에 이르렀다. 함께 화합하지 못하고 칡과 등나무처럼 얽히고설켜 반목과 투쟁만 되풀이하니 민족의 불행이 아닐 수 없다.

칡넝쿨 이야기가 나왔다가 조선의 건국초기에 이방원이 고려의 충신 정몽주를 회유하려고 불렀던 '하여가何如歌'에 대해 암송하고 그의 의미를 되새겨 보았다. 또 그에 대한 답가인 정몽주의 '단심가丹心歌'까지 주제로 대화를 나누었으니 아침 반짝 시간에 나눈 대화치고는 정치, 문학, 역사, 철학까지 폭넓게 섭렵하지 않았는가? 옛 성인들도 '셋이 길을 가다 보면 그중에는 스승이 있다.'(三人行이면 必有我師)고 했는데 아침에 공원에 올랐다가 훌륭한 스승을 만나게 된 셈이다.

(국보문학 2017. 7월호)

교통사고

1997년 3월 2일 나는 설레는 마음을 안고 고창군 상하면 석남 초등학교로 첫 출근을 했다. 이 학교는 벽지 학교로 승진을 꿈꾸는 교사들이 지원하는 학교이다. 고창군청에서도 30여㎞ 떨어진 곳이고 서해안 구시포 항의 초입에 위치해 있어 출퇴근하기가 매우 불편했다. 전 학년이 단 학급인 관계로 전교생이 70명 안팎을 넘는 소규모 학교이다. 교무실에서 여러 선생님들과 인사를 나누고 보니 오늘 새로 부임 하게 된 교사는 모두 네 명이었다. 그들은 나보다 1년 선배인 김일선 선생님이시고 다른 한분은 나보다 3년 후배 인 정철환 선생님, 그리고 또 다른 한 분은 몇 년 후배인지 모를 정도로 새까만 후배 김 옥형 여 선생님이었다.

첫 대면을 하고난 후 교장 선생님께서 담임과 업무를 발표하셨는데 나는 4학년 학급 담임에, 도서, 서무 일반 등등의 업무를 맞게 되었다. 오전 시간은 일 년 동안 지도해야 할 반 어린이들과 첫 인사도 나누고 자기소개를 하면서 친밀감을 조성하려 노력했다. 첫날이라 어수선한 분위기 속에서 수업을 마치고 오후 시간이 되었다. 교장 선생님께서 오늘 새로 부임한 네 명을 교장실로 부르셨다. 궁금증을 안고 들어갔다. 근엄한 표정으로 우리를 맞아한 교장선생님은 일장 훈시를 하셨다. 새로 부임한 선생님들은 학교가 오지에 있어서 교육 여건이 매우 열악하니 각오를 단단히 하고 근무해야 된다는 것과 우리 학교에 지원해서 오셨으니 꿈을 가지시고 열심히 어린이들을 지도해 주시라는 당부 말씀이었다. 이곳은 지역사회가 매우 좁기 때문에 학교 선생님들의 일거 수 일 투족이 금방 지역사회와 학부모님께 전달되니 각별히 행동하는데 유념해야 된다는 말씀도 덧 붙여 주셨다. 그러면서 우리학교 운영위원장이신 분께 인사를 다녀오라며 외출을 허락해 주셨다.

우리 신입 교사 네 명은 선배의 차를 타고 운영위원장님 댁으로 갔다. 이 운영위원장님은 나보다는 젊은 분이었는데 해안가에다 양식장을 만들고 광어 장어 등을 양식하는 분이었다. 한눈에 보아도 양식장이 매우 넓어 크게 사업을 하시고 또 재력도 대단하구나 하는 생각이 들었다. 후에 들은 이야기이지만 이 고장은 영광 원자력 발전소와 매우 가까운 곳에 인접해 있는데 원자력 발전소를 건설하면서 이곳 어민들에게 보상을 해 주었다고 한다. 그때 이 위원장님은 많은 보상을 받아서 부자가 되었다고 한다. 인사를 나누고 보니 이분의 큰아들이 마침 우리 반인 4학년에 재학하고 있어서 나의 학부형이 되기도 했다. 특별히 나에게 악수를 청하며 당신의 아들을 잘 부탁한다는 말씀도 해 주셨다. 이어서 선생님들께서 불편한 이곳까지 오셨으니 자기가 한턱을 쏘겠다는 것이다. 그러면서 구시포에 있는 만선 회관으로 가라고 했다. 자기도 일이 끝나는 대로 곧 가겠다는 것이다.

만선화관에 당도해서 조금 기다리고 있으려니 우리 일행 네 명 뿐만 아니라 교장 선생님 이하 전 직원이 모두 오셔서 합석을 하였다. 여림 잡아 15명 정도 되었다. 위원장님이 도착하면서 저녁 식사가 시작되었는데 그야 말로 진수성찬 이었다. 허벅지만한 농어와 쟁반만한 광어를 곁들인 회膾에 갖가지 해산물이 상에 그득했다. 산해진미를 배부르게 먹고 술잔을 몇 순배 돌리고 나니 취기가 돌았고 분위기도 좋아졌다. 상에 그득한 음식을 다 비울 무렵 교장선생님의 말씀이 있었다. 자리를 마련해 주신 위원장님께 고맙다는 말씀과 함께 우리 교사들은 눈망울이 빛나는 어린이들이 내일 우리들을 기다리고 있으니 이쯤해서 일어서자는 것이었다.

아쉬운 자리를 털고 일어서서 모두 밖으로 나올 쯤 후배인 정철환 선생님의 일갈一喝이 있었다.

"오늘 새로 부임한 선생님들은 바로 가시지 말고 자기가 운전하는 차에 타라는 것이었다.

"무슨 일로?"

“가시면 알 수 있으니 염려 말고 모두 내 차에 타십시오. 제가 좋은 곳으로 모시겠습니다.” 그의 목소리에는 취기가 짙게 묻어나고 있었다.

“어디로 가려는데?”

“근사한 곳이 있으니 그리로 가십시다.“ 우리 세 명은 영문도 모른 체 그가 운전을 하는 차에 올라탔다. 시동을 걸자마자 ‘위잉’ 하고 소리가 높아지고 알피엠이 치솟으며 급출발이 이루어졌다.

“이 사람아, 이게 무슨 짓이야. 조심해야지“ 취기가 덜한 내가 내뱉은 외마디였다.

“염려 마십시오.” 그는 백미러로 나를 흘겨보며 가속 페달을 밟았다. 순간 자동차는 붕 떠오르듯 하며 쏜살같이 앞으로 나아갔다. 마치 비행기가 이륙할 때 느껴지는 그런 속도감이었다. 점점 속도를 높인 자동차는 어둠의 해안도로를 쏜살같이 달려나갔다.

“속력을 줄이라고.” 그는 들은 척도 하지 않았다.

구시포 해안도로는 2차선 도로인데 구불 길이 많고 노폭도 매우 좁았다. 특히 한편은 산에 접해 있고 다른 한쪽은 바다와 접해 있다. 광란의 질주를 시작한 자동차가 커브를 돌아 나아가는데 갑자기 앞에 시커먼 물체가 나타났다. 다름 아닌 경운기였다. 경운기를 피하려고 핸들은 왼쪽으로 꺾었다. 다시 핸들을 오른쪽으로 돌리려는 순간 미처 속도를 이기지 못한 자동차는 왼쪽 언덕 아래에 있는 갯벌에 처박았다. 순식간의 일이었다.

정신을 가다듬고 탈출하려고 보니 문이 열리지 않았다. 갯벌에 거꾸로 쳐 박아서 차체가 뒤틀리고 특히 문짝이 처참하게 찌그러들었기 때문이었다. 갖은 노력을 다 했으나 허사였다. 이때 밖에서 사람소리가 들렸다. 그들이 조수석 옆문의 틈새를 비집고 손을 넣어 열기 시작했다. 우리 일행 중에도 조수석에 앉은 여교사가 힘껏 밖으로 밀었다. 그러자 문이 조금 열렸다. 그 틈새를 이용하여 한 사람씩 차례로 내렸다. 나는 뒤 자석에 앉았으므로 맨 나중에 내렸다.내려서 이 분들의 이야기를 들어보니 이들은 학부형님들이었다. 저녁식사를 마치고 TV를 보고 있는데 브레이크 밟는 소리와 쿵 떨어지는 소리가 들려 급히 나와 보았다는 것이다. 우리의 목숨을 구해주신 분들이다.

주변을 살펴보았다. 자동차 도로에서 2m 정도 되는 낭떠러지 밑의 갯벌에 차가 박혔는데 그곳에서 2~3m 후방에는 바닷물이 들어오고 있고 몇m 전방에는 바위가 갯벌에 깔려 있었다. 자동차 후방에서 떨어졌다면 바닷물에 처박아 생명을 잃을 뻔했고 전방에서 굴렀더라도 바위에 부딪쳐 생명을 잃거나 큰 부상을 당할 상황이었다. 그런데 불행 중 다행으로 갯벌에 쳐 박아 목숨을 건진 것이다. 우리를 구해준 주민들이 학부형인데 새로 부임한 교사라는 소리도 못하고 고맙다는 인사와 함께 그곳을 빠져 나왔다. 그리고 그 어두운 밤에다 지리도 익숙하지 못해서 겨우 더듬거리며 학교로 돌아왔다. 학교의 불빛에서 본 온몸은 땀으로 범벅이 되어 있고 특히 목이 아프기 시작했다. 사고 당시에는 너무나 긴장해서 아픈 줄도 몰랐는데 이제 정신이 들고 나니 아픈 곳이 나타나기 시작한 것이다. 그러나 시간도 늦은 밤이고 병원도 멀리 있기에 어쩌지 못하고 각자 헤어져서 집으로 향했다. 구체적인 이야기는 내일 만나서 하자고 했다. 그리고 자동차는 전화로 카센터에 연락하여 바로 견인해 가도록 했다. 나는 실은 자동차로 출퇴근해야 하기 때문에 술을 한잔도 마시지 않아 맨 정신으로 아무 걱정 없이 집으로 올수가 있었다.

이튿날 학교에 가서 들어보니 차가 너무나 망가져서 수리하는 비용이 찻값보다 더 든다고 하며 차 주인인 선배 선생님은 망설이고 있었다. 그러나 아직은 새 차이고 또 새로 살려면 목돈이 들어가므로 보험처리를 해서 수리하겠다는 것이다. 어련히 알아서 하겠지 생각했다. 그런데 나중에 차 주인인 선배와 당일 차를 운전하다 사고를 낸 후배와 갈등이 일어났다. 그 이유는 차를 수리하는데 들어간 비용을 후배가 반부담이라도 해야 하는데 아무 소리가 없다는 것이다. 그 소리를 듣고 내가 중재에 나섰다. 후배를 불러놓고 우리도 조금씩 부담 할 테니 너도 부담해야 하지 않겠나? 하고 말했더니 자기도 부담하려고 한다며 며칠만 기다려 달라고 했다. 이 소리를 선배에게 전하였더니 오해를 푸는 것 같았다. 사람은 생각하고 있는 바를 상대에게 잘 전해 주어야 오해를 사지 않는데 혼자 생각만하고 상대에게 전하지 않으면 오해를 살 수 있다. 그 후 선배의 볼멘소리가 없는 것으로 보아 원만하게 타협했으리라 생각이 들었다.

그 후 나는 목이 아파서 병원에 다니며 진통제도 맞고 물리치료도 하면서 치료를 받았다. 몇 번 병원을 다닌 덕분인지 쉽게 나아지는 기색이 있었다. 더군다나 학년 초라 매우 바빠서 제정신 없이 지내다보니 아픈 줄도 몰랐을 수도 있었으리라. 어째든 후유증 없이 나은 것이 큰 다행이었다. 점수를 따러 갔다가 불귀의 객이 될 뻔했던 외출이었다.

끼 많은 주례 선생님

나에게는 H라는 형이 있다. 그는 직장의 선배이자 동료로서 허심탄회하게 대하는 관계이다. 술을 즐기고 담소를 좋아하는 인물이다. 주석에서 만나면 흥을 돋우고 재담으로 꽃을 피운다. 자연 시간이 많이 흘러가는 데도 지루하지 않다. 무엇이든 한 가지라도 베풀려고 하고 남을 배려하는 분이다. 만나면 반갑고 헤어지면 그리운 사람이다.

그 형으로부터 한 통의 편지가 날아왔다. 청첩장이었다. 아니, 지금까지 자녀들 성혼을 마치지 못했던가? 더군다나 장남을. 형의 연세를 헤아려보면 장남이 50은 가까우리라. 신부의 이름을 보니 외국인이다. 아마 동남아 국가 중의 한 나라 사람인 것 같았다. 국제화 시대가 되어 외국 사람과 결혼하는 사람들이 많아졌는데 그런 경우려니 싶었다. 늦게라도 며느리를 맞이하게 되니 얼마나 다행인가?

궁금증을 안고 식장으로 갔다. 신부는 어떻게 생겼을까? 가족들이 참석은 했을까? 잠시 후 하얀 면사포에 휩싸인 갈색 피부의 신부가 건장한 보호자의 손을 잡고 조심스레 입장했다. 하얀 드레스 속에서 신부의 아름다운 곡선이 부각되어 눈이 부셨다. 나중에 안일이지만 인도한 이는 신랑이었다. 이국에서 한 점 혈육도 없이 홀 홀 단신 면사포를 쓰고 서 있는 저 신부는 얼마나 두려움에 떨고 있을까? 그리고 구만리 같은 앞날을 살아가면서 얼마나 많은 고통과 불편을 감수해야 할까?

잠시 후 식장 중앙에는 H형이 등단했다. 성혼 선언문에 이어 주례사를 이어갔다. 남편과 아내로서의 역할에 대해서 짤막하게 설명했다. 부부가 함께 가야할 길과 방향도 안내해 주었다. 틀에 박힌 주례사가 아니고 유머와 재치가 번득이는 언사로 차분하게 이어갔다 마치 아버지가 아들딸을 무릎 앞에 앉혀놓고 타이르듯이 하였다. 주례선생님은 부모와 같은 분이다. 새 출발하는 신랑 신부에게 새겨야 할 덕목을 안내하고 행복의 기원하니 그 마음이 부모님과 같지 않을까? 오늘 H형이 부모님으로서 또는 주례로서 신랑 신부의 행복을 간절히 기원 했으리라. 한편 외국인 며느리에 대한 연민은 얼마나 클까? 측은지심도 생겼으리라.

"반갑습니다. 반갑습니다. 하객 여러분!"

H형이 부른 축가였다. 몇 년 전 우리나라에 유행했던 북한의

노래이다. 결혼식에 어울리게 개사를 해서 불렀다. 장내에 폭소가 터졌다. 우레와 같은 박수도 함께 했다. 가라앉았던 식장에는 활기를 띠었다. 그 다운 발상이라고 입을 모아 칭송했다. 잠시 후에는 혼주를 대표해서 감사의 인사말까지 구수하게 이어갔다. 재치 있는 진행 솜씨에 식장은 봄바람에 눈 녹듯 풀렸다.

H 형을 보면서 나의 결혼식 때 주례 선생님을 떠 올려 보았다. 연로하신 어르신인데 한학을 많이 하신 분이다. 주례사로 공자님의 말씀인 안분수기安分守己를 인용하며 말씀을 하셨다. 평생을 살아가면서 부부로서 본분을 다하면 거친 풍파도 헤칠 수 있고 난관도 뛰어 넘을 수 있다는 말씀이었다. 그때는 깊은 뜻을 헤아리지 못했다. 나이를 먹으면서 생활하다 보니 부부간에 분수를 지켜야 가정에 평화가 있음을 깨닫게 되었다. 인생의 선배로서 자신의 경험을 반추해서 하신 말씀이 아닌가 한다. 오늘날까지 크게 일탈되지 않은 삶을 영위하고 있음은 그분의 말씀이 지침이 되었기 때문이리라. 그에 반해서 식장의 분위기는 경색되었고 엄격했다. 신랑 신부도 사시나무 떨 듯 긴장하고 떨었음은 물론이다.

몇 년 전 친구의 자녀 결혼식에 참석한 일이 있었다. 주례 선생님은 당시 전주 시장이었던 L씨였다. 그는 시장인 만큼 위엄을 갖추고 격조 높은 주례사로 결혼식을 이끌 줄 알았다. 그런데 의외의 발언으로 하객들의 뜨거운 반향을 불러 일으켰다.

신랑의 부모님들에게는

"아들 며느리가 집을 산다면 얼마의 자금을 보탤 수 있겠습니까?"

신부의 부모님들에게는

"사위나 딸의 생일에 얼마의 용돈을 줄 수 있겠습니까?

하고 물어 좌중을 초토화 시킨 일이 있었다. 약간의 현실적인 물음에 냉소적인 반응이 있을 것이라고 생각했지만 이의로 하객들은 귀 담아 들으면서 즐거워했다. 내가 오늘날까지 그 주례님을 생생하게 기억하고 있는 것은 재치 있는 진행 솜씨 때문이려니 싶다.

이처럼 결혼식의 분위기는 주례선생님의 역량에 따라 크게 달라진다. 고지식하고 훈화적인 이야기만 늘어놓으면 신랑신부는 물론 하객들까지 귀를 기울이지 않는다. 자연 장내는 소란하고 산만해 진다. 축제 분위기도 반감됨은 말할 필요가 없으리라. 반면 위엄을 부리지 않고 위트와 유머로 진행하면 부드러우면서 지루하지도 않아 그의 말을 경청하게 된다. 조용하면서도 축하 분위기가 배가 된다. 오늘 H형이 끼 있는 개성을 발휘하며 결혼 문화에 새 바람을 일으키는 주인공이 되지 않았나 한다.

(국보문학 2016년 4월호)

빗나간 관상풀이

조용히 거울을 본다. 나의 얼굴이 선명하게 비쳐진다. 수없이 바라보는 얼굴이지만 볼 때마다 실망하곤 한다. 이목구비가 수려하지 못하고 조화를 이루지 못한 것도 마음에 들지 않지만, 세월에 부대끼어 탄력을 잃고 늘어나는 주름 때문에 눈을 돌리곤 한다.

낸들 어찌하겠는가? 부모님으로부터 물려받은 자산이니(身體髮膚 受之父母) 그렇게 간직하고 살아갈 수밖에. 그리고 늙어가는 모습이야 세월의 흔적이니 그것을 탓하는 것은 부질없는 불평이 아니겠는가? 뜨거운 태양 아래서 젊음을 토해내는 신록이기 바라나 이미 그 여름은 지났고, 농숙濃熟하여 향내 나는 과일이기 바라나 그 가을 역시 깊어진지 오래다. 이제 남은 것은 퇴락하는 잎과 주름진 열매만 겨울바람에 떨고 있으니 당연한 현상이 아닌가? 한 가지 미련이 있다면 삼라만상의 오묘한 진리가 있다는 관상학적으로나 부족함이 없으면 작은 위안이 되려니 하며 지내고 있다.

몇 년 전에 영화 〈관상〉이 극장가를 뜨겁게 달구었다. 조선시대에 얼굴을 보고 그 사람의 길흉화복은 물론 앞날까지도 내다보는 천재 관상가가 궁에 들어가 인재를 등용하는 일에 비범한 능력을 발휘하고, 나아가 관상으로 역심을 찾아낸다는 것이 그 줄거리이다. 왕실을 둘러싸고 벌어지는 피비린내 권력 다툼도 흥미로웠지만 서민들의 관심거리인 관상이 절묘하게 결합하여 흥행을 부추기지 아니했나 싶다. 현대에는 갖가지 과학적인 첨단 기법을 동원하여 범인을 잡아내고 있는데 그 시절에는 관상을 통해서 범인을 색출해 낸다는 그 발상이 얼마나 관상을 신뢰했는지 가늠할 수 있는 증표이려니 싶다.

요즈음 젊은이는 물론 중년들까지도 성형의 붐이 일고 있다. 좋은 짝을 만나거나 좋은 직장에 들어가기 위해 그에 적합한 상으로 만들기 위해 수술을 받는다 한다. 모두 아름다운 외모와 준수하고 품위 있는 관상을 갖고자하는 인간의 열망일 것이다. 그러나 외모가 변한다고 해서 마음까지 변할 수 있을까? 외모만 번지르르 하고 마음속에 아름다움이 없다면 불량상품을 아름다운 포장지로 감싼 것과 다를 바 없고, 불량식품을 예쁜 식기에 담아 밥상에 올린 것과 같으리라.

우리나라는 중국인 유커의 방문으로 관광 붐을 이루고 있다.

그들의 관광목적이 우리의 문화를 체험해 보거나 K-POP의 공연을 감상하기 위한 것이 대부분이지만 다른 한 편으로는 화장품이나 의상, 가방, 구두 등 일용품을 구입하기 위해서란다. 거기에 한 걸음 나아가 얼굴이나 신체의 특정 부위를 예쁘게 성형하기 위해서란다. 그들도 불량상품이나 불량식품을 성실하게 개선하는 노력보다 포장지나 식기만 예쁘게 가꾸려는 심사는 아닌지?

최순실 게이트로 온 나라가 시끄럽다. 그 사실을 규명하기 위해 특별검사가 선임되고 국회에서 탄핵을 결정하여 대통령의 직무가 정지되는 등 혼란이 가중되고 있다. 그 속에서도 세월호 사고 직후 일곱 시간 동안 대통령은 무슨 일을 하고 있었는지 밝히라고 아우성이다. 그런데 그 시간 동안 보톡스를 맞고 성형을 하는데 시간을 소비했다고 야단이다. 대통령은 소중한 생명들을 구출해 내는 일은 뒤로 하고 관상에 관심이 더 많지는 않았는지?

며칠 전 화산체육관에서 지역상품 전시회가 있었다. 각 고장에서 나는 우수상품이나 신선한 농산물을 판다기에 아내와 동행했다. 신선한 농산물을 믿고 구입하는 것도 쏠쏠한 재미인데 그곳에서 관상을 보는 역술인을 만났다. 우리의 얼굴을 바라보며 나는 재백궁이 준수하다 하고 아내는 유엽미라 한다. 재백궁은 코의 모양새가 좋고 유려해서 잘 살 수 있는 상이라 하고 유엽미는 눈썹이 버들잎과 같아 귀인상인데 여인들이 선호하는 상이라 한다. 우리의 현재 생활과는 동떨어진 모습을 말하기에 믿고 싶진 않았다. 칭찬 성 관상품이겠지만 기분이 나쁘지는 않았다. 그러나 마음이 더 풍요하고 아름다운 상이라고 했다면 더 좋지 않았을까 싶었다.

(국보문학 2017년 3월호)

산책길에서 만난 천사

아침 일찍 공원에 올랐다. 오르는 길에는 벌써 차가운 바람이 감돌아 몸을 움츠리게 했다. 불볕 같은 더위에 지친 몸을 달래느라 선풍기, 에어컨을 끼고 살던 때가 바로 엊그제였는데 벌써 낙엽이 가을바람에 날갯짓을 하며 나를 맞이한다. 지난여름 살인적인 더위에 수액을 강탈당하고 조로한 잎사귀들이 안식처를 찾아 몸부림치는 것일까? '빛깔은 고우나 모양은 쓸쓸하다. 바람에 흩어지며 낙엽은 상냥히 외친다.'는 '구르몽'의 시구가 떠오른다.

공원의 숲길이나 운동기구가 세워진 광장에도 제법 나뭇잎들이 많이 쌓여 있다. 가을이 깊어가고 있음을 말해 준다. 가을의 심연 속에서 푸르렀던 지난날의 영화榮華를 곱씹고 있을까? 낙엽은 외로운 방랑자 모습으로 아무런 내색 없이 침묵하고 있다. 한 점의 욕심도 없이 가진 것 모두 털어버리고 발아래 밟히고도

서러워하거나 노여워하지 않는다. 자연의 순리에 순응하며 아름다운 강산을 위한 자양분이 되리라 체념하는 것 같았다.

정상에 이르자 담소를 나누며 운동을 하고 있는 노인들이 보였다. 벤치를 중심으로 모여 앉은 서너 명의 노인은 낙엽처럼 사위어가는 세월을 붙잡고 추억의 장을 들추고 있다. 도란도란 이야기꽃을 피우는 모습이 고향친구처럼 다정하다. 공원의 주변에는 언덕길을 오르내리며 더위에 부대낀 몸을 단련하고 있는 이도 있었다. 심호흡을 하며 가뿐히 내딛는 발걸음이 젊은이 못지않다. 메말라가는 샘에 한 방울의 물기라도 더해보려는 노인의 노력이 애처롭다. 비록 나이 들어 성과가 있을지 모르지만 정렬을 불태우는 모습만은 보기가 좋다. 또 몇몇 노인은 밤나무 숲에서 청설모와 경쟁하며 알밤을 줍는다. 새벽 공원은 어둠의 장막에서 깨어나 기지개를 켜며 새롭고 희망찬 아침을 열고 있었다.

공원 둘레 길을 따라 거니는데 오르내리는 계단마다 말끔히 청소가 되어 있다. 며칠 전 쏟아진 가을비에 흘러내려 후미진 구불 길을 가로 막았던 낙엽들까지도 걷어냈다. 쌓여있는 낙엽을 걷어낸 덕분에 산책하는 나의 발걸음도 한결 가벼워졌다. 누군가의 노력으로 공원은 화장을 지운 얼굴을 보듯 산뜻한 느낌이다. 남보다 앞서가는 용기와 순발력도 대단하지만 마음도 열려있는 분이리라. 먼저 실천하지 못한 내 자신이 부끄럽다. 누구의 수고인가? 궁금증은 신선한 충격으로 다가선다.

떨어진 낙엽도 자리한 위치에 따라 분위기가 달라진다. 있을 곳에 있어야 대접을 받는다. 그래야 운치도 있고 사람의 감정을 일으키는 법이다. 불편을 주는 곳이면 휴지 조각 같이 천덕꾸러기 대우를 받기도 한다. 심금을 울리는 가야금소리도 우아한 한복을 입은 여인이 연주할 때 더욱 짙은 감흥을 일으키는 것처럼.

한 바퀴 돌고 공원의 중앙부에 이르자 중년의 여인 한 분이 싸리비를 들고 광장의 낙엽을 쓸고 있었다. 드디어 공원을 오르면서 궁금해 했던 천사를 목격하게 되었다.

"수고하십니다."

내가 건네는 인사말에 조금은 쑥스러운 표정을 지으며 환하게 웃었다. 접시꽃처럼 동그란 얼굴에 연분홍 꽃물이 들었다. 웃는 바람에 눈가에 주름이 더 굵어보였으나, 더없이 아름다워 보였다. 아름다운 마음이 얼굴에 꽃으로 피어 빛나는 것 같았다. 나는 그 여인에게 '산책길에 만난 천사'라는 이름을 붙였다. 비질할 때마다 흙먼지가 일어 뒤집어쓰면서도 개의치 않고 낙엽을 쓸고 또 쓸어 모은다.

낙엽을 쓰는 마음은 어떤마음일까? 배려하는 마음이 아닐까? 나보다도 남을 먼저 생각하고, 자신은 낮은 곳을 마다하지 않고, 상대를 높은 곳으로 인도하는 마음이리라. 배려는 사람의 마음을 움직이고, 세상을 아름답게 꾸미는 원동력인데 이 여인이 그걸 몸으로 보여주고 있는 것은 아닐까?

거기에 더하여 낙엽을 쓰는 마음은 정갈한 마음이려니 싶다. 몸과 마음이 새벽의 샘물처럼 깨끗하고 순수한 마음이 아니면 이런 자기희생을 생각이나 하겠는가? 낙엽을 쓸어 모으는 마음은 공원을 깨끗하게 가꾸려는 마음이고, 자연을 사랑하는 마음이며, 더 나아가 인간을 존중하는 마음이리라.

쓸어낸다는 것은 비운다는 뜻이다. 너부러져 있는 낙엽이나 쓰레기들을 걷어내면 산뜻한 공원이 되듯이 마음에 가득 찬 헛된 욕심들을 버리면 한편 맑아지고 편안해지지 않겠는가? 묵은 것을 걷어낼 때 새것이 들어설 수가 있다. 인생 노을을 바라보고 있는 나도 마음을 가득 채우고 있는 탐욕의 찌꺼기를 훌훌 털고 다른 이를 생각하는 이타利他의 마음을 생각한다.

그런 마음으로 그녀가 쓸어내는 낙엽과 쓰레기더미에 내 마음을 무던히 어지럽혔던 욕심과 헛된 생각들을 던져버렸다. 천사의 마음 앞에 속된 내 욕념들은 마땅히 버려야할 쓰레기였으니까. 그리고 자신을 던져서 세상을 깨끗하게 하는, 아름다운 삶을 사는 그녀의 빗자루 끝에 던져진 내 치사한 욕념을 다시는 주워들지 않으리라는 다짐을 했다. 오늘 산책은 참 좋았다.

(전주일보 2017. 9.19.)

여인의 향기

오늘 아침의 산책길은 유난히 기분이 좋았다. 싱그러운 녹음 속에 순도 높은 공기를 마시며 생기를 얻었고, 늦게 핀 장미가 그 향기를 온 공원에 뿌려 주는 것도 좋았다. 또 살랑바람이 불어 불볕더위에 지친 노구의 열기를 덜어 주었기 때문이기도 하다. 그렇지만 그보다는 꽃보다 아름다운 향기를 지닌 여인을 만나서였다. 그 여인은 팔등신 미인도 아니고 젊음이 넘치는 여인도 아니었다. 그동안 공원을 산책하면서 몇 번 만나기는 했지만 인사를 나누거나 얼굴을 똑바로 쳐다 본 적도 없다. 어쩌다 운 좋게 가끔 만나는 어느 여염집 여인이라고만 생각했다. 그러나 오늘 아침 그녀의 작은 몸짓 하나가 나에게 감명을 주었고, 여인의 아름다움이 무엇인지 생각하게 하는 계기가 되었다.

공원길을 걷다보면 여러 갈래의 길이 있다. 인생길이 다르듯 각자의 취향에 따라 걷는다. 어떤 이는 시계의 방향을 따라 도는 이도 있고, 어떤 이는 그 반대로 도는 이도 있다. 그러니 한 지점에서 만나기도 하고 반대로 헤어지기도 한다. 인생은 이별과 만남의 연속 속에 흘러간다는데 이 공원길에도 인생의 진리가 있다고 생각하면서 걸었다.

무심히 길을 걷다가 다른 방향에서 오던 그 여인과 한 지점에서 마주쳤다. 내가 잠깐 멈추는 사이 그녀가 두 손을 공손히 앞으로 내밀며

"먼저 가세요!" 하는 게 아닌가? 나는 순간적으로 내가 조금은 빨라서 그렇게 말했으려니 생각하고 앞서 갔지만 공원을 돌며 곰곰 생각해 보니 마음이 그렇게 예쁠 수가 없었다. 그리고 그 고운 마음에 대한 인사를 전해 주지 못한 나의 처신이 부끄러웠다. 다시 만나면 인사를 하려고 했지만 그날은 날아간 버린 파랑새가 되고 말았다.

현대는 남녀 평등사회다. 아니 여성의 권위가 많이 신장되어 여성이 남성보다 우월한 대우를 받거나 사회적 지위도 높아졌다. 학력이 높아지고, 능력까지 우수해서 우먼파워를 과시하는 젊은 여성들도 있다. 거기다가 여성은 신체적으로 약해서 보호를 받아야 한다는 논리까지 겹쳐져 몇 배의 위력을 갖게 되었다.

전통윤리는 형평에 어긋난다하여 휴지조각처럼 무용지물이 되었다. 젊은 세대를 중심으로 일어난 새로운 윤리관이 노인에게까지 파급되어 지고지순한 여성미는 찾아보기가 어려워 아쉬

울 때도 있다. 한마디로 말하면 여성이란 능력을 과시하며 적극적인 모습을 보일 때도 아름답지만 조금은 양보하고 배려하며 수줍음을 보일 때 아름다움이 더하지 않을까? 이순신 장군께서 낙마 후 우물에서 냉수를 찾았을 때 바가지에 버들잎을 살짝 띄워 주는 처녀의 지혜로움이 아름답고, 물 한 그릇을 청하면 소반에 물그릇을 올려 건네주고 옷고름을 만지며 부엌으로 사라지는 여인의 수줍음이 아름다웠다. 손님으로 찾아온 남성의 시선을 피하러 돌아서지 않고 뒷걸음질 치는 조심스러움이 아름답고, 또 길에서 마주치면 멈춰 서서 상대방이 지나가도록 기다려 주는 미덕이 아름답지 않을까? 한편 추운 겨울 음식을 차려놓고 맛있게 먹는 남편의 모습을 바라보며 행복을 꿈꾸는 아내의 모습이 아름답고, 부부싸움에 불같이 대드는 것보다 마음을 가라앉힌 뒤 혹독한 채찍을 가하는 슬기로움이 아름답지 않을까?

호랑이 담배 피던 시절 이야기를 한다거나, 귀신 씨 나락 까먹는 소릴 한다고 탓할지 모른다. 완고한 조선시대의 규방법도를 들먹이고, 남성본위의 시각에서 여성에게 씌우는 족쇄라고 폄하할지도 모른다. 그러나 화려한 정원에 피어 있는 장미보다 돌 틈에 수줍게 피어있는 들꽃이 더욱 순결해 보인다. 진하고 자극적인 재스민 향보다 은은한 녹차의 향이 대접을 받지 않던가? 고개를 들고 활짝 핀 꽃보다 이슬을 머금고 살며시 고개를 숙인 꽃의 신비함이 더 예쁘고, 뜨거운 태양보다 한쪽으로 비켜선 가을볕이 형형색색의 작품을 완성하지 않던가?

조선의 여인처럼 속박된 삶은 아닐지라도 조금은 겸양지덕을 보일 때 아름다운 향기가 되려니 싶다. 행주에 물 묻은 손을 닦으며 아버지 곁에 다소곳이 앉던 어머니의 모습이 눈에 선하다. 내일 아침에도 다시 산책길에 나서야겠다. 그 여인을 만나면 어떻게 감사의 마음을 전할까?

(2013. 7. 17.)

의미 있는 시제 행사

지난 4월 5일에 고조부모님의 시제를 모셨다. 본래는 한식날에 모셨는데 자손들의 참석이 부진하자 한명이라도 더 모이게 하기 위해서는 휴일에 실시하는 것이 좋겠다하여 10여 년 전부터 한식 전 일요일에 모시고 있다.

고조부모님의 자손들 중 고향에 뿌리를 내리고 있는 수는 극소수에 불과하고 대부분 서울을 비롯한 외지에 살고 있다. 또 만주나 일본에도 거주하고 있으니 종친들은 우리나라 수난의 역사에 생사를 함께 했다 해도 과언이 아니다. 산업사회가 되자 새로운 일자리를 찾아 외지에 둥지를 튼 종친들이 많다. 또 자식들의 교육이라는 큰 뜻을 품고 고향을 등진 종친들도 있다. 논 몇 마지기에 목숨을 연명하기에는 어려움이 많고 희망이 보이지 않자 살림을 정리하여 도회지로 떠난 이들이다.

그런가 하면 일제의 탄압과 수탈을 견디지 못해 어린 자식들을 앞세우고 미지의 땅 만주로 행해야 했던 종친도 있다. 언제 다시 찾아올 수 있을지 기약 없는 생이별을 해야 했던 그 들의 심정이 어떠했을까? 정착해서 생활이 안정되면 다시 찾아오겠다고 떠났는데 100여년의 세월이 흐른 지금까지도 감감 무소식이다. 만주는 우리의 민족이 많이 살고 있는 곳이라 그들과 함께 어울려 잘 살고 있겠지 하는 마음뿐이다.

또 일본에 거주하고 있는 종친도 있다. 태평양 전쟁 때 일본군 병사로 징집되어 남양군도 전선에 투입되었다가 산화한 당숙의 후손들이다. 서울에서 공부하던 당숙은 결혼 후 몇 일만에 징집이 되었는데 그 사이 당숙모는 태기가 있어 아기를 낳았다 한다. 튼실한 아들이었는데 그 아기가 태어나기도 전에 당숙은 생면부지의 타국에서 이슬로 사라졌다 한다. 아버지의 모습도 못보고 자란 아들이 내게 형님뻘이 되는데 일본에서 거주하고 있다. 그의 소식은 가끔 접하고 있었는데 몇 년 전에는 친히 고향을 찾아와 상봉한 일도 있었다. 그는 일본에서 안경 공장을 운영하고 있는데 그 곳에서 생산되는 제품이 유명메이커로 인기가 높다 한다. 해외로도 많이 수출하여 사업이 번창하고 한국에도 많은 공장을 가지고 있다. 고향 방문 시 종친들에게 안경과 만년필을 선물하였는데 지금까지 잘 보관하고 있다. 종친의 정을 이어가려는 마음의 표현이 아닐까?

자연의 변화에도 사람이나 사물에 따라 생각하는 입장이 다르다.봄비가 내리는 것도 달갑게 반기는 부류가 있으면 한편으로 탐탁지 않게 생각하는 쪽도 있다. 시제 전날부터 비가 내리기 시작했다. 사실 우리나라는 그간 봄 가뭄이 계속 되어 비를 기다리고 있던 중이었다. 지난 겨울에도 강설량이 적고 봄비마저 내리지 않아 전 국토가 메말라 가고 있었다. 상수원이나 댐에 수량이 적에 농사나 제때에 지을 수 있을지 걱정하고 있던 참이었다. 거기다가 건조한 날씨 덕분에 산불마저 빈번하게 발생하여 피해를 주고 있으니 비를 얼마나 기다리고 있겠는가? 차가운 겨울바람을 이기 낸 벗 나무들이 꽃이 피었다. 비단조각처럼 겹겹이 피어오른 꽃들이 금방 터질 듯이 탐스럽다. 벚꽃들의 향연이 한 시라도 오래 지속되려면 바람도 세차게 불지 않아야 하고 비도 내리되 가급이면 소량이면 얼마나 좋을까?

걱정이 되었다. 내일 마침 시제를 모시는데 비가 내리고 있으니 난감했다. 봄비치고는 많은 양이 세차게 내렸다. 불안 속에 밤을 지내고 아침을 맞이했어도 비는 계속되었다. 조마조마 마음을 안고 산소로 향했다. 경향 각지에서 많은 종친들이 모였다. 이들의 이구동성으로 하는 말이 날씨가 개였으면 좋겠다는 의사 표시였다. 아니나 다를까? 종친들의 염원이 하늘에 닿았는지 날씨가 개이기 시작했다. 행사가 진행되는 동안에는 비가 멈추고 구름 사이로 태양도 얼굴을 내밀었다. 평소와 같이 많은 종친들이 성황을 이룬 가운데 무사히 마쳤다. 조상님의 음덕이라며 모두들 기뻐했다.

본디 시제는 조상님을 기리는 제례의식이지만, 우리 집안은 단합하고 결속하는 행사로 발전되었다. 아들들은 물론 결혼한 딸들까지 참석해서 효심을 기르고 정을 나눈다. 정이란 교감하는데서 생긴다. 아무리 가까운 형제라도 만나지 않으면 정이 없다. 먼 친척이라도 자주 만나서 살아온 날을 이야기도 하고 처지를 밝히면 서로 이해심이 생기게 된다.

애경사가 없으면 몇 년이 지나도 얼굴한번 보기도 어렵다. 아무리 가까운 친척이라도 교류가 적어지면 거리가 멀게 느껴지고 친밀감이 멀어진다. 정출어근情出於近이라 했던가? 오히려 이웃만도 못하는 경우가 있다. 그런데 우리 집안은 비록 멀리 떨어져서 살고 있지만 일 년에 한 번만이라도 만나 조상의 음덕을 기리고 종친 상호간에 교류할 수 있는 계기가 되니 이 보다 더 큰 의의도 없으려니 싶다.

(2014. 4. 5.)

정이 흐르는 강

한 통의 전화가 따스한 봄날 오후의 적막을 깼다. 받아보니 딸아이의 시아버님 목소리다. '식사를 같이 하고 싶은데 가능하겠느냐' 는 것이다. 흔쾌히 응낙했다. 그렇지 않아도 오래 전부터 자리를 함께 하면서 사돈 간에 친분을 쌓을 수 있는 시간을 갖자고 이야기했었다. 그러나 서로 간에 바쁘기도 했지만 실은 마음의 벽이 높아 쉽게 실행하지 못하고 있든 참이었다. 이제는 서로 공직에서 물러나 한가한 시간을 갖게 되었다. 거기에 세월이 흘러 노숙老熟한 마음에 여유가 샘물처럼 고여 가능하리라 생각했다.

만남 중에는 편안하고 부담이 없는 만남이 있는가 하면, 불편하고 조심스러운 만남도 있다. 초등학교 동창이나 어릴 적 소꿉장난 친구들은 부담이 없다. 오랜 세월이 흐른 뒤에 만나도 어제 일인 듯 새록새록 생각나고 그 시절 순진무구한 그 모습이 떠올라 금방 친해진다. 조금 서운하게 대한다 해도 허허 웃고 툴툴 털면서 일어서면 마음에 앙금이 남지 않는다. 가장 거북하고 조심스러운 만남이 바로 사돈과의 만남이 아닌가? 실수 하지 않을까? 실례하지 하지 않을까? 조바심을 내다보면 오히려 자리가 불편해지고 부자연스러울 수도 있다. 얼마나 어려우면 뒷간과 사돈댁은 멀수록 좋다고 했을까?

기대하는 마음이 풍선처럼 부풀었다. 사돈 내외를 뵌 곳은 상견례 때와 결혼식장에서였다.

바깥사돈은 늘씬하고 건강 체질이었다. 전공이 체육이라서 그런지 몸 관리를 잘하는 분이구나 하는 생각이 들었다. 안사돈 역시 중후한 중년 여성으로서 후덕한 인품이 묻어났다. 특히 서예를 전공하고 은은한 묵향 속에서 생활해서인지 부드럽고 여유가 있어 보였다. 그런데 그 후 '사돈 어르신들은 얼마나 변했을까? 무슨 말씀들을 하실까?' 궁금증이 앞섰다.

무엇보다 중요한 것은 그들을 따뜻하게 맞이할 수 있으려면 내가 먼저 마음을 열고 준비를 해야 한다. 그래야 그들이 부담없고 편안한 마음으로 말할 수 있지 않겠는가?더 준비하고 노력해야 할 사람은 바로 나 자신이다. 어떤 몸가짐을 해야 할까? 어떻게 대화를 이끌어 갈까? 신경 쓰이는 일이 한 두 가지가 아니다. 마음을 열면 성숙하고 보람된 만남이 되겠지만 마음에 울타리가 쳐 있다면 울림도 없고 향기도 없으리라.만남도 결국 나 자신을 거울에 비쳐보는 성찰의 기회려니 싶었다.

분위기가 좋은 뷔페식당에서였다. 식당에 들어서니 먼저 도착하신 사돈 내외분께서 따뜻하게 맞아주셨다. 서로 두 손을 꼭 잡고 한동안이나 따뜻한 정을 주고받았다. 양가 내외만이 합석하니 오롯이 좋았다. 딸과 사위도 함께 했으면 좋으련만 자신들의 일이 바빠서 어쩔 수 없다니 어찌하겠는가? 이다음에 또 기회를 보아가면서 다 같이 합석하자고 했다.

이름 있는 업소답게 산해진미가 가득했다. 색다른 음식이라도 보면 서로 권하니 음식으로 자주 손이 갔다. 특히 사돈 내외는 맛있는 음식이 있으면 서로의 밥그릇이나 접시에 담아서 먹어보라며 권했다. 그에 비해 우리내외는 어색하고 익숙하지 않아서 그러하질 못했다. 영국까지 유학한 사돈 분들과 우리 내외와의 문화적 차이라고 생각했다. 용기를 내지 못하고 바라만 보는 내 자신이 조금은 부끄러웠다. 그러나 분위기만은 따뜻하고 정도 모락모락 피어올랐다. 음식을 맛있게 먹는 것도 재미려니와 그보다 더 중요한 것은 만남 그 자체이다. 아무리 가까운 관계라도 만남이 더디다면 벽이 생기며 소원해 지기 마련이다. 그에 비해 불편한 사이라도 여러 번 내왕하며 만나서 흉금을 트고 이야기하다 보면 계곡처럼 벌어진 틈도 가까워진다. 내 마음을 내보이고 상대의 마음을 읽으면서 맛있는 음식과 함께 하니 쉽게 공감을 할 수 있었다. 음식에서 우러나오는 맛을 공유하듯 마음도 함께 공유했기 때문이리라.

이야기의 중심은 딸, 사위의 생활 방식과 육아, 그리고 외손자의 재롱에 대한 것이었다. 손자 우현이의 자랑은 양쪽 간에 경쟁이라도 하듯 했다. 하기야 눈에 넣어도 아프질 않을 손자이니 오죽하겠는가? '외모가 보통아이와 다르다니, 눈썹이 짙고 용처럼 틀어 올라 남아답다느니, 책을 많이 읽어주니 집중력이 뛰어나다니, 저 혼자 동화책을 펴들고 그림을 보면서 중얼거리는 모습이 대견하다니, 핸드폰이나 볼펜 등은 용케도 할아버지의 물품인 줄 알고 뽁뽁 기어와서 전해준다니' 등 칭찬이 넝쿨손처럼 길게 이어졌다. 단 한 가지 밤에는 빨리 자지 않고 놀려고만 떼를 쓰니 그것은 옥에 티다. 엄마 아빠가 대단히 피곤하리라. 아무 연고도 없는 광주까지 가서 생활하려면 고단하기도 하고 무엇보다 외로움이 더 하리라.

자랑 반 흉 반 이야기를 했다. 서툴고 어설픈 생활을 하는 딸내외의 입장을 이해하려 했다. 양가 부모가 모두 공감하니 비난이 아니고 격려하는 덕담이 되었다. 대화하는 속에서 딸과 사위에 대한 믿음이 굳건해졌고 사돈 간에도 정이 더욱 돈독해 졌다. 오늘 만남에서 얻은 열매들이다.

만남은 삶을 성숙하게 하는 촉매제이다. 자주 만나서 허심탄회하게 이야기 하다보면 서로 이해하게 되고, 이해하게 되면 정이 솟고, 그래서 또 만남이 이어지지 아니겠는가? 흐르는 물줄기가 막혀 있다고 방치해 두면 흐르지 않는다. 길을 내고 줄기를 잡아주면 시내가 되고 강이 된다. 사돈의 관계이지만 만남을 통해 이해의 강을 넓힌다면 정이 넘실넘실 흐르는 강이 되지 않을까?

(2015. 7. 15.)

제자

오랜 세월 동안 교직에 몸담고 있다 보니 많은 제자들이 있다. 그 많은 수의 제자들을 다 기억 할 수는 없지만 학창시절에 각 방면에서 두각을 나타냈던 제자들은 뚜렷하게 기억하고 있다. 성적이 우수했다거나 예능적인 재능이 있었던 제자들은 물론 문제를 일으켜 내 마음을 졸이게 했던 제자들도 잊혀 지지 않는다. 또 신체적으로 불편해서 마음을 아프게 했던 제자들은 더욱 생생하게 기억하고 있다. 저희들의 근황을 전해오거나 안부를 묻는 제자들이 있는데 희미한 기억을 더듬어서 알아내곤 한다.

시내 모 은행에 갔다. 창구에서 상담하던 중 여직원이 혹시 교직에 계시지 않았느냐고 조심스럽게 물었다. 그랬다고 했더니 백금종 선생님이 아니시냐고 물었다. 전주시내 J초등학교 6학년 때 제자였다. 이름을 밝히며 자기가 앉았던 자리, 친했던 친구 등을 거명하니 뚜렷이 생각났다. 조그마한 체구였지만 자기 일에 최선을 다하는 당찬 어린이였다. 이제는 어엿한 직장인으로 아기엄마까지 되었단다. 제자들이 사회의 역군으로 성장할 때 스승으로서의 보람을 느낀다. 나 역시 정말 반가웠다. 훌륭한 사회인으로 성장한 제자가 대견하고 자랑스러웠다. 교직에 있었던 것에 대해서 자긍심도 느꼈다. 친구들은 어떻게 되었는지? 어디에 살고 있는지? 그 시절의 이야기로 꽃을 피우다 헤어졌다.

작년 초여름 서울에 살고 있는 여제자로부터 연락이 왔다. 1970년 6학년 담임 때의 제자다. 저희 동창 삼사명이 찾아뵙고자 하는데 가능하겠느냐는 내용이었다. 날짜와 시간을 정해 주었더니 서울에서 3명, 여수에서 1명의 제자들이 찾아왔다. 전주역에서 43년 만에 해후하는 얼굴들인데 그때 그 모습이 남아 있어 쉽게 알아볼 수 있었다. 이제 50대 중반에 접어들어 중후한 중년여인의 모습이었다. 그렇지만 화제는 십대 초반 학창시절로 돌아가 수다도 떨고 어리광도 부리니 그때의 철부지 그대로의 귀여운 모습이었다. 덕진 연못에서 연꽃 속에 추억을 쌓고, 전통음식점에서 전주의 명물인 소고기 비빔밥으로 배를 채우며 지난날을 회상 하였다. 그리고 한옥마을 돌담길을 걸으면서 우리 조상들의 지혜와 멋도 감상하고 음미하며 사제의 정을 나누었다.

시골 고향집에 계시는 어머니를 뵈옵기 위해 자동차를 몰고 있었다. 전화벨이 울렸다. 받아보니 택배 기사였다. 택배물이 도착했는데 택배가 가능하겠느냐 의 전화였다. 지금은 운전 중이고 며칠간 출타해야할 형편이므로 불가하다면서 내용이 무엇이냐고 물었다. 과일 같다고 했다. 누가 과일을 보냈을까? 조금은 궁금했으나 손에 집히는 사람이 있었다.

그녀는 43년 전인 1970년 내가 6학년을 담임이었을 때 가르친 여학생이었다. 성격이 쾌활하고 능동적이었다. 교우관계가 원만하고 친구들을 잘 배려하는 어린이였다. 친구끼리 작은 다툼이라도 있으면 중간에서 서로 화해할 수 있도록 조정자의 역할도 잘했다. 마음이 열려있는 어린이였다. 그러나 학습 능력이 크게 우수한 편은 아니었다. 예능방면에 소질이 있는 것도 아니었다. 한마디로 학력보다는 사회성이 발달된 어린이였다. 지금은 인천에서 미용실을 운영하면서 사업가로서 입지도 다졌고, 며느리도 얻고 사위도 본 중년 아줌마가 되었다. 그런데 지금까지도 선생님의 은혜에 고마워하면서 정을 보내주고 있다. 건강은 어떠하신지? 여가생활은 어떻게 보내시는지 꼼꼼히 챙기면서 안부전화를 한다. 말 한마디 한마디에 정이 넘치고 존경이 스며있다. 가끔은 선물 속에 정을 싸서 보내 준다. 각종 유기농 과일은 물론 청정해역에서 잡아 올린 영덕 대게 등 수산물도 번번이 보내주며 사제의 정을 이어가고 있다. 큰 물건은 아니지만 스승을 잊지 않고 찾아준다는 데 그렇게 고마울 수가 없다. 자기 부모님과 같이 대접하니 고마운 일이 아니겠는가? 이번 택배도 그 제자가 보내준 것임에 틀림없다. 지난봄에는 저희 동창

4명이 전주까지 찾아와 주었던 일도 있다. 동심어린 학창시절을 들추어보고 주름살이 늘어가는 스승을 위로해 주었다. 가슴까지 젖어오는 감격을 맛보게 했던 그 학생이 틀림이 없다.

학창시절에 특별히 관심을 갖고 지도한 것도 없고 기억에 남을 만한 감흥을 준 것도 없는데 오랜 세월 인연의 끈을 놓지 않고 사제의 정을 이어가고 있다. 그녀의 가슴속에 어떤 꿈을 심어 주었고 어떤 감동을 주었을까? 그녀의 가슴속에는 내가 어떤 스승으로 각인되어 있을까?

그러나 단정적으로 말할 수는 없지만 다정한 말 한마디, 따스한 손길이 어린 가슴에 용기가 되고 꿈이 되며 희망이 되게 하지 않았을까? 나를 되돌아보는 소중한 시간이 되었다.

(2013. 1. 27.)

네 번째 이야기

삶의 길목에

건강의 화원 | 걸레

고구마의 꿈 | 놀이터 풍경

두 마리의 토끼 | 발의 서정

어미 새의 고단한 날개 짓 | 연꽃처럼 그 향기처럼

오늘도 걷는다마는 | 종친회

KTX를 타고

건강의 화원

요사이 건강센터에 다니면서 운동을 하고 있다. 이곳은 국민건강 보험공단에서 운영하는 곳으로 체질을 개선하고 성인병을 예방하기 위해 각자의 신체 상태와 능력에 맞춰 맞춤형 운동으로 건강을 관리하는 곳이다. 매주 화, 목, 금 3일 동안 센터에 들러 프로그램에 따라 운동을 함으로써 노화의 속도를 줄이고 근력을 유지하는데 중점을 두며 균형 있는 식단으로 성인병을 사전에 예방할 수 있도록 한다.

센터에 들어서면 먼저 혈압을 측정하는데 항상 기도하는 마음으로 측정 대에 앉는다. 젊은 시절부터 비만에 혈압이 높은 편이지만 그런 것 때문에 크게 고생한 적은 없어 무관심하게 세월을 보냈다. 그런데 중년으로 접어들면서 건강검진 때마다 혈압이 체크되고 약을 복용하는 것이 좋겠다는 의사의 진단도 있고, 주변에서 혈압으로 떨어져 고생하는 모습을 보면서 사전에 예방해야겠다고 서둘러 관리에 나섰다. 혈압을 관리하지 않으면 직접적으로 뇌출혈과 뇌경색을 일으켜 건강에 치명상을 주지만, 간접적으로도 각종 장기에 영향을 주어 성인병이나 암을 유발하기까지도 한단다. 그동안 혈압약 복용과 운동으로 체중은 10여 kg이나 줄여서 복부비만이 사라지고 신체의 균형을 이루는 데는 약간의 성과를 거두었지만, 혈압만큼은 큰 변화를 보이지 않고 있어 신경을 쓰게 한다. 마음을 진정시키고 평안한 자세로 측정을 해도 혈압의 수치는 나를 실망시키는 경우가 많다. 변화무쌍한 기상도만큼이나 몸의 상태나 기분에 따라 들쑥날쑥 제멋대로다. 신경을 쓰다 보니 혈압기만 보아도 오르는 것 같다. 신경과민현상일까?

20여 분에 걸쳐 스트레칭을 한 뒤 기구를 이용해 신체부위에 따른 근력운동을 하고 러닝머신으로 전신운동을 한다. 스트레칭을 할 때는 20여명의 남녀 회원이 지도강사의 구령에 맞추어 움직이는데 강도 있는 자세를 취할 때마다 "아유", "아", "응"등 갖가지 신음소리가 들린다. 나 자신도 허리근육 강화운동 때는 다리가 들리지 않고 허리에 통증을 느낀다. 바닥에 배를 깔고 엎드려서 손과 발을 동시에 올리는 자세에서 두 다리가 시지근하고 아파서 잘 들어 올려 지지도 못할뿐더러 지도강사의 16호간 구령이 여삼추如三秋의 시간인 양 지루하고 고통이 심해 이를 악물기도 한다. 곡예사 같이 유연하고도 완벽한 모습을 보일 순 없지만 운동효과를 높이려고 최선을 다하니 다리는 당기고 허리에는 무리가 가고 표정은 찌그러지는 모양이다. 아파하는 서로의 마음을 조금이나마 이해할 수 있어 동병상련의 정을 느낀다. 젊은 회원들은 날렵하고 유연한 동작으로 허공에 곡선을 그으며 예술적인 아름다움까지도 연출할 수 있지만 나와 같은 노장이나 몸이 불편한 사람들은 마음은 있지만 몸이 경직되고 순발력도 부족하여 어정쩡한 자세로 굼뜨고, 모습마저 볼품이 없으니 어찌 세월의 두께를 이겨낼 수 있으랴? 하는 사람도 힘이 들고 보기에도 어색하지만 최선을 다하는 모습만은 아름답다. 벽돌을 하나하나 쌓아 올려 계단을 만들 듯 마음과 육체에 활력의 계단을 쌓아가고 있다.

다음에는 신체 부위에 따라 근력을 증진 할 수 있도록 각종 기구운동에 돌입한다. 팔, 다리, 어깨, 목은 물론 허벅지나 대퇴부, 등의 근력을 기르기 위해 들어 올리고 당기고 밀면서 호흡에 맞추어 순서대로 운동을 하면 어깨에 힘이 솟고 가슴이 넓어지며 세포가 젊어지는 것 같은 착각에 빠지기도 한다. 팔뚝이나 허벅지, 그리고 젖가슴에 근육이 단단하게 되살아나 불끈불끈 힘이 솟는 환상에 젖기도 한다. 노쇠해지는 심신을 만회하기 위해 몸부림치는 노욕이겠지. 기구 앞에 줄지어 서서 순번대로 차례를 기다리는 시간은 소통의 시간이 된다. 세상사에 대한 정보교환은 물론 자녀들의 직업이나 혼인 여부를 확인하고 마담뚜를 자청하는 회원도 있다. 단병백약이라고 했던가? 질병으로 인한 고통을 호소하면 처방은 모두가 의원 수준 이상이고 약은 자기의 경험을 토대로 구입처와 효과까지 돌팔이 의사는 저리가라 할 정도로 입에 거품을 물고 열변을 토한다. 서로 마음을 열고 보듬고 상조하며 보통사람들의 정을 듬뿍 나눌 수 있어 마음편한 안식처의 역할까지도 한다. 선입회원들이 기구운동에 미숙한 신입회원에게 기구 조작법을 알려 주기도하고, 효과적인 운동 방법에 대해 조언도 해 주어 친근한 이웃 같은 분위기 속에서 운동하니 기분이 좋고 효과도 배가 된다.

러닝머신은 운동시간과 거리, 심박동수와 속력을 고려하면서 운동하는데 심박동수가 지나치게 오르면 속력이 줄어들고 또 심박동수가 정상이 되면 속력을 올려주면서 몸의 상태를 유기적으로 체크해 가며 운동의 효과를 극대화 할 수 있도록 프로그램이 설정되어 있다. 음악의 선율에 몸을 실어 걷기도 하고, 창가에 피어있는 꽃향기에 취해 보기도 하고, 정원의 노송에서 지저귀는 텃새들의 속삭임을 엿들으면서 걷는다.'걷는 자 만이 앞으로 갈수 있다'는 진리처럼 발걸음을 내디딜 때마다 건강의 고지를 향해 좀 더 가까이 다가가는 것 같아 작은 보람을 느낀다. 멀리 창밖으로 학산 줄기의 푸름과 맑은 공기가 호흡 때마다 폐속 깊숙이 스며들어 찌들어지고 노화된 체세포를 세척하는 것 같다. 심박동수가 최대로 오르고 얼굴과 등줄기에 땀이 흘러내리면서 경직되었던 몸이 풀리고, 활기가 물안개처럼 구석구석으로 퍼져나간다. 예술가가 걸작을 완성하기 위해 혼신의 힘을 다하듯 건강이란 작품을 완성하기 위해 작은 조각 하나하나를 오려 붙이는 심정이다. 건강미가 가장 아름답다고 하지 않던가? 눈앞에 펼쳐진 산줄기를 따라가며 힘차게 달리니 산속을 달리는지, 러닝머신을 달리는지 모르는 무아의 경지에 이르기도 한다. 푸르렀던 지난 시절의 아련한 추억을 떠올려 보며 웃음 짓기도 하고, 앞으로 해야 할 일을 구상하는 등 길지 않은 시간이지만 러닝머신이 가져다주는 또 다른 부수 효과가 크다. 샤워를 하면서 운동을 마무리 하는데 온몸의 땀과 때는 물론 마음속에 똬리를 틀고 있는 오욕칠정五慾七情까지도 씻어내려 노력하지만 항상 미흡한듯하여 반성하고 있다.

담당의사는 고혈압, 당뇨 등 성인병에 대해 상담도 해주고, 건강교실을 열고 건강상식에 대해 새로운 정보를 제공해 주는가 하면 영양사는 체지방 검사를 토대로 식사량을 조절해 주고, 육류대신 채소 위주로 식단을 꾸미며, 과일 섭취를 늘리고, 술이나 커피 등 유해 기호식품을 멀리하고, 금연을 실천하라는 등 평소 알고 있지만 소홀히 하기 쉬운 내용들을 꼼꼼히 챙겨서 강조해 준다. 거기에 금상첨화라고나 할까? 해맑은 미소와 친절로 우리들의 건강을 돌보는 도우미들의 헌신적인 보살핌이 건강을 증진하는데 촉매와 같은 역할을 한다. 인생에서 가장 중요한 것이 건강이라고 할 때 나의 건강을 돌보아 주는 도우미분들이야말로 최상의 천사가 아니고 무엇이겠는가? 센터는 모두가 서로 돕고 배려하는 속에서 편안하고 즐거운 마음으로 개개인의 건강의 꽃을 피워가는 화원이다.

(국보문학 2016. 5월호)

걸레

아들이 세 들어 살 아파트에 도착했다. 가세에 여유가 있다면 신축 아파트를 골라 들 수도 있지만 박봉인 공무원인지라 새 집을 얻기가 그리 녹록한 일이 아니다. 그래서 조금은 허름한 곳에 거처를 정해야 했다. 욕망의 끝이 무한하다고 하나 마음을 접고 보니 이 것도 복이라면 과분한 복이다. 전에 살던 분들이 살림을 챙겨 나가서 아파트는 새들이 살다 나간 둥지처럼 허허롭다. 방바닥이나 벽이며 모두가 낡고 헐어서 퇴색되었다. 땟국으로 갖가지 무늬가 그려 있어 보기가 민망할 정도다.

살림을 차리고 궁둥이라도 붙이려면 먼저 해야 할 일은 청소다. 두리번거리고 있는데 한쪽에 까맣게 때가 낀 걸레가 보였다. 이사 짐을 내보내고 청소를 하는데 쓰인 듯하다. 청소 하는 김에 더러워진 걸레까지 치웠더라면 그 분들의 깨끗한 인품이 돋보였을 텐데……

아내는 팔을 걷어 부치고 청소를 시작한다. 어디에서부터 손을 대야할지 모르는 아내의 손놀림이 부산하다. 가져온 비 걸레를 이용하여 구석구석 쓸고 닦는다. 벌써 얼굴은 익어가는 홍시처럼 볼그레하고 이마에는 땀방울이 구슬처럼 맺는다. 나도 팔짱만 끼고 있을 수가 없어서 주인이 남겨 놓고 간 걸레를 빨고 빨아서 손을 보탰다. 허수아비가 고개만 끄덕여도 농부들의 피로가 감해진다고 하지 않던가? 백짓장도 마주 들면 낫다고 한 속담도 있다. 서둘지 않고 쉬엄쉬엄 지저분한 곳을 찾아 닦았다. 닦다가 더러워지면 다시 빨고 또 더러워지면 빨기를 반복하며 닦았다. 특히 유리창 틀의 먼지와 냉장고 세탁기 밑에 몇 년씩 묶고 찌든 떼를 빼 내는 데에 힘이 들었다. 나의 체력은 고갈되어가고 있는데 걸레는 아무 불평도 없이 내가 하는 대로 따라 움직인다. 나의 노력에 비하여 오히려 걸레가 더욱 닳아지고 흉물처럼 되었다. 걸레의 말없는 수고로 집안은 말끔한 새 모습이 되고 아늑한 보금자리가 되었음은 물론이다.

걸레는 온몸이 헐고 닳도록 이물질을 씻어 내고도 조금도 생색을 내거나 불만을 토로하지 않는다. 자신은 비록 더럽혀 지더라도 주변이 환하고 깨끗해지면 그 것으로 만족하며 위안을 삼는 듯하다. 칭찬을 기대 하지도 않고 그렇다고 위안을 받으려고도 하지 않는다. 닦아서 더러워지면 빨고, 빨아서 깨끗해지면 다시 닦아내며 주인의 손놀림에 따라 소임을 묵묵히 다할 뿐이다.

걸레는 참 지저분한 청소용구이다. 상상만 해도 역겨운 냄새가 난다. 그래서 사람들은 사용한 후에도 한 쪽 구석에 치워 둔다. 여느 귀한 물건처럼 대접을 받지 못하기도 한다. 그러나 한편으로 생각해 보면 그렇게 필요하고 고마운 친구가 어디 있을까? 하는 생각이 든다. 크고 작은 쓰레기를 쓸어 내는 데는 비가 이용되지만 미세한 먼지나 몇 년씩 눌러 붙은 땟국까지도 지우는 일은 걸레만한 용구가 없기 때문이다. 걸레가 훱쓸고 지나가야 비로소 집안의 구석구석이 깨끗해지고 정갈해 지니 말이다.

우리는 사람들을 평할 때 걸레 같은 사람이라고 하는 경우가 있다. 이는 신체적으로 청결하지 못하고 지저분한 사람을 칭할 때 흔히 쓴다. 행동거지가 방정하지 못하고 신의가 없는 사람을 지칭할 때도 쓰이는 수가 있다. 또 다른 면으로는 자신의 정체를 지키지 못하거나 몸을 헤프게 놀리는 인간을 비하해서 쓰기도 한다. 이는 걸레의 지저분한 겉모습만 보고 비유하는 말이 아닌가 한다. 걸레의 진면목은 그 하는 일에 있는 데도 말이다. 마치 촛불이 제 몸을 태워 세상을 밝히듯이 걸레는 제 몸이 닳고 헤어지더라도 군말 없이 주변을 깨끗이 닦아내면 그것으로 만족해한다.

세상은 지악스럽게 낯을 내는 무리들이 구정물을 만들어 역겨울 때가 있다. 손톱만한 일을 하고서 태산 같이 과대 포장하는 위선들이 활개를 치는 세상이다. 나의 아량이나 포용에는 인색하고 남의 희생만 강요하는 마음이 있기도 하다. 걸레의 묵묵히 봉사하는 태도와는 대조적이 아닐 수 없다.

나는 걸레를 닮고 싶다. 비록 자신은 오물로 얼룩진다 하드라도 묵묵히 인내하며 희생하는 그 정신을 높이 사려 한다. 나보다는 남을 배려하는 삶이라면 그 것 또한 커다란 가치가 있지 않을까? 나는 문득문득 지난날 어떻게 살아 왔는가를 스스로 물어 보곤 한다. 모닥불처럼 뜨겁게 산 것도 없고 파도처럼 드세게 몰아친 일도 없다. 그렇다고 걸레처럼 남을 위해 땀내 나는 잠방이가 된 적도 없다. 어느 것 하나 야무지게 다 잡지 못하고 밍밍하게 살아온 내 모습이 오늘따라 크게 떠올라 부끄럽다. 짧지 않은 삶의 행간에서 날아도 보고 싶고, 뛰어 오르고도 싶은 때가 왜 없으련만 그때마다 이런 저런 이유로 날개를 접은 것은 나의 마음을 닦으려는 열정이 미지근했기 때문이 아니겠는가? 그리고 내 안에 나사 풀린 게으름을 씻어내려는 몸부림이 부족했기 때문이 아닐까?

이제 가파른 언덕도 넘고 내리막의 끄트머리에 서 있는 나그네다. 훠이훠이 내달리는 세월을 부여잡을 수는 없지만 그 길이 조금은 나를 돌아볼 수 있는 여유로운 길이 되면 좋으려니 싶다. 그래서 인생의 노정에 땟국도 지워내고 군더더기도 털어내어 균형 잡힌 삶을 살고 싶다. 나보다는 더디 가는 이웃들의 걸음에 발을 맞추고 그들의 아픔을 오롯이 씻어낼 수 있는 아량과 온기를 가지련다. 걸레처럼 닳고 곤고해진다 해도 몸과 마음에 맑은 물이 날 때까지 씻고 닦으면 오늘 보다는 좀 더 성숙된 인간이 되지 않을까? 걸레가 집안을 깨끗하게 닦아내고 환한 분위기를 만들어 주듯이 말이다. (2016. 6. 21)

고구마의 꿈

몇 년 전 "못생겨서 죄송합니다."란 유행어로 팬들에게 폭소를 자아내게 했던 유명한 코미디언이 있었다. 그 코미디언이 무대에 등장하여 익살스런 표정으로"못생겨서 죄송합니다!"라는 말과 함께 인사를 하면 좌중은 금방 웃음바다로 변하고 분위기는 초반부터 후끈 달아올랐다. 그의 익살과 폭소로 한순간이나마 스트레스를 풀고 근심걱정에서 벗어날 수 있었다. 자신의 부족한 외모를 당당히 밝히며 세태를 풍자하고 청중을 웃긴 그의 재치가 비범했다.

요즈음 세상은 외모 지상주의다. 젊은이들 사이에 눈꺼풀 수술과 보톡스 주사는 필수란다. 코를 세우거나 턱을 깎는 사람도 있다. 피부이식수술, 지방제거시술까지도 한다. 남자들은 날씬하고 탄력 있는 남성미를 갖고자 복근수술을 한다. 그러나 아름다운 외모를 가져야만 승자가 되는 것은 아니다. 조금 외모는 부족하지만 각 분야에서 발군의 실력을 과시한 사람들도 많다. 부족한 외모임에도 불구하고 개성 있는 연기나 입담으로 시청자들의 사랑을 독차지하는 배우나 코미디언들이 있는 것처럼.

우리는 외모가 조금 부족한 사람을 빗대어 호박꽃 같다거나 메주덩어리, 또는 고구마 같다고 비하하는 경우가 있다. 그러나 호박이나 메주나 고구마는 그 것들의 외양에 비해 우리들 건강에 많은 도움을 준다. 호박꽃은 넉넉하고 후덕한 느낌을 주고 그 성분은 성인병 예방에 효과가 있다.

메주 또한 발효과정에서 생기는 갈색의 끈적끈적한 물질 바실러스 서브틸러스균이 강력한 항암효과가 있다. 이처럼 보기는 조금 못 생겼어도 자기를 빗대는 사람들에게 보라는 듯 최고의 건강식품으로 다가온다. 고구마 또한 우리 인간에게 많은 도움을 줌은 익히 잘 알고 있는 사실이다.

지난봄 고구마 순을 잘라 이랑에 옮겨 심었다. 계속되는 가뭄으로 고구마가 뿌리를 내리지 못하고 누렇게 시들어 버렸다. 동네우물에서 양동이로 물을 길어다 뿌려보았지만 고구마순은 소생하지 못하고 메말라 버렸다. 시들어서 메말라 버린 고구마 순을 뽑아내고 새순을 다시 심기를 몇 번 거듭한 끝에 겨우 목숨을 살릴 수가 있었다. 물을 뿌려주며 살려 달라고 기원하는 어머니 같은 마음이 있었기 때문이다. 새 생명의 탄생은 이렇게 어려운 고통을 겪어야만 가능한 것인가? 이윽고 오랜 가뭄 끝에 장맛비가 내리니 고구마 순이 생기를 얻기 시작했다. 빨리 활기를 찾기 바라는 마음에서 퇴비와 유기농 거름을 섞어 고구마 순 옆에 묻어 주었다. 칠전팔기라고나 할까? 땅 맛을 알게 된 뒤부터는 내리쬐는 햇빛 덕에 줄기를 무성하게 뻗어 밭을 뒤덮었다. 싱싱하고 힘차게 자라는 모습을 보며 풍성한 가을을 기대했었다.

드디어 수확 철이 다가왔다. 긴 여름동안 나의 땀방울을 요구했던 고구마였기 때문에 어떤 모습으로 나를 대할까 궁금했다. 이랑에 씌웠던 비닐도 걷어내며 호미로 땅을 파 헤치자 고구마가 자색의 속살을 내보였다. 한 줄기에 여러 형제들이 오손도손 머리를 맞대고 있는 모습이다. 그러나 하나씩 외톨이로 땅속 깊이 쳐 박혀서 나의 진땀을 빼는 녀석도 있었다. 너무 커서 주변 흙을 다 파내고서야 상전처럼 나온 녀석도 있었다. 캐놓은 고구마들 중 알맞은 크기의 고구마는 색깔도 곱고 모양도 보기 좋았으나 조금 덩치가 크다는 녀석들은 색깔도 희멀겋고 갖가지 못난 형상을 다 하고 있다.

염소의 수염처럼 하얀 실뿌리를 휘날리는 녀석이 있는가 하면, 바위에 헤딩하다 부푼 이마처럼 울퉁불퉁 솟아올라 볼품이 없는 녀석도 있었다. 계곡처럼 깊게 패어있거나 검은 주름살이 온 몸에 그어져있는 녀석도 있었다. 못난이들의 경연장이라고나 할까? 못생긴 고구마들의 모습이 각양각색이었다. 같은 땅 속에서 자란 한 핏줄인데 무슨 까닭일까?

농사 경험이 많은 마을 어르신이 귀 뜸으로 그 원인을 알아냈다. 토양이 척박하고 지나치게 몸살을 하는 고구마 순이 애처로워 거름을 많이 뿌린 것이 원인이다. 병마에 시달리는 어린 자식에게 인삼녹용에다 십전대보탕 등을 동시에 과잉 섭취케 한 경우와 같은 이치다. 고구마의 세계도 인간세상과 똑같다고 생각했다. 영양분을 골고루 적당하게 섭취하면 빛깔도 곱고 몸매도 날씬해서 8등신 미인처럼 보기 좋지만 과잉섭취를 하거나 편식을 하면 비만이 생겨 외형적으로 볼품이 없는 고구마가 된다.

못 생긴 고구마 형제들이지만 정성으로 가꾼 수확물이기에 잘 다듬어 시골에 홀로 계신 어머니에게 한 상자 보내드리고, 딸네 집에도 보내주었다. 그리고 같은 아파트에 사는 친구에게도 한 상자를 보내 주었다. 나머지 고구마는 가져다 베란다 창가에 쌓아놓았다. 물기가 빠져야 당도가 높고 맛이 있다는 아내의 말에 때가 오기만 기다리고 있는 중이다.

어느 날 전화벨이 울려 받아보니 고구마를 보내준 친구였다.

"어이, 자네 내 마음을 왜 그렇게 잘 알아?"

"무슨 말이야?"

"나 요새 변비로 고생하고 있는데 자네가 보내준 고구마를 삶아 먹고 뱃속이 편하고 변비도 완화 되었어. 그리고 당도도 높고 맛이 있어. 저녁식사는 고구마로 대신하고 있네."

고마워하는 마음이 진심으로 묻어나고 있었다. 볼품없는 고구마가 친구의 건강을 도와주고 있다니 매우 기뻤다.

요즈음은 웰빙 시대이다. 몸을 아름답게 가꾸고, 건강을 유지하며 행복한 생활을 영위하는 것이 인간의 꿈이다. 그 꿈을 실현시켜줄 수 있는 여러 식품 중 하나가 고구마가 아닌가 한다. 사람들이 고구마의 영양분을 섭취해서 건강하기를 소망하듯 고구마 역시 자신이 품고있는 유익한 영양분을 사람에게 고루 나누어 주어 건강한 세상이 되길 꿈꾸고 있을지도 모른다. 고운 피부를 간직하기를, 암의 고통으로부터 해방되기를, 성인병의 위험에서 벗어나기를. 그래서 삶의 질을 높이고 건강하고 행복한 세상이 되기를…….

(2015. 11. 14.)

놀이터 풍경

우리 집 앞에는 동화세상 같은 아이들 놀이터가 있다. 놀이터에 개구쟁이들이 찾아들면 활기가 돈다. 어장아장 걸음마를 배우기 시작하는 아기부터 중학생쯤 됨직한 소년까지 한데 어우러져 놀이판이 된다. 내 달리고 뛰어오르다 넘어지면서 목청껏 지르는 소리와 깔깔깔 웃는 웃음소리가 뒤섞여 천지를 진동한다. 그럴 때면 아내는 조용히 창문을 내린다. 집안에서 하는 일에 집중이 안 된다는 것이다. 나는 그럴 일도 아니라며 아내를 흘깃한다. 조금은 시끄럽다 한들 어떠랴. 어린이들이 내는 소리야 말로 생기 넘치는 생명과 희망의 소리인 것을.

놀이터에서 아이들의 웃음소리를 듣노라면 나의 젊은 시절 교직 생활 때의 아이들 웃음소리가 환청처럼 나를 그 시절로 끌어들이곤 한다. 오르간 반주에 맞추어 참새 떼처럼 귀엽게 입을 벌려 노래 부르던 아이들, 재미난 이야기에 귀를 쫑긋 세우고 시간 가는 줄도 모르고 듣던 모습이 그림처럼 아련히 떠오른다. 완주군 구이면 태봉초등학교에서 5학년 담임을 하던 시절에 정아무개라는 아이가 있었다. 성격이 활달하여 잘 웃고 떠들던 아이였는데, 음악에는 영 소질이 없어서 노래할 때면 반주 무시, 음정 무시로 제멋대로 불렀다. 그 아이가 노래를 할 때마다 반 아이들은 발을 구르고 책상을 주먹으로 내리치며 깔깔대고 웃었다. 교실은 웃음바다가 되었다. 그럴수록 그 어린이는 조금도 위축되지 않고 벌떡 일어나 앞에 나가 힘차게 노래를 불렀다. 그렇다고 넌 노래를 엉터리로 부른다고 할 수도 없어서 나도 '잘한다.'고 칭찬을 하며 박수를 쳐주었다. 자라는 아이의 기를 꺾어서는 안 된다는 생각에서다. 장래에 목사가 되고 싶다던 그 아이가 나중에 찬송가는 제대로 불렀는지, 정말 목사가 되었는지 모르지만, 붙임성 있고 명랑하던 그 아이의 천진하던 노래와 아이들의 자지러지는 웃음소리가 놀이터에서 되살아나 들려온다.

나는 자연이 내는 소리를 좋아해서 녹음기에 그 소리를 담아 듣기를 즐겼다. 상당기간 내 취미였던 소리 채집은 생활에 쫓겨 그만두었지만, 아름답던 소리들은 아직도 내 귀에 생생하다. 내가 들었던 아름다운 소리를 가만히 더듬어 본다. 매화꽃이 기지개를 켤 무렵 얼음장 밑으로 흐르는 시냇물 소리, 갈매 빛 가시연 꽃잎에 우두둑 쏴아 폭우 쏟아지는 소리, 추석 전 맑은 날, 모시옷 다듬는 낭랑한 다듬이 소리, 맑은 샘에서 갓 올라와 서두를 것이 흐르는 개울물 소리, 쓸쓸한 겨울밤 바람이 흔드는 산사의 풍경소리 등이다. 계절 마다 곳곳마다 건져 올린 그 소리들은 잠자는 나의 감성을 깨웠던 소리였다. 하지만, 생명력이 넘치는 어린 아이의 웃음소리에 비할 수는 없다는 것이 늙으막에 접어든 요새의 내 생각이다.

옛사람들은 집안에서 나는 듣기 좋은 소리로 갓난아이 웃는 소리, 자식들의 책 읽는 소리, 여기에다 꿀컥꿀컥 아기 젖 먹는 소리를 더하기도 했는데 어찌 됐건 아이들이 내는 소리를 천상의 소리로 여겼음을 알 수 있다. 내가 좋아하는 소리도 해 맑게 웃는 아이들의 웃음소리이다. 그러기에 교단 40여 년을 지킬 수 있었던 원동력이기도 하다. 그 소리가 생명의 소리이면서도 웃는 아이의 마음에는 꾸밈이 없고 시기와 질투는 물론 교만이나 위선도 없는, 이슬같이 맑고 백옥같이 깨끗한 지고지순至高至純의 소리이기 때문이다.

오늘도 아침부터 놀이터가 부산하다. 아이들이 유치원이나 어린이집에 가는 버스를 기다리는 사이 잠시 어머니의 손을 놓고 찾아와 놀고 있다. 아이들의 재잘대는 소리는 나의 기분에 따라 다르게 느껴진다. 엄마 닭 곁에 재롱떠는 병아리 소리처럼 귀엽게 들리는가 하면, 때론 까치들이 떼를 지어 깍깍거리는 소리로 들리기도 한다. 그러나 어떻게 들리던간에 이렇게 놀이터에서 별스러울 것 없이 떠들고 웃으며 내지르는 소리에 남다른 의미를 두는 것은 그 속에는 순진무구한 어린이들의 동심 세계가 그려져 있을 뿐 아니라, 그 웃음소리가 삶의 영속성을 보증

한다는 깨달음 때문이다. 그들이 자라면 나와 같은 부모가 되고 그들의 자녀가 자라서 또 부모가 되어 면면히 이어갈 것이기에 오늘의 역사가 있고 미래의 시대가 열릴 수 있음을 생각해 본다.

아파트 위에 해가 점점 높이 솟아오른다. 놀이터에서 놀던 아이들이 하나 둘 유치원으로, 어린이집으로 제 갈 길을 가면서 조용해졌다. 그들이 물러간 자리에는 때 이른 잠자리 한 마리가 찾아와 한가하게 비행하다가 사라진다. 소란하던 놀이터가 적막에 싸여 아무런 소리가 들려오지 않으면 왠지 허전하다. 아이들이 내일은 어떤 모습으로 놀이터에 생기를 불어넣을지 그 소란한 듯 생명 넘치는 소리를 나는 벌써 그리워하는 것이다.

(전주일보 2017. 8.18.)

두 마리의 토끼

건강센터에 다니면서 운동을 하게 되면 일정기간이 경과한 뒤 체성분을 분석하고 체력측정을 하게 된다. 그동안 운동을 한 결과 얼마만큼의 체력이 증진되었는지를 파악하고 더 나아가 새로운 운동 처방을 받기 위해서다.

일주일 전에 의사 선생님과 혈압 등 성인병에 대해 상담을 하고 체성분 분석과 체력 측정을 한 바 있다. 오늘이 그 결과표가 나오는 날인데 아침부터 궁금하고 설렌다. 평가를 마치고 성적표를 받기 직전의 학생 같은 심정이다. 이윽고 상담실에서 영양사와 마주 앉았다. 체력측정결과표를 유심히 바라보시더니 근심어린 표정으로 말문을 열었다.

"선생님은 예전에는 체중이 줄고 체력이 향상되었는데 이번 측정결과는 반대로 체중은 2kg이나 불어났고 체지방량도 늘어났습니다." 근육량은 오히려 1.2kg감소했다면서 운동을 소홀히

한 결과라고 책망했다. 2kg짜리 모형 기름덩이를 보여주면서 이만큼 체중을 늘리려면 매일 밤마다 야식으로 라면을 1개씩 끓여 먹을 때 불어날 수 있는 수치란다. 어떤 식단을 짜서 식사하고 있으며 운동은 어떻게 하고 있는지 심문하듯 세세히 물었다.

그동안 운동을 꾸준히 지속하여 체중도 줄이고 근력이나 지구력을 향상시킬 수 있었다. 그리고 성인병인 혈압이나 콜레스테롤 수치도 낮아져 건강을 유지하게 되었다. 그런데 행복한 고민이 있었다. 체중이 줄어들면 제일먼저 살이 빠지는 부위는 얼굴이다. 얼굴에 살이 빠지면 주름살이 늘고 피부가 거칠어지며 윤기가 나지 않고 겉늙어 보인다. 거울보기가 겁난다. 하나를 얻으면 다른 하나를 잃게 되는 것이 자연의 이치다. 체중을 조금 늘려보기로 작정했다. 천고마비의 계절을 맞아 식욕도 왕성해서 식사량을 늘린 것은 말할 것도 없으려니와 간식으로 과일도 많이 먹고 군것질로 견과류에도 자주 손이 가니 체중이 늘어날 수밖에.

또 다른 이유는 시간이 날 때마다 운동을 열심히 했던 예전에 비해 요즈음엔 시간이 나면 수필공부를 한다. 전에는 저녁식사 뒤 소화도 시킬 겸 운동을 했다. 학교운동장이나 공원에서 걷기도 하고 달리기도 했다. 그런데 수필공부를 시작한 뒤로는 저녁식사를 마치고 나면 컴퓨터 앞에 앉아 자판기를 두드리니 체중이 불어나는 것은 당연지사다.

나에게는 커다란 숙제가 주어졌다. 체중이나 체지방은 줄이고 근육 량은 높여서 건강한 신체를 유지해야 한다. 또 한편으로는 늦게 배운 수필공부지만 열심히 해서 좋은 작품을 쓰고 싶다. 체력도 높이고 수필공부도 열심히 하는 것이 나의 당면 과제다. 즉 두 마리의 토끼를 잡아야 한다. 그러나 그게 어디 쉬운 일인가?

제18대 대통령선거를 앞두고 전국이 소용돌이에 빠져들고 있다. 대통령 후보로 나선 이들은 자기만이 경쟁력이 있고 준비된 대통령감이라고 열을 올린다. 서민경제를 살리고 민생의 아픈 곳을 찾아 해결하고 국민들에게 희망을 줄 수 있다고 외친다. 또 다른 후보는 기존의 정치의 틀을 깨고 새로운 정치패러다임을 수립하여 국민에게 꿈을 줘야한다고 강조한다. 꽉 막혀있는 남북 관계를 개선하여 평화를 정착해야 한다고 주장한다.

마침 오늘은 연평도 피격 2주년 기념일로 그때 산화한 고귀한 생명들에 대해 추모식을 거행하고 있어 마음이 아플 뿐 아니라 평화의 정착이 간절히 요망되기도 한다. 후보들의 외침이 어느 것 하나 중요하지 않은 것이 없지만 우리에게 가장 절실한 것은 한반도의 안정과 번영을 위한 평화의 정착이요 국민의 행복한 삶을 위한 경제 발전이다. 두 마리의 토끼를 잡아야만 우리의 미래는 보장된다. 그것을 해결해 줄 수 있는 적임자가 누구인지 국민은 냉철한 판단으로 선택해야 한다.

우리나라는 성장위주의 경제정책을 편 결과 고도성장을 이루어 경제대국으로 우뚝 섰다. 하지만 그 이면에는 빈부의 격차가 심해서 갈등이 심화되고 사회적 문제가 되고 있다. 수많은 노동자들이 최저 생계비에도 못 미치는 임금으로 빈곤에 허덕이고 있다. 비정규직 직장인들은 낮은 보수는 물론 신분이 보장되지 않아 불안에 떨고 있다. 자영업자들은 골목 상권까지 파고드는 대기업의 횡포에 하루가 멀다 하고 도산하고 있다. 부익부 빈익빈 현상이 심화되어 상대적 빈곤감을 느끼고 삶에 희망을 잃어가고 있다.

지속적인 투자를 통해 산업을 발전시키고 수출을 증대하여 경제를 성장시키는 것도 중요하다. 그런데 성장으로 인해 창출되는 이윤이 소수에게 편중되지 않고 다수의 국민에게 돌아갈 수 있는 정책을 개발해야 한다. 일자리 창출을 통해 젊은이에게 희망을 주고, 복지제도를 개발해야 어려움 없이 사는 세상이 되도록 해야 한다. 즉 합리적인 분배정책을 통해 소득의 불평등을 해소해야 한다. 모든 국민이 골고루 잘 사는 복지국가를 이루어야 한다. 즉 성장과 분배의 두 마리 토끼를 잡아야 하는데 새 정부가 해야 할 일이려니 싶다.

김장철이 돌아왔다. 예년에 비해 채소 값이 폭등하여 가계지출이 늘고 있다. 농민들이 생산해서 출하하는 가격은 그리 높지 않는데 여러 단계의 유통과정을 거치다 보니 소비자 들이 구매하는 가격은 생산가격의 2배 이상에 달한다. 농민들은 생산비도 건지기 어려운데 유통과정을 취급하는 중개인이나 중간상인들이 폭리를 취하다 보니 소비자 가격만 비싸게 된 것이다. 이의 해결책은 여러 단계의 유통과정을 줄이고 생산자와 소비자가 직거래를 하면 된다. 생산자에게는 보다 많은 이익이 돌아가고 소비자는 보다 저렴한 가격에 구입할 수 있을 것이다. 이러한 역할은 지방자치단체나 농협, 시민사회단체 등에서 관심을 갖고 추진하면 가능한 일이다.

마침 완주군 용진에는 '로컬 푸드 점'이 개설되어 우리 고장에서 생산되는 신선한 농산물을 저렴한 가격으로 판매하고 있어 인기가 높다. 이러한 시설들이 곳곳에 개설되어 생산자나 소비자 모두에게 이익이 되도록 했으면 하는 생각이다. 그렇게 하면 이 또한 두 마리의 토끼를 잡은 셈이 아니겠는가.

나 개인적으로도 두 마리의 토끼를 잡아야할 사안이 발생해서 노력해야겠지만 사회적으로나 국가적으로 갈등구조를 이루고 있는 분야가 많아 개선이 요구된다. 대기업이 중소기업의 영역까지 침범하여 중소기업이 어려움을 겪고 있는데 서로 양보하고 협력하여 동반 성장해야 한다. 농어촌은 도시와 소득격차를 줄이고 건강센터나 문화공간을 개설하여 삶의 질을 향상시켜야 한다. 또 남녀 간이나 계층 간, 세대 간에도 견해가 다르고 이익이 상충되는데 개선해야할 문제이다. 어느 한쪽으로 치우치지 않고 서로 상생하는 윈윈 게임이 되어야 하지 않을까?

(2012. 11. 24.)

발의 서정

봄볕이 부서지게 내리쬐는 오후, 양말을 훌렁 벗고 내민 발이 댓돌위에 덩그마니 자리하고 있다. 구무럭구무럭 꿈틀 거리는 성근 발 틈새로 한 줄기 바람이 춤추듯 스쳐간다. 개나리 색상에 물들어 맵시를 다듬은 나비 한 쌍이 꿀샘을 더듬듯 주위를 맴돌고, 분홍빛 진달래 향기에 분 칠 한 해님이 서녘으로 걸음 질치며 생긋 웃는다.

"어이 시원하다." 언제 이런 호사를 받은 적이 있었던가? 포만한 강아지처럼 햇빛에 축 늘어진 발이 한 낮의 휴식을 즐긴다.

"저리 치워라. 얼마나 예쁘다고 내 앞에 내 놓고 그래? 고양이 등처럼 휘지를 아니했나,소나무 껍질처럼 굳은살이 덕지덕지 붙지를 아니 했나? 그것도 발이라고 내놓고 자랑하냐? 내가 정작 보고 싶은 것은 이런 발이 아니라 포동포동 살이 찌고 탐스런 아기 발이야. 조금은 밉상이지만 나를 끔찍하게 사랑하는 아내 발이라면 모를까."

눈의 불만이 꼬챙이처럼 날카롭다."

"아이고! 냄새야! 땀 냄새, 무좀 냄새 지독하다. 골이 지끈지끈 아프다. 마파람이라도 부니 망정이지 어이 견디겠나? 우리 어머니가 끓여주는 오지 뚝배기 된장국 냄새라면 얼마나 좋을까?" 코의 볼 맨 소리이다.

"조용히들 해라. 나는 지금 성춘향과 이몽룡의 깨가 쏟아지는 '사랑가' 를 듣고 있는데 왜 이리 소란들 인고? 귀의 애교 섞인 투정도 빠지지 않는다.

"아니 이것들 왜 이리 말이 많아? 누구는 입이 없어서 조용히 있는 줄 아나? 사람들이 흉보겠다. 참는 것이 미덕이라 하지 않던가?"

입이 근엄한 표정으로 일장 훈시를 한다.

손도 빠질세라 뼈있는 말을 엿가락처럼 늘어놓는다.

"나는 신체 중에서 제일 호강 받는 위인이야. 보아라. 하루에도 몇 번씩 씻어주는가 하면, 거칠어진다고 핸드크림을 발라주지를 않나? 외출이라도 하려면 자외선을 차단해야 한다고 선크림을 듬뿍 발라주지를 않나? 손가락이 뻣뻣하거나 관절이 아프기라도 하면 비비거나 맛사지 하면서 혈액순환도 잘 되게 하지를 않나? 때로는 깍지를 끼고 뒤로 젖히면서 관절을 풀어주는데 어찌나 시원한지 모른다. 그런데 너는 겨우 이거야?어쩌다 일광욕 한 번 해주는 것 갖고 뽐내고 있어?" 손이 해죽해죽 웃으면서 긴 사설을 이어간다.

이때 묵직하면서도 결기가 있는 목소리가 들렸다. 우리 아버지의 목소리를 닮았다.

“너희들의 말이 어느 정도 맞다. 허나 내 말을 들어보아라. 너희들은 나처럼 땀내 나는 신발 속에서 인내심을 기르는 훈련을 해 본적이 있냐? 가파른 산길을 걸으면서 심폐기능을 기른 적이 있냐? 아버지가 발 담그고 써레질 하던 서마지기 논배미에 들어가 본적이 있냐? 아니면 손기정, 황영주 선수가 달렸던 42.195 킬로미터 마라톤을 해 봤냐? 그도 아니면 2002년 한일 월드컵 때 축구를 해 봤냐? 그리고 무엇보다도 우리 인류가 만물의 영장이 될 수 있었음은 발을 대지에 굳건히 딛고 직립보행을 하였기 때문이 아니더냐?”

듣고 있노라니 규중칠우쟁론기 리허설 하는 모습인 듯도 하고, 거지꼴이 되어 돌아온 이몽룡을 춘향 모가 비웃는 소리 같기도 하고. 아니면 남의 잘못과 부족한 점은 조금도 이해하거나 용인해 주지 않고 매정하게 몰아 부치는 현사회의 한 단면과도 같았다. 정신을 번쩍 차리고 보니 나도 잠이 들었던 가 보다.

나의 발을 내려다본다. 뽀얗고 부드러운 모습은 옛날의 그림인 듯 간곳없다. 굳은살이 소나무 등걸처럼 붙어 있고 딱딱한 신발에 찌든 듯 고양이 허리처럼 굽어 안쓰럽다. 발을 빙 돌아가며 둘러보아도 맘에 드는 곳이라곤 한 구석도 없다. 그러나 내 발속에는 좋아서 천길 뛰어 오르던 시절도 있었고 슬퍼서 꺼이꺼이 목 놓아 울었던 적도 있다. 소태같이 쓴 세월이 새겨져 있는가 하면 녹록치 않은 인고의 자국들이 곳곳에 거미줄처럼 그어져 있다. 발에 새겨진 흔적들은 내 생에 있어서 지울 수 없는 나이테이고, 뗄 수 없는 명패이다.

혈기 왕성했던 지난 세월, 남보다 뒤편에 서지 않고 대열에 어깨를 나란히 하려 천 만보를 달렸던 것도 이 발이요, 아버지가 이승을 하직한 후 가장이라는 무게를 이겨내려 논밭 일구던 일을 마다하지 않았던 것도 이 발이다. 올 곧은 삶을 위해 마음에 풀무질하며 진솔한 길을 찾았던 것도 이 발이 있었음에 가능했던 일이 아니던가?

때론 외곽을 맴돌며 정황 없이 걷다보면 바른 길이 아니라 굽은 길도 있고 자갈길이나 황톳길도 있어 고생스런 적이 한 두 번이 아닐 때도 있었다. 그렇지만 그것도 나의 족적이었으니 이제야 탓 하면 뭐하랴? 아는 듯 모르는 듯 덧없이 흘러가는 세월에게만 눈을 흘겨본다.

온화한 기운에 꽃들이 곳곳에서 생긋 웃고 있다. 감미로운 봄바람이 나의 속살을 간질인다. 간단한 차림에 가뿐한 걸음으로 집을 나서 아름다운 풍광에 젖어보고 싶다. 하루해를 벗삼아 이곳저곳을 기웃거리면서 눅진한 인생살이의 진면목을 살펴보고 싶다. 내가 이런 생각을 품을 수 있는 것은 그래도 아직은 대지에 다리를 곧추세우고 꿋꿋하게 걸어갈 수 있는 멀쩡하고 튼실한 발이 있음이 아니던가? 내게 주어진 삶의 춤을 여한 없이 출 수 있은 것은 무한한 축복이려니 그래서 인생은 살만한 것이 아니겠는가? 덧없이 흘러가는 세월 속에서 아름다운 봄의 향기를 한껏 들어 마시며 가슴 벅찬 수채화를 그려보려 한다.

(국보문학 2017. 4월호)

어미 새의 고단한 날개 짓

오랜만에 영화관을 찾았다. 제목은 '고령화가족'이다. 요즈음 세상이 고령화 사회이기에 그 속에서 살아가는 가족들의 모습을 어떻게 그려내었을까? 어떤 메시지를 전해 줄까? 궁금하였다. 내 자신이 고령의 초입에 다다른 입장이고 시골에 90살 넘은 노모가 계시기 때문에 더 관심을 끄는 영화로 다가왔다.

영화는 주인공들의 대화나 행동을 영상화 하여 메시지를 전달하므로 써 관객에게 공감을 주거나 대리 만족을 얻게 할 때 좋은 영화라고 평할 수 있을 것이다. 몇 년 전에 감상했던 '왕의 남자'가 그런 영화가 아니었던 가 한다. 풍자와 해학의 놀이판을 통해 탐관오리들의 비리를 폭로하고 절대 권력자 연산과 그의 애첩 장녹수를 희롱하는 장면에서는 속이 후련함을 느꼈다. 과거를 통해 현재를 말하고 미래도 그린다는 말이 있다. 그들의 놀이판이 궁중을 싸고도는 음모와 비리를 파 헤쳤던 것처럼, 오늘날 가진 자의 횡포와 비리를 규탄해 보는 대리만족을 느끼는 영화가 아니었던 가 싶다. 오늘 이 영화도 나에게 어떤 공감을 줄 수 있을지 기대를 가지고 입장했다.

'고령화가족'의 줄거리는 평화롭던 어머니의 집에 나이 값을 못하는 자식들이 다시 찾아들면서 시작 되었다. 영화제작에 손을 댔다가 파산하고, 한 푼 없는 신세로 전락한 둘째 아들, 설상가상 바람기 있는 아내 때문에 자살하려던 찰나에 전화벨이 울렸다. 어머니의 전화였다. 집에 와 보니 상류 건달인 형이 어머니에 얹혀살고 있었다. 아버지의 교통사고 보상금으로 사업을 하다 모두 날려 버리고 사기죄로 구속되었다가 출소한지 얼마 안 되는 형이다. 두 형제는 조그마한 감정에도 폭력을 휘두르며 집안을 난장판으로 만들곤 하지만 어머니의 간곡한 만류로 봉합하고 불편한 동거가 이루어졌다. 거기다가 재혼까지 한 아티스트인 딸까지도 친정으로 쫓겨 오고 말았으니 바람 잘 날이 없고 사건 사고가 끊이지 않는 삭막한 가정이 되고 말았다. 그들은 외형적으로는 친 형제처럼 보이나 태생을 깊이 파고들면 어머니의 복잡한 결혼과정에서 태어난 사람들이다. 씨가 다른 남매간이고 배가 다른 형제간이다. 나만 모르고 있던 가족의 과거사와 각자 감추어 두고 있던 비밀이 하나 둘씩 드러나면서 반목과 질시는 극에 달한다.

그렇지만 가족의 정은 소멸되지 않고 면면히 흐르고 있었다. 비록 평상시에는 비방하고 헐뜯으며 싸웠지만 외부인과 다툼이 일어났을 때에는 의기투합해서 형제애를 보여 주기도 했다. 삼촌의 변태적인 행동에 충격을 받고 가출한 조카딸을 탈선의 소굴로부터 구출해 내는 것도 가족이라는 끈이 있었기 때문이다.

바람둥이 딸의 세 번째 연인을 맞이해서는 가족 여행을 통해 화목한 모습을 보여주기도 했다. 어머니 또한 딸의 생물학적 아버지인 옛 사랑을 불러들여 딸의 세 번째 웨딩마치에 손을 잡고 입장하게 하여 가족의 정을 확인하는 기회를 마련해 주었다.

이처럼 실타래처럼 얽히고설켜 있는 가정을 지킬 수 있는 것은 바로 어머니였다. 이질적인 유전자의 피가 흐르고 있는 자녀들을 아우를 수 있는 것은 어머니의 헌신적인 사랑이 있었기에 가능했다. 어머니는 아무 조건 없이 자식들의 귀가를 받아들였고, 옛날 그랬던 것처럼 끼니를 챙겨주며 용기를 북돋아 주시곤 했다. 철없는 아기 새를 가슴에 품고 둥지를 지키려 안간힘을 다하는 한 마리의 어미 새와 같았다. 아직도 날아 갈 준비가 되어 있지 않은 나이 많은 아기 새, 날아갔다고 생각했는데 다시 둥지를 찾아 들어온 철없는 아기 새들을 위해 고단한 날개 짓을 계속해야 하는 어미 새였다.

시골집에 홀로계신 어머니의 주름진 얼굴이 영화의 주인공인 어미새 얼굴위에 겹쳐진다. 어머니는 자식을 품고 안아서 날개를 달아 허공으로 훨훨 날려 보냈다. 그러나 정작 당신은 날기는커녕 날개 짓도 제대로 할 수 없는 처지가 되었다. 자식들이 모두 떠나간 빈 둥지만을 지키며 외롭게 지낸다. 제 날개 짓 하기에 바쁘다는 핑계로 고향 한번 돌아보기 어려운 자식들. 그러나 어머니의 눈과 귀는 항상 문 밖에 머물러 있다. 이제나 저제나 '어머니'하고 부르며 들어서는 자식을 기다리며 긴 세월을 보내고 있다. 어머니의 소원은 부귀영화를 꿈꾸는 것도 아니고 억만금을 가져다주는 것도 아니라 했다. 자신의 품을 벗어난 자식들이 아무 탈 없이 지내다가 가끔씩이라도 내미는 자식들의 얼굴을 보는 것이라고 했다.

현대에 사는 사람들은 가족에 대한 의미가 퇴색해 가고 있어 안타까울 때가 있다. 돈이라면 부모자식간이나 형제간에도 등을 돌리는 것이 요즘 세상이다. 송사는 말할 것 없고 끔찍한 사고까지 저지르곤 한다. 자신들의 욕구를 위해서는 가족의 해체도 대수롭지 않게 여기도 한다.특히 고령화 사회가 되면서 노부모를 홀대하는 경우가 비일비재하다. 부모는 자식을 고이 길러 세상으로 내 보냈건만 그 자식은 부모를 거들어 보지도 않는 것이 오늘의 한심한 모습이다. 한 부모는 열 자식을 거둘 수 있으나 열 자식은 한부모를 못 모신다는 말이 요즘의 세태를 두고 하는 말이 아닌가 하여 안타깝다.

이혼과 파산 그리고 전과와 무능의 불명예를 안고 돌아온 삼남매를 바다와 같은 마음으로 품어 안는 어머니! 그의 얼굴에는 황혼의 노을이 스쳐가고 있지만 어머니의 힘은 위대하다는 것을 보여주었다. 영화 속의 어머니는 우리 모든 어머니의 자화상이 아닌가? 막을 내린 후에도 애잔한 마음이 길게 여울져 가고 있었다. (국보문학 2017년 6월호)

연꽃처럼 그 향기처럼

무더위가 맹위를 떨치던 여름 어느 날 덕진 공원에 갔다. 나무그늘에는 더위를 피해 나온 시민들이 도란도란 정을 나누고, 벤치에는 푸른 꿈의 나래를 펴는 젊은이들이 속삭이고 있었다. 더러는 연못 속에서 무성하게 자란 수련들의 우아한 모습을 감상하기도 하고 사진기에 담으며 분주하고 움직이고 있었다. 역시 초여름의 덕진 연못은 풋풋하고 생명력이 넘치는 연꽃의 향연이 장관이다.

연꽃은 진흙 속에서 자라면서도 아름다운 꽃을 피운다 하여 사람들의 사랑을 받는다. 옛 선비들도 속세에 물들지 않고 고고하게 피어나는 연꽃의 자세를 닮고 싶다며 사랑했던 꽃이다. 한편 불교에서도 더러운 물에 물들지 않고 청정하게 자란다 하여 극락세계를 상징하는 꽃으로 여기기도 했다. 이 처럼 아름다운 꽃을 멀지않은 덕진 연못에서 쉽게 볼 수 있다는 게 영광이다.

연꽃을 바라보며 산책길을 따라 걸었다. 뜨거운 햇빛이 머리 끝에서 부서진다. 전신에서는 땀이 골을 타고 흘렀다. 그늘에서 몸을 식히고 싶지만 우아한 맵시로 나를 유혹하는 연꽃에 끌려 걸음을 멈출 수가 없었다. 불가마 폭염 속에서도 아름다운 꽃과 향기로 나의 오감을 만족케 하는 연꽃의 노고에 보답하려면 이 정도의 수고는 필요하지 않을까?

연신 땀을 훔치는 내 모습이 가엾던지 연꽃이 손짓을 한다. 열기 사이로 간간이 불어오는 한 자락 바람결에 머리를 조아리며 인사하는 것이 아닌가? 수중 정자에서 발길을 멈추었다. 우산처럼 넓은 연잎들이 수면 위를 꽉 채우며 넘실대고 있다. 그 위로 긴 줄기를 올려 고고하게 꽃을 피웠다. 수줍음을 머금은 연분홍 꽃이 우아하다. 화려하지 않고 수수한 자태는 신심 깊은 순결한 여인과 같다. 뜨거운 열기 속에서도 봉긋 피어있는 모습이 부처님의 미소를 닮았다. 진부한 환경을 마다하지 않고 아름다운 꽃과 은은한 향으로 중생에게 감동을 안겨주고 있다.

우리 인간들도 연꽃과 같이 진흙탕 속에서 살아간다고 해도 과언이 아니다. 자연환경이 오염되어 건강을 옥죄어 오고, 이상기후로 농업이나 수산업 등에도 빨간불이 켜 졌다. 그런가 하면 인간관계에서도 서로를 믿지 못한다. 매사에 나보다 남을 탓하는 경우가 많다. 입신양명을 위해서는 인간으로서 지켜야할 예의나 도리는 헌신짝처럼 버리기도 한다. 목적을 위해서라면 기기묘묘한 술책을 가리지 않는다. 시기와 질투가 난무하고 돈이라면 부모형제도 모르는 세상이 되었다.

연꽃에는 열 가지의 의미가 있다고 한다. 연꽃은 어떤 곳에 있어도 흐트러짐이 없고 그 잎은 푸르고 꽃은 아름다우며 향은 은은하다. 줄기는 연하고 부드러우나 강한 바람에도 잘 꺾이지 않는 성정이 있다. 모진 시련이 닥쳐오더라도 흔들리지 않고 꿋꿋하게 분수를 지키면서 사는 것도 연꽃에서 배울 덕목이려니 싶다. 활짝 핀 연꽃을 보고 있노라니 마음이 맑아지고 경건해진다. 온화함과 함께 부처님의 미소까지 느끼게 된다. 나를 낮추고 상대를 배려하며 겸양을 실천궁행躬行하면 타인에게 감로수 같은 인품을 전할 수 있으려니 싶다.

연꽃은 붓다가 아침 설교를 시작하면서 그의 제자 마하가섭에게 건네주었다 한다. 연꽃을 주면서 단순히 꽃만 주는 것이 아니라 나의 모든 향기와 빛 그리고 깨달음까지 전하노라 하였다. 그 뒤로 불교를 상징하는 꽃이 되었고, 석가탄신일에는 연등에 촛불을 밝히며 극락왕생을 기원한다.

나는 독실한 불자는 아니지만 할머니를 따라 가끔 절을 찾곤 했다. 어려서는 생일날 몇 십리가 넘는 절에 가서 연등에 촛불을 밝히고 축원을 드리기도 했다. 요즈음에도 석가탄신일 봉축행사가 있으면 금산사나 고창에 있는 문수사, 평화동에 있는 학소암을 찾아 연등을 밝히며 각종 번뇌에서 벗어나려 했고 자녀들의 건강과 안녕을 기원하며 합장 배례했다. 그러한즉 나의 정신세계에는 부처님의 설법이나 계율이 스며들어 실개천처럼 흐르는지 있는 지도 모른다. 그리고 건강하게 살고 있으니 부처님의 자비려니 짐작할 뿐이다. 그 후로 어떤 축복을 받았는지 부처님의 신력이 나에게 어떤 영향을 주었는지 분명치 않다. 아직까지 건강하게 살고 있으니 부처님의 자비려니 짐작할 뿐이다. 연꽃을 보니 그 꽃의 의미가 무엇인지 알고 싶은 욕망이 스멀스멀 솟아올랐다. 그렇지만 오늘처럼 명상에 잠기며 의미를 되새겨 본 적이 없다. 그 의미를 닮으며 사는 사람을 연꽃같이 아름답게 사는 삶이라고 한다. 열 가지 의미를 다 닮으며 살기란 낙타가 바늘구멍으로 들어가기만큼이나 어려운 일이려니 싶다. 그러나 한 가지씩 실천하려는 마음을 먹고 노력한다면 연꽃처럼 아름답고 의미 있는 생이 되려니 싶다.

연꽃처럼 깨끗한 몸과 아름다운 마음을 가꾸면 꽃 같은 향기를 다른 사람에게 전할 수 있는 인간이 되지 않을까? 나는 오늘 연꽃과 그 향기에 붙잡혀 포로가 되었다. 아름다움에 매료 되었고 또 그 의미까지 알게 되었다. 그간 소중한 깨달음이 무엇인지 익히지 못하고 말초적 희열에만 몰입하고 있으니 부처님의 눈길이 무서울 뿐이다. 미천한 범부가 무슨 큰 깨달음을 얻을 수 있을까마는 이 시간 이후에라도 내 자신을 돌아보며 마음을 성찰하는 시간이 되기 바란다. 연꽃을 바라보며 음미한 상념들이 나의 인생길에 작은 깨달음이 된다면 오늘 뙤약볕 아래에서 얻은 보람이 아닐까?

(2013. 7. 31.)

오늘도 걷는다마는

양지복지관 북 카페에 갔다. 서가를 둘러보던 중 눈에 들어오는 한권을 책을 집어 들었다. 그것은 〈오늘도 걷는다마는〉 이라는 책이다. 오늘도 걷는다마는 이라는 말은 이미 많이 들어본 말이 아니던가?. 일제 강점기 때 가수 백년설 씨가 불러 우리민족의 한을 풀어준 노래의 제목이다. 오늘날에도 육칠십 대 노령들이 노래방이나 행사장에서 목청을 가다듬고 뽑는 노래이다. 익히 들어서 귀에 친숙한 말이지만 이 작가는 어떤 이야기를 들려주려고 이러한 제목을 붙였는지 궁금증이 일어 책을 가지고 창가에 있는 의자로 갔다. 그곳에는 따스한 햇볕이 손바닥만 한 공간을 마련해 둔 체 앉아줄 주인을 기다리고 있었다.

첫 장을 열어보니 작가는 정호경 님이다. 나의 인맥이 미천하기에 안면이 있는 분이 아니다. 소개하는 글을 세세히 읽어보니 나보다 윗 연배라는 것과 서울의 국립 S대학을 졸업하였으며 경력이 다양하면서도 상당 수준에 올라와 있는 분이라는 것을 알게 되었다. 또한 이미 많은 작품을 세상에 내놓아 저명한 작가 반열에 오르셨고 지금도 많은 후학들을 지도하고 계시기에 작품에 깊이가 있고 배울 점이 많으리라는 믿음이 갔다.

소개 글을 읽어가다 저자가 참으로 재미있는 분이라는 생각이 들었다. 그것은 전국의 여러 고등학교와 학원에 재직하면서 벌어들인 돈을 모조리 사기 당해서 서울에서는 도저히 살길이 막막하여 여수로 낙향하여 고기나 잡으면서 살고 있다는 내용이다. 나의 일이 아니고 남의 일이라고 고소해서 하는 말이 아니고 사기당한 내용을 당당히 밝히는 그의 성품이 시원해서이다. 누구나 사기를 당하면 상대를 탓하기도 하지만 자기 자신이 더 부끄럽고 창피해서 쉬쉬 숨기려는 것이 보편적인 심리이다. 누가 알까 보아 전전긍긍 하는 경우가 허다하다. 그런데 이분은 남의 이야기 하듯 자기의 허물을 스스럼없이 밝히고 있으니 참으로 낙천적인 분이 아닌가 하는 생각이 들었다. 하얀 명주 천에 잡물 한 방울 들지 않은 깨끗한 비단과 다름없다 고나 할까? 더군다나 서울에서는 도저히 생활을 이어 갈수가 없어 어린 자녀들을 데리고 여수까지 귀향 하고 말았으니 얼마나 고충이 클까마는 순진무구하게 나타내는 그 마음이 어린아이와 같았다. 생각해 보라. 보통 군상들 같으면 평생 모은 돈을 사기당하면 우선 당장 배신감을 느껴 마음에 병이 생길 것이고 그에 대한 증오심이 폭발 일보 직전이리라. 그것보다 더 시급한 일은 생활형편이 어려워지니 그 아픔이야말로 어찌 말로 다 표현할 수 있으리. 어린 자식들과 함께 세간을 싸들고 지방으로 낙향해야 할 형편이라면 얼마나 한숨이 나오겠는가? 그런데도 작가는 아무 일도 아니라는 듯 숨기지 않고 의연하게 표현한 그 마음이 파도 없는 호수의 물같이 맑고 투명하며, 유유자적하는 선인과 같은 분이라는 생각이 든다.

더욱 미소를 자아나게 하는 것은 글의 말미에 '읽다가 재미없으면 덮어두고 조용히 주무시오.' 라는 표현이다. 너무 강요하지 않고 느슨하게 풀어 열어주는 여유가 있어 오히려 호기심을 자극한다. 읽고 싶으면 읽고, 말고 싶으면 말라는 어쩌면 방관적인 입장에서 말하고 있으니 역으로 빨리 읽고 싶은 충동을 느끼게 된다. 주유천하를 하듯 어서 본문을 수렴하고픈 마음이 채찍질을 한다.

글의 내용들은 작가가 노령에 생활하면서 가족 그리고 이웃과 친구들 사이에서 벌어지는 소소한 일들을 물 흐르듯이 자연스럽게 표현하였다. 눈으로 시골 정경과 바다 풍경을 바라보고 있는 것 같이 생동감이 있으면서도 아기자기한 어휘들로 정감있게 표현한 이야기들이다. 그러나 정작 내가 말하려는 것은 이 분이 쌓아올린 금자탑이나 푸른 하늘과 바다를 닮은 순수한 마음이나 성격이 아니고 이 책의 제목인 〈오늘도 걷는다마는〉 이라는 낱말에 대해서이다.

사람들은 눈 뜨고 일어서면 대개 걷기 마련이다. 아니 하루로

치면 아침부터 시작해서 해가 질 때까지 한시도 쉬지 않고 걷다가 밤이 이슥해서야 집으로 돌아온다. 이렇게 하루 이틀을 걷다 보면 한 달 두 달이 가고 더 나아가서는 일생이 지나가 황혼 길에 다다른다. 그것이 바로 우리 삶이요 인생이다. 나 또한 한 인간이기에 이 범주를 벋어나지 못한다. 운동을 하기 위해 공원이나 호수 가를 걷는가 하면 높은 산을 오르며 심신을 단련하려고 걷기도 한다. 또는 젊은 시절 이루지 못한 소망을 실현하기 위해 배움 터로 향하기도 하고 노후의 여가시간을 이용해서 취미활동에 참여하러 집을 나서기도 한다. 이렇게 허둥지둥 하루를 걷다가 집에 와 곰곰 생각해 보면 내가 무엇을 하러 이렇게 헤매었나 싶을 정도로 자괴감이 드는 때가 한 두 번이 아니다. 아마 이 글을 쓴 작가도 나름대로 하루하루를 열심히 걸어보았지만 뒤돌아보면 만족을 느끼는 때보다 부족하고 아쉬운 때가 많았기에 이같이 표현 하지 않았나 하는 생각이다. 속이 꽉 찬 경우보다 뭔가 허허롭고 빈껍데기인 경우가 많은 나날들이기 그렇게 표현한 것이 아닌가 한다.

그러나 곰곰 생각해 보면 그렇게 자조 할 일도 아니려니 싶다. 고기를 잡으려고 정작 낚시 대를 펼쳤지만 몇 시간을 허비하는 강태공을 흔히 볼 수 있다. 낚시 대를 펼친다고 언제나 큰 고기를 잡는 것은 아니다. 어떤 날은 그물망이 꽉 차서 콧노래가 나오는 가하면 어떤 때는 허탕을 치고 빈손으로 돌아와 아내 볼 낯이 없는 때도 있다. 그런데 이것도 생각하기에 따라 다르다. 비록 고기를 잡지 못해서 눈에 보이는 소득은 없다 해도 낚시하는 동안 무아의 경지에 빠지기도 하고, 삶을 돌아보며 성찰하는 시간을 가졌다면 그 또한 눈에 보이지 않은 소득이라고 말할 수 있으려니 싶다. 향기 나는 한 줄의 글이라도 써 보려고 머리를 쥐어짜며 노력했으나 향기는커녕 무덤덤하고 맹한 맛의 글도 건지지 못했다고 탓할 일도 아니려니 싶다. 고뇌하고 씨름한 것이 밑바탕이 되어 싹이 트고 뿌리를 내린다면 만인의 흉금을 울릴 수 있는 명문도 나올 수 있으려니 싶다.

노년의 걸음걸이는 젊은이들처럼 힘차게 걷기는 어렵다. 몸부림치며 걸어보아도 얻는 것이 미미하다. 그러나 잔바람이 꺼져가는 짚불을 되살려 주듯이 터벅터벅 늙은이의 힘없는 걸음걸이이지만 수묵화는 물론 수채화까지라도 그릴 수 없다고 누가 감히 말할 수 있으리오. 비록 해 내는 일들이 보잘 것 없어 성에 차지 않더라도 그것이 모이고 쌓이면 나의 족적이 되고 내공이 되어 보다 성숙된 자아를 만들어 가지 않을까? 그러하기에 나는 오늘도 걸으련다. 비록 실속이 없다 해도.

(2016. 12. 6.)

종친회

집안에 큰 행사가 있어 일찍 일어났다. 매년 정초면 열리는 수원백씨 종친회다. 아직은 어둠이 채 가시지 않았으나 결코 맑은 날씨는 아닌 성 싶다. 구름이 끼었는지 별빛이 보이지 않았다. 요즈음 포근한 날씨가 계속되니 여행하기에는 좋으려니 싶었다. 아침부터 그리 춥지 않다는 예보도 있었다. 지금은 소한 절기이다. 보통 때면 몹시 추워야 할 때이다. 소한 추위는 꾸어다가 라도 한다는 속담도 있다. 그만큼 소한 철에 추위가 대단하다는 뜻이다. 바람이 쌩쌩 불고 눈이 무릎 닿게 쌓일 철이다. 그런가 하면 얼음이 꽁꽁 얼어 악동들이 신나게 얼음지치기를 할 철이다. 그런데 의외로 따뜻한 날이 계속되고 있다. 겨울은 겨울다워야 하고 여름은 여름다워야 하는데 지금은 사계의 구분이 뚜렷하지 않을 때도 있다. 엘리뇨 현상으로 이상기후가 나타나기 때문이란다. 우선 생활하기엔좀 편리할진 모르지만 그 피해가 추후에 얼마나 크게 나타날까 걱정이 앞서기도 한다.

8시 30분 수원 행 버스를 타기위해 호남 제일문 정류소로 갔다. 어제 인터넷으로 예약 했기에 카드를 단말기에 넣고 승차표를 출력하려 했다. 예매가 되지 않았다는 메시지가 떴다. 어제 예매할 때 분명 정상적으로 처리되었다는 문구를 확인하고 컴퓨터를 닫았는데 말이다. 카드를 잘 못 투입했나하고 이리저리 돌려서 투입해 보아도 여전히 마찬가지였다. 기계가 거짓말이야 하겠는가 생각하고 망설이고 있는데 마침 정류장 직원이 도착했다. 평소에 상주하지 않는데 꼭 그 시간에 온 것이다. 단말기를 검색 차 오신 듯하다. 그 분의 카드로 승차권을 구입했다. 만약 그분이 아니었더라면 예정된 시간에 출발할 수 없었을 런지도 모르는데 천만 다행이었다. 세상일을 하다 하면 우연히 일이 풀리는 경우도 있고 때론 실타래처럼 엉켜 골치 아픈 일이 생기는 때가 있다. 아마 종친 행사에 참석하러 가는 길이니 조상님의 음덕으로 잘 해결 된 듯 했다. 기분이 좋았다.

버스에 올라 자리를 잡고 눈을 차창 밖으로 향했다. 엷은 안개가 끼어 아직도 차창을 흐리게 한다. 간간이 보이는 밭에서 푸른 식물들이 자라고 있다. 며칠 전 남해를 여행하면서 보았던 그 모습과 비슷하다. 따뜻한 날씨가 계속 되니 겨울 속에서 도 생명의 끈질김을 보여 주고 있다. 이 식물들도 겨울을 지내고 나면 뿌리도 번성하고 포기도 늘려서 가족도 이루고 종친을 이루면서 한 생을 마감하겠지. 밖의 풍경에 눈을 빼앗기며 상념에 젖어 있을 때 벌써 버스는 정안에 도착했다. 약 50여분의 시간이 흘렀다.

급히 환승 매표소에 들렀다. 수원 행 버스가 정확히 5분후에 한 대가 있고 그리고 35분후또 한 대가 있다 한다. 잠시 망설이다가 5분후의 버스표를 구입했다. 표를 사 들고 밖으로 나오니 저 발치에서 버스가 나를 기다리고 있었다. 헐레벌떡 버스에 올랐다. 한 5분여쯤 달렸을까? 뱃속이 불편하며 변의를 느꼈다. 아침에 평소처럼 화장실도 다녀오고 만반의 준비를 했는데도 말이다. 이 같은 현상은 나의 지난번 병원생활에서 남겨진 불편한 후유증이다. 병원생활을 몇 주간 계속하다 보니 자연 변비가 생겼다. 그보다도 더한 것은 수술을 마치고 며칠 만에 보는 배변은 그야말로 돌덩이였다. 숨을 몰아쉬고 땀을 흘리면서 몇 번이고 시도 한 끝에 겨우 해결한 경험이 있다. 그 후에도 몇 차례 그런 경험이 더 있었다. 이런 일로 아마 괄약근은 늘어 질대로 늘어진 모양이다. 그래서 그런지 변의를 느끼면 쉬이 참을 수 없는 증상이 나타났다. 조금이라도 긴장되거나 불안한 경우에는 그 더함이 심했다. 장시간 외출이라도 하려면 조심스럽기 한이 없다. 괄약근을 죄어 보기도 하고 TV내용에 집중하면서 변의를 잊으려 했다. 그런가 하면 앞으로 쓸 글의 내용을 구상하면서 시간을 보냈다. 한편 오늘 종친들 앞에서 어떤 말로 신년인사를 할까 엮어보기도 했다.

한편 환송 표를 구매하는 과정에서 있었던 나의 행동을 반성해 보기도 했다. 조금 일찍 가면 뭐 한다고 그렇게 서둘렀는가? 다음 차를 타면서 정안 휴게소 실내도 돌아보고 밖의 경치도 구경하고 사람들의 사는 모습도 엿보고 그리고 몸의 상태도 점검

하면서 쉬엄쉬엄 갔더라면 이런 조급한 상황은 당하지 않았을 텐데……. 이는 비단 이 일에서 뿐만 아니라 일상생활에서도 가끔 일어나는 나의 단점이다. 무슨 일이라도 하려면 치밀한 계획보다는 즉흥적으로 처리하는 습관이 있어 그르친 경우가 비일비재하다.

여유를 갖고 곰곰 생각하면서 처리한다면 시행착오도 줄이고 더 높은 성과도 얻을 수 있지 않을까?하고 후회하는 경우가 많았다. 우리는 본디 빨리빨리 민족이라 나의 혈관에도 그 피가 흐르기 때문인지도 모른다. 해서 쉽게 고쳐지지 않는 습관이기도 하다. 빨리빨리 민족성이 우리나라 발전의 원동력이 되었다는 학자도 있다. 일정부분 옳은 말이려니 싶다. 그런데 그 근성을 발휘하지 못한 때도 있었다. 세월 호 참사 때 그 절체절명의 순간에 빨리빨리 민족성이 발휘되었더라면 희생을 조금이라도 더 줄일 수 있었지 않았을까?그때 빨리빨리 근성으로 소중한 생명과 재산을 신속하게 지켰다면 빨리빨리는 우리민족의 트레이드마크로 확고하게 자리매김이 되고 세계인들의 찬사를 또 한 번 받을 수 있었을 텐데 그 기회를 놓친 것은 참으로 아쉬운 일이 아닐 수 없었다.

정안을 출발한지 한 시간 여 만에 수원 버스 터미널에 도착했다. 수원은 우리의 관향이기 때문에 조금은 정이 가는 도시이다. 우리의 중시조 중 신라 경덕왕 때 중랑장을 지낸 백창직白昌稷이라는 분이 있다. 그 분의 증손 백휘白揮가 고려 목종 때 대

사마 대장군으로 수원군水原君에 봉해졌다. 백휘의 9세손 백천장白天藏은 원나라에서 금자광록대부 이부 상서를 거쳐 우승상을 지내고 귀국하여 충선왕 때 수성백隋城伯에 봉해졌다. 이런 연유로 후손들이 백창직을 중시조로 하고 수원을 본관으로 하여 지금까지도 세계世系를 이어오고 있다.

20여분을 기다린 후 규련이를 만났다. 인천까지 가는데 의외로 먼 느낌이 든다. 고속도로만으로 가는데도 30여분이 더 걸렸다. 종친들을 빨리 만나야겠다는 기대감 때문일까? 겨우 도착하고 보니 12시가 다 되었다. 동생들이 나와 차들을 안전하게 주차할 수 있도록 정리하고 있었다. 비록 작은 일이지만 누가 시켜서 하겠는가? 스스로 우러나는 종친에 대한 사랑과 배려가 아니겠는가? 우리 종친들은 비록 재산을 크게 모으거나 입신한 사람은 없어도 마음만은 올곧고 정직한 이들이 많아 사회의 귀감이 되기도 한다. 방안에 들어서니 한분의 당숙과 세분의 당숙모 그리고 동생들과 조카들이 먼저 자리하고 있었다. 조금 기다리니 계속해서 여러분의 어른들과 그리고 동생들과 조카들이 속속 들어와 인사를 나누었다. 줄잡아 50여명에 이른다. 커다란 홀이 꽉 찼다. 여러 가지로 바쁠 텐데 먼 길을 마다하지 않고 찾아준 종친들이 고마웠다. 모두가 뿌리에 대한 향수가 있고 더불어 함께 하려는 참여의식이 있기에 가능한 일이다.

점심 후에는 총무 현종이의 사회로 종친회를 시작했다. 먼저 당숙 두 분의 신년인사 겸 덕담으로 인사를 마치자 나의 차례가 되었다. 종자 돌림의 장형으로서 동생들에게 한마디 해 달란다. 이미 당숙 분들께서 하신말씀에 더 첨언할 것이 없어 금년 운수 풀이로 말문을 열었다. 금년은 丙申년으로 원숭이 해이다. 본디 원숭이해는 60년 중 5번이 있는 데 그중에서도 병신년인 올해는 붉은 원숭이 해이다. 10 간 중 병丙은 하늘을 뜻하고 또 태양을 뜻한다. 태양은 붉은 색으로써 에너지를 가지고 있다. 또 원숭이는 부부간에 금슬이 좋고 모성애가 강하고 건강하며 재주가 있으며 잡귀를 쫓아내는 능력이 있다. 그래서 금년에 결혼하는 부부들에게는 가운이 번성하고 행복한 가정을 이루며 태어난 자녀들은 태양처럼 힘찬 에너지를 가지고 고고성을 지르므로 건강하게 자라서 큰 인물이 될 수 가 있다고 했다. 그러므로 금년에는 붉은 원숭이의 기운을 받아 젊은 동생들은 자녀를 낳는데 힘쓰고 다른 모든 가정에도 행운과 건강이 넘치기를 바라며 사업도 열심히 해서 큰돈을 버는 한 해가 되자고 강조했다. 내년에는 금년보다 더 활기찬 종친회가 되도록 노력하지고도 했다.

인사를 마치자 협의사항에 들어갔다. 회비에 관한 건, 앞으로 추진해야 할 사업 건에 발의가 있었다. 모든 동생들은 웃어른들의 결정을 따르겠다며 겸양한 자세를 보였다. 모든 일은 한꺼 번에 다 실시할 수 없으므로 차근차근 생각해 가면서 추진하자며 결론을 내렸다. 그리고 후렴으로 술상을 받았다. 서로 권하며 주는 술에 이야기가 풍성해 진다. 한 잔 두 잔 술잔을 기우리며 그들의 이야기를 들어보니 이들도 벌써 어른이 되어 있었다. 내가 생각지도 못한 의견도 내고 또 의견에 대한 해결 방법도 제시할 줄 아는 사고가 생겼다. 그러면서도 웃어른을 깍듯이 섬기고 배려하는 여유도 있다. 항상 어린 동생들로만 생각했는데 그게 아니다. 내가 늙어가는 사이에 좌충우돌 했던 동생들은 벌써 중년이 되었다. 몸만 자란 것이 아니라 마음까지도 성숙했다. 떫던 과일이 익으면 단맛이 나고, 익으면 고개를 숙이는 자연의 이치를 그들은 닮아가고 있었다. 대화가 무르익고 분위기가 고조되자 그동안 품고 있던 속마음도 펼쳐 보인다. 스스로 해결하지 못했던 문제들에 대해 조언을 구하며 해결책을 모색한다. 이해의 폭을 넓히고 배려하는 마음도 배워가게 되었다. 이것이 바로 종친간의 만남의 목적이 아닌가 한다. 화기애애한 분위기가 시간 가는 줄 모르게 이어졌다.

돌아오는 차속에 앉으니 피로가 몰려왔다. 새벽부터 서둘러서 그러려니 싶다. 밖에는 벌써 어둠이 내리고 있었다. 의자에 깊숙이 몸을 부리니 졸음이 왔다. 그러나 마음만은 흐뭇하고 가벼웠다. 오늘처럼 보람된 하루도 결코 흔하지 않으리라.

(2016.1. 3.)

KTX를 타고

목포에 사는 딸아이가 이사한다는 연락이 왔다. 어떤 교통편을 이용할까 망설이다 기차를 이용하기로 했다. 목포는 김제에서 기차에 오르면 한 두 시간 내에 도착할 수 있는 가까운 거리이고 또 운전을 하지 않아도 되기 때문이다. 특히 그동안 기차를 이용해 여행을 다닌 적은 있지만 KTX를 타 본 적이 없다. 그래서 이번에 KTX도 타 보고, 딸도 돕고 겸사겸사 좋은 기회라고 생각했다. KTX가 도입되어 산하를 달린지 10여년이 지났다. 산골에 사는 학동도 이미 타 보았을 것을 나는 이제야 타니 승객으로는 가장 막내가 아닐까? 한다. 친구 중 한 사람은 KTX가 첫 모습을 보이자 기차를 타 보려는 일념하나로 일부러 여행길에 나섰노라 자랑했던 이도 있었다. 편리하거나 아름다운 경험은 일찍 겪는 게 좋다는 말도 있는데 이 친구가 모범을 보인 것이다. 그것은 발전해 가는 과학문명의 이로움을 만끽할 수 있고 시대의 흐름에 동참하려는 센스의 발로가 아닌가 한다. 그

것이 바로 인생을 살아가는데 있어 풍족한 자산이 될 수 있고 윤활유가 되려니 싶다. 그에 비해 늦깎이로 나선 나는 발전해 가는 과학 문명에 합류하지 못하고 제자리에 머물거나 늦게 휩쓸리는 낙엽처럼 허둥대니 제자리에 멈춰선 장승이 아닌 가해서 씁쓸하기도 하다. 하기야 늦을 때가 가장 빠른 때라거나, 늦은 이때가 가장 적합한 시기라는 말도 있어 스스로 자위하며 쓴 웃음을 날렸다.

차안이 깨끗하고 쾌적했다. 승객이 별로 없으니 옛 열차와는 사뭇 달랐다. 아늑한 공간에서는 감미로운 음악이 잔잔히 흐르고 있었다. 의자에 몸을 깊숙이 묻으니 여느 카페인 듯 안락하기 그지없었다. 나는 기차와 인연이 먼 고장에서 태어났다. 일제강점기 호남선 철로를 개설할 때 본래는 익산을 기점으로 김제, 부안, 고창, 영광을 경유하도록 계획이 되었다 한다. 그런데 고창지방 양반들이 기차가 달리면 지하에 계신 조상들의 유골이 흔들려 불효가 된다며 극구 반대하는 바람에 오늘날과 같이 김제, 정읍, 장성으로 이어지는 노선이 되었단다. 이야기의 진위야 어떠하든 미신과 무지 때문에 고창지역 어린이들은 기차에 대한 꿈을 키울 수 없었고, 고창 또한 낙후지역으로 전락하게 된 요인이 아닌가 한다.

기차를 눈으로 확인할 수 있었던 건 초등하교 4학년 때였다. 그것도 가까이에서 본 것이 아니라 멀리 산 위에서 내려다보는 것으로 만족 했다. 노령의 한 줄기인 방장산에 오르면 까만 연기를 토하며 느림보처럼 달리는 열차를 바라볼 수 있었다. 점점 가까이 다가왔다가 다시 사라져 가는 그 모습을 보며 그 속에 나의 꿈도 함께 실어 보냈다.

기차여행은 여유와 낭만이 있다. 미지의 세계로 떠나는 설렘과 이별의 정한도 있다. 커다란 객차에는 곳곳에서 모인 사람들이 서로 옛이야기를 한 보따리씩 풀어내면 금세 이웃처럼 다정해 진다. 더군다나 술이나 음료를 권하면서 흉금을 털어놓고 정까지 나누는 정경은 기차에서만 누릴 수 있는 특전이 아닌가?

승차권에 표시된 자리에 앉으니 나 홀로다. 지난날 6,70년대 산업화의 물결을 따라 고향을 등지고 서울로 떠나던 시절과는 천양지차天壤之差다. 구름같이 몰려들던 모습은 볼 수 없고, 사람들은 가뭄에 콩 나듯 드문드문 앉아 있어 오히려 적막감이 흘렀다. 눈을 창밖으로 돌려 풍경을 감상하니 무료함이 사라진다. 온통 푸른 세상에 눈을 박고 달리는 것도 나름대로 재미가 있다. 나뭇잎은 태양의 에너지를 받아 청춘인 듯 싱그러움이 넘실댄다. 이팝나무와 아카시아가 하얀 꽃을 피워 눈을 황홀하게 붙잡는다. 유리벽에 가려 그 향을 음미할 수 없음이 아쉬웠다. 벌써 들녘에는 분주하게 일손을 놀리는 농부들의 모습이 간간이 눈에 띤다. 풍성한 가을을 기약하며 농심을 땅에 심고 있다. 아마도 전신이 저리고 이마에 땀이 듬뿍 흐를 게 분명하나 그 광경을 바라보는 나는 한가하고 여유롭다. 꽃피는 시절에 아름다운 풍경이라고 감탄하고 있으니 타인의 고통을 쥐꼬리만큼도 모르는 무례한 인간인가? 하고 웃음을 날려본다. 땀은 흘려 본 자만이 땀의 고귀한 가치를 알 수 있고, 고통은 받아 본 자만이 남의 고통을 아는 법이다. 기차는 고달픈 손으로 꿈을 엮어가는 농심農心을 아는지 모르는지 남녘을 향해 바삐 달린다.

역마다 사람을 태우고 토해 내던 예전의 모습에 비해 오늘날은 몇 명에 불과하다. 비좁은 통로를 헤집고 다니며 울릉도 호박엿이나 오징어와 땅콩을 판매하는 아저씨들의 모습을 볼 수 없어 아쉬웠다. 그러하니 기차간이나 역사驛舍나 사람이 적어 조용하다 못해 한적하게 느껴진다. 인구가 폭발적으로 늘어나고 여행객이 급증한 현대에 기차가 번잡할 줄 알았는데 오히려 한가하기 까지 하니 궁금증도 생겼다. 아마도 농번기이기 때문에 그러하리라고 단정해 보며 자문자답을 했다. 조금 색다른 모습은 대담한 애정 표현을 거리낌 없이 하는 신세대들의 당돌함이 세월이 흘렀음을 말해 준다. 이별이 아쉬운 듯 껴안고 정을 나누는 젊은이들의 모습을 그 시절에는 볼 수 없었던 것이다. 감정을 들어내지 못하고 가슴앓이를 했던 그 시절에 비해 오늘날은 애정표현도 대담하고 적극적으로 하는 세상이 되었다. 격세지감이 있다. 건물 또한 시커먼 갈탄이 쌓여있던 자리에는 현대식 건축물이 자리하고 곳곳에는 아름다운 꽃이 활짝 피어 나그네의 피로를 풀어준다.

몇 년 전 금강산 관광이 가능하던 때가 있었다. 우리 가족도 열차를 이용해서 금강산 관광을 하려고 장기 계획을 세웠다. 푼

푼히 용돈을 모으면서 금강산의 명승과 비경을 머리에 새기며 준비하던 중 금강산 관광객의 불행한 사고로 관광이 중단되고 말았다. 꽃피는 시절 만학천봉萬壑千峰의 장관을 감상하려 했던 꿈이 깨진 것이다. 그러나 늦게라도 그 꿈만은 꼭 이루어졌으면 한다. 오늘 ktx에 오르니 그 금강산 여행의 꿈이 더욱 간절하다.

(2013. 5. 18.)

다섯 번째 이야기

당신 있음에

꿈이여 이루어져라 | 내 몸에 들어온 친구

마음속의 꽃 | 묵의 속삭임

발맞추기 | 변 신

자전거 나들이 | 제라늄 사랑

홀로서기 | 화이트데이 선물

꿈이여 이루어져라

한잠을 실컷 자고 새벽에 일어나 거실로 나왔다. 밤새 주인 잃은 그렇고 그런 가구들이 침묵을 지키고 있다가 살며시 나온 주인을 반긴다. 기지개를 켜며 창밖을 내다보았다. 동녘에서 해가 떠오르는지 한줄기 빛이 창가에 어렸다. 잎을 몽땅 떨어뜨리고 벌거숭이로 서 있는 나무들도 단잠에서 깨어 나 찬바람에 몸을 떤다. 오늘도 기분 좋은 하루가 되었으면…….

이 때 안방에서 인기척이 있었다. 무슨 소린가 하고 고개를 돌리고 있는데 아내가 약간은 들뜬 모습으로 나온다. 아침부터 왜 그러느냐며 조롱 섞인 물음에 꿈을 꾸었다는 것이다. 무슨 꿈이기에 풍선처럼 부풀어 있느냐고 했더니 정색을 하며 자초지종을 이야기한 꿈의 내용은 이렇다.

'맑은 물이 흐르는 냇가에서 커다란 잉어가 헤엄치고 있더란다. 한참을 실랑이 하다 꼭 안았는데 어찌나 큰지 가슴에 꽉 차더란다. 움켜잡은 채 옆을 보니 물이 넘실거리는 큰 솥이 있기에 그 곳에 잉어를 넣었단다. 그런데 잉어가 솥 안에서 튀어 나오려고 펄떡거려서 더 큰솥을 가져오라고 악을 쓰다 깼다'는 것이다.그러면서 무슨 꿈인가 해몽을 해 달란다.

나는 고명한 꿈 해몽가나 된 것처럼 줄거리를 얼기설기 엮어 보았다. 잉어는 민물고기 중에서 으뜸으로 덩치가 크고 용모도 빼어나다. 꿈속에서 잉어를 본다는 것은 좋은 징조로 대개 자손의 번성과 입신양명을 상징한다. 그래서 태몽이라면 옥동자를 얻을 꿈이요 그 아이가 자라면 크게 성공하여 부귀영화를 누릴 꿈이다. 만약 일반 생활인이라면 좋은 직장을 얻거나 승진을 하는 등 높은 위치에 오를 징조이고 또한 재물을 많이 얻어서 풍요를 누릴 꿈이다. 옛날 민화나 병풍 또는 도자기에도 잉어 그림이 자주 등장하는데 그 의미는 대개 부귀다남, 입신양명을 뜻하는 바다.

거기에 솥이라. 솥은 밥이나 반찬을 요리하는 기구이므로 먹을거리가 풍족함을 의미한다. 경상도 의령에 가면 남강의 한 가운데 정암鼎巖 즉 솥 바위가 있다. 이 솥 바위가 의령지방의 사람들을 풍족하게 살 수 있도록 도와주어서 그 지방 출신가운데 부호가 많다는 전설이 내려오고 있다. 이처럼 솥이란 배고픔을 해결해 주는 상징물이다. 주역의 서괘전에서도 사물을 변혁하는 것은 솥만 한 것이 없다고 했다. 즉 쌀이 솥 속에 들어가면

밥으로 변하듯이 새롭게 변화 시킬 수 있는 상징물이 바로 솥이다. 그래서 꿈속에 솥을 본 사람은 새로운 변혁의 주인공이 될 수 있다는 것이다. 삼성의 창업주 고 이병철 회장도 의령 출신이고 LG를 일으킨 구인회 회장도 의령에서 태어난 인물이라고 하는 걸 보면 그럴 듯하다는 생각도 든다.

솥 속의 맑은 물 또한 사람이 살아가는데 있어서 없어서는 안 되는 생명의 원천이다. 물이 있어야 우주 만물이 생성할 수 있고 또한 자손만대 번영을 누릴 수 있는 것이다. 그래서 잉어, 솥, 물 등을 뭉뚱그려 해석해 보면 자손이 번성하고 먹을 것이 풍부하며 몸도 귀히 되어서 오래토록 건강하고 행복을 누릴 꿈이 아닌가 한다.

아내는 전화기를 집어 들고 딸아이에게 전화를 한다. 마침 딸아이는 이틀 후면 중등교사 임용고사를 치러야 할 형편이다. 전화를 받은 딸아이에게 꿈 이야기를 하면서 그 꿈을 너에게 팔겠다는 것이다. 그러면서 이번에는 좋은 성적을 받기를 기원한다고 했다. 믿지는 않겠지만 제 엄마의 덕담에 좋아하는 딸아이의 목소리가 전화기 속에서도 낭랑하게 울려왔다. 하기야 지푸라기라도 잡으려는 심정이 아니겠는가?

내게도 커다란 꿈이 있었다. 푸릇푸릇한 꿈을 가슴속에 가득 안고 하늘높이 뛰어 오르고 싶었던 때는 중학교 시절이었다. 나에게 영어를 가르쳐 주시던 선생님은 소년들은 큰 야망을 품어야 한다. (Boy's be ambitions) 고 강조하시곤 했다. 그 말씀에 고무되어 외교관이 되겠다고 큰 꿈을 가졌다. 자연 영어도 열심히 공부하면서 제 딴에는 나름대로 노력했으나 수포로 돌아가고 말았다. 그렇지만 가슴 쿵쿵 뛰던 시절을 뒤돌아보면 아름답고 황홀하기 그지없다.

꿈이란 쉽게 이루어지는 것이 아니다. 꿈을 꿈으로만 간직하고 기다리면 결코 파랑새는 날아오지 않는다. 파랑새를 잡으려면 그물도 치고 덫도 놓아야 하듯이 꿈을 이루려면 열정을 가지고 그만한 노력을 해야 한다. 산의 정상에 오르려면 가파른 능선도 오르고 깊은 골짜기를 건너야 한다. 때론 천 길 낭떠러지도 피해서는 안 된다. 한 알의 알곡을 얻기 위해서 농부는 봄부터 씨를 부리고 피땀을 흘리지 않던가?

요즈음 우리 집에는 화기가 돈다. 아내는 잉어 꿈을 꾸고 난 후로 기분이 좋다고 했다. 모든 일이 순조롭게 이루어 질 것만 같고, 얼기설기 맺혀있던 고들도 쉽게 풀릴 것 만 같은 기분이란다. 아내가 기분이 좋다 하니 나도 덩달아서 기분이 좋다. 그래서 부창부수라 했던가? 그렇다. 설령 이 꿈이 수포로 돌아갈지언정 그 꿈을 기대하고 기다리는 순간만큼은 가슴이 부풀고 행복하다. 그래서 사람들은 꿈을 가지고 사는가 보다.

(2016. 12. 10.)

내 몸에 들어온 친구

그 친구가 나를 찾아왔다. 그는 아예 내 몸 깊숙이 들어와 자리를 잡았다. 사실 나는 그를 달갑잖게 생각하고 있었다. 지난 세월 내내 그를 외면하려 무던히도 애를 썼다. 공원길을 걷고 산에 오르기도 했다. 그뿐 아니라 각종 운동 시설들을 이용해서 몸을 단련하며 그의 접근을 막으려 했다. 이 병원 저 병원을 찾아서 의사 선생님들의 진료도 받아보고, 물리치료니 허리강화 운동을 시도 때도 없이 해 대곤 했다. 내 소망과는 달리 '수술하기 전에는 별 도리가 없다.'는 의사 선생님들의 처방에 모든 걸 체념하고 그를 맞이하기로 마음을 굳혔던 것이다.

내가 그를 맞이한 때는 향기로운 가을의 중턱이었다. 코발트빛 하늘은 구름한 점 없이 맑았고, 가을볕에 익은 고추잠자리는 빨간 무늬를 지으며 맴돌고 있었다. 가지가지 색소에 물든 나무들이 가을을 더욱 짙게 수놓고, 사과며 감들이 더욱 탱탱하게 살 오른 모습으로 사람들의 군침을 돌게 했다. 가을빛 품은 노란 은행잎 한 잎이 나비처럼 날아서 내가 서있는 창가에 내려앉았다. 내 마음도 가을을 닮아가고 있었다.

그를 맞이하려던 날 아침은 무척이나 우울했다. 부모님으로부터 물려 받은 몸을 얼마나 혹사 했기에 수술대에 오르는 신세가 되었는지? 인생의 수레바퀴를 어떻게 굴렸기에 칙칙한 병상에서 불안에 떠는 한 마리의 새가 되었는지? 집채만 한 회한이 가슴 저 밑바닥에서 거품처럼 차올랐다.

9시가 되기 조금 전이었다. 간호사의 호명에 마음속 깊이 작은 파문이 일었다. 마음을 추스르고 입원실 복도에 대기하고 있던 이송용 침대차에 누었다. 테이프로 고정 시키는지 부스럭 거리는 소리와 함께 팔 다리에 조이는 감이 있었다. 죽음의 과정을 미리 겪어보는 것 같아 더욱 야릇한 기분이 들었다. 낙엽처럼 굴러 인생의 차가운 겨울로 가는 것은 아닌지?

수술실의 차가운 기운에 살기를 느꼈다. 이곳에서 내 몸을 이리 찢고 저리 헤집고 들어가 등뼈를 바로 맞추려니 생각하니 소름이 돋았다. 천정의 밝은 전등이 눈부시게 나를 비추자 푸른 수술복을 입은 사람들이 분주하게 움직였다. 모든 것은 신의 뜻대로 되겠지 하면서 눈을 감았다. 누군가가 나의 코에 나팔 같은 기구를 씌우면서 숨을 길게 들어 마시라고 하였다. 그 소리를 듣고 하나, 둘, 셋 하면서 모든 아픔을 삭여 마시듯 숨을 길게 들여 마셨다.

수런수런 거리는 소리에 눈을 떴다. 안개 속에 묻힌 듯 희미한 모습의 아내가 근심 어린 표정으로 나를 내려다보고 있었다. 그 옆에는 하얀 가운을 걸친 간호사가 포도송이처럼 주렁주렁 매달린 각종 수액 주머니를 체크하고 있었다. 나는 오전 9시부터 오후 4시까지 7시간 동안 대 수술을 받고 회복실로 되돌아온 상태였다. 침대에 부착된 스탠드에는 무통제 수액, 항생제 주사액이 걸려있고, 작은 관을 통해서 그것들이 방울방울 구슬을 만들며 내 혈관 속으로 들어가고 있었다. 그리고 옆구리에는 수술부위에서 나오는 죽은피를 받아내는 주머니가 세 네 개 달려 있었는데 그 속에는 시뻘건 피가 그득 고여 있었다. 내 유년시절 할머니가 차고 다니시던 빨간 주머니 같았다. 또 성기에는 호스를 꽂아 소변을 받아내는 주머니도 달려 있었다. 내 생에 있어서 한 번도 경험해 보지 못한 가혹한 시련이었다.

수술부위가 욱신거리고 쓰라렸다. 이를 악다물고 참았다. 나와 비슷한 수술을 한 환자들이 고함을 지르고, 난리를 쳤던 것에 비해 잘 참는다고 옆에서 지켜보던 간병인들이 한마디씩 던져주었다. 그 소리를 들으니 나름대로 우쭐한 기분이 들었다. 고통스러운 것은 입안이 마르고 목이 타는 증상이다. 혀가 마치 밤알처럼 동그랗게 굳어지고 침이 마른 입안은 자갈밭처럼 껄껄했다. 침 한 모금 삼킬 수 없고 숨조차 제대로 쉴 수 가 없었다. 의사 선생님은 전신마취의 후유증이라며 물을 많이 마시고 복식호흡을 하며 가래를 뱉어 내라 하신다. 그래야 폐에 손상을 막을 수 있단다. 온 힘을 다해 몸부림을 쳐야 하니 고역이다.

아내의 발길이 부산하다. 차오르는 소변 주머니, 피 주머니를 비우러 잠시도 곁눈을 팔 여유가 없다. 내 곁에서 지켜보고 있다가 입이 마르면 물을 먹여주고, 주머니가 차오르면 비우곤 한다. 누가 이 궂은일을 말없이 할까? 아내에게 미안한 마음이 들었다.

몸이 어느 정도 회복되자 의사 선생님은 나의 수술과정을 알기 쉽게 설명해 주었다. 나의 척추는 대체적으로 사이마다 간격이 좁아진 상태란다. 그 원인은 노화이지만 어릴 때 어떤 충격에 의해 입은 손상이 더 근원일거라 했다. 실은 중학교 시절 죽은 나뭇가지를 붙잡고 턱걸이를 하다 떨어져 심하게 다친 적이 있었는데 부모님이 알까봐 쉬쉬하다 그럭저럭 나은 적이 있었다. 그 것이 원인인가 싶다. 뼈 중에서도 5,6번 척추는 심하게 어긋나서 거의 기형에 가깝다고 한다. 그곳 양쪽에 쇠붙이(티타늄)로 기둥을 세워 척추의 간격을 넓혀 주고 사이사이를 인공뼈로 매워 주었단다. 어렵게 마친 수술이니 만큼 잘 관리해야만 여생을 순탄하게 보낼 수 있단다. 그렇지 않으면 재수술을 받아야 할 경우도 온다 한다.

그렇다, 내 뼛속에는 남은 생 동안 나와 함께 동행해야할 또 한 친구가 들어왔다. 그 친구는 내게 행, 불행을 안겨줄 수 있는

키를 가지고 있는 존재이다. 내가 그 친구를 잘 보살펴 주면 나에게 건강이라는 큰 선물은 물론 안락한 삶까지도 보장해 주겠지만 조금이라도 관심을 두지 않거나 함부로 대하면 나를 불행의 나락으로 빠뜨리게 할 수도 있다. 그러기에 나는 오늘도 그를 몸속 깊이 간직하고 들길을 걷고 산에도 오른다.

(국보문학 2017년 10월호)

마음속의 꽃

곡성 둔덕에 장미꽃이 지천으로 피어 있다. 모양이 천형千形이요 색깔은 만색萬色이다. 향기 또한 감미로워 가슴을 부풀게 한다. 꽃의 종류에 따라, 색상에 따라 군락을 지우기도 하고 조형물을 이용하여 입체 효과를 높인 것도 우수한 아이디어이다. 인공 호수나 분수를 만들어 꽃과 자연과의 조화를 이룬 점도 탁월한 발상이라 생각 된다.

이 세상은 노력하는 자의 것이다. 기름진 옥토는 팔뚝에 힘줄이 불끈 솟을 때가지 밤낮으로 파 엎고 뒤집은 농부만이 얻을 수 있는 선물이요, 현대의 최첨단 4차 산업도 불을 발견한 이후 무단히 노력한 인간의 손끝에서 얻어진 열매이다. 오늘의 이 장미원도 한포기한포기 피땀 흘려 심고 정성으로 가꾼 이들이 있기에 오늘날 우리에게 아름다운 꽃을 감상하며 심신을 가꿀 수 있는 기회를 준 것이 아니겠는가?

아내는 꽃 중에서도 장미를 특히 좋아한다. 그래서 그런지 곡성의 장미를 보고는 탄성이 하늘 끝에 이른다. 예쁜 꽃에 눈을 맞추는가하면 그의 향기에 취해 그 자리에 머물며 앞으로 나아가려 하지를 않는다. 꽃도 아내의 마음을 아는지 더욱 요염한 자태로 애교를 부리며 눈빛을 끌어안는다.

해마다 초여름이 오면 우리 집 베란다에 장미가 핀다. 손길 한번 제대로 주지도 못하고 신경을 별로 쓴 적이 없는데 피는걸 보면 생명에 대한 의무랄까. 아니면 내가 알지 못하는 어떤 의식을 치르는지도 모른다. 겨우내 벗은 몸으로 추위에 떨게 한게 마음에 걸렸지만, 원망하는 기색도 없이 빨간 미소로 답하는 것을 보며 그 들의 생명력에 박수를 보낸다. 비록 정원사의 손길을 맞이하지 않았지만 주위를 환하게 밝히며 부끄러운 듯 살며시 피어난 꽃, 그로 인해 즐겁고 편안함을 느끼며 행복감에 취하는 내가 있다는 것만으로도 꽃의 역할은 족하지 않은가.

장미는 다른 꽃에 비해 아름답고 향기 또한 진하며 성격이 밝고 구김살도 없어 보인다. 길섶에 홀로 핀 민들레의 소박하고 진솔한 모습이 마음이 와 닿을 때도 있지만 장미처럼 화사한 꽃들이 있기에 지구는 더욱 아름다운 것이다. 잔잔하고 온화한 들국화의 미소도 매력이 있지만 격의 없이 소탈하게 웃는 장미의 너털웃음이 더 정이가고 믿음이 들기도 한다. 소복한 여인의 부드러운 곡선처럼 가녀린 코스모스의 모습이 잔잔한 애조를 불러일으킨다면 휘황찬란한 의상을 걸쳐 입은 장미의 요염한 자태가 환희와 강렬한 인상을 주기도 한다. 그런가 하면 장미처럼 열정으로 가득 찬 발레리나의 격동적인 춤사위가 보는 이로 하여금 심금을 울리고 탄성을 자아내게 하는 수도 있다.

장미는 사랑을 의미하는 꽃이라 한다. 그러기에 젊은이들은 장미꽃을 바치며 사랑을 고백하기도 한다. 나의 청년 시절을 설레게 했던 꽃도 장미이다. 그녀가 전해온 편지 속에는 항상 장미의 향기가 있었다. 나는 편지지에서 풍겨오는 장미향을 맡으며 그녀를 맞이했고 또 그녀를 그리며 편지를 쓰곤 했다. 그녀는 장미의 화신이었고 5월의 장미를 보면 꽃 속에는 항상 그녀가 빵긋 웃고 있다.

많으면 귀한 대접을 받을 수 없다. 아무리 아름다운 꽃도 지천으로 널렸으니 그의 진가가 조금은 덜한 것 같아 아쉽다. 날씨가 덥고 사람들이 붐비니 꽃에 집중하기보다는 발길 따라 움직이는 경우가 더 많았다. 모든 것이 적을 때 그 가치가 빛이 나는 것은 이 장미축제에서만이 아니다. 지천으로 널려있는 장미의 아름다움은 눈에서 멀어지고 쉴 곳을 찾아 두리번거린다. 지쳐서 발걸음이 더뎌지려는 즈음 터널 안에 자리한 쉼터가 기다리고 있었다. 발을 멈추고 한숨을 돌렸다. 분수대에서 뿜어 나오는 물방울이 바람과 함께 향기를 전해 주었다. 더욱 장미의 진면목을 느낄 수 있어 흐뭇했다. 나도 장미꽃처럼 향내 나는 사람이라면 얼마나 좋을까?

꽃이 늘 화사하지 않듯이, 인생도 늘 봄만 있는 게 아니다. 새로 맞이하는 노년의 인생은 순전히 내 손으로 가꿔야하는 정원이다. 비어 있는 마음자리에 희망의 꽃을 소박하게 가꾸어 보려 한다. 그 꽃은 장미처럼 화려하지 않고 향기가 없어도 좋다. 비록 소박한 꽃일지라도 나의 허허로운 빈자리를 채울 수 있는 꽃이었으면 좋겠다.

(2017. 5. 30.)

묵의 속삭임

설날이 다가온다. 우리 집의 설은 아내의 발길에서 시작된다. 베란다며 부엌을 북이 베 날듯이 드나든다. 광속에 있는 물품들을 이것저것 챙기며 확인한다. 그리고 묵을 쑤겠다고 한다. 그간 아내는 도토리나 메밀묵을 쑤어 우리의 입맛을 맞추어 주곤 했다. 돈 주고 사면 간단한데 무슨 고생을 하려고 그러느냐는 나의 힐문에 조상님께 올려야 하니 정성으로 해야 한단다. 곡식이 익으면 고개를 숙인다더니 연륜이 쌓여가니 깊어지는 정성에 작은 파동이 물결처럼 일었다.

옛날에도 어머니들은 명절을 맞이하려면 먼저 콩나물을 안치고 산자와 식혜를 만들었다. 묵도 한자리를 차지함은 물론이다. 그러한 식품들이 완성되면 제상에도 올리고 이웃과도 나누며 정을 두텁게 했다. 어디 그뿐인가? 찾아오는 손님에게도 대접하니 주인댁의 정성이 돋보이기도 했다. 산자가 잘 부풀고 바삭바삭 맛이 있는가? 묵이 탄력 있게 잘 쑤어졌는지 여부에 따라 그 집 주부의 음식 솜씨가 평가되니 여간 신경을 쓰지 않을 수 없었다.

요즈음은 설을 맞이하는 모습도 많이 변했다. 생활이 바쁘기도 하지만 멀리 흩어져서 살기 때문에 시간적 여유가 없다. 가정에서 손수 장만하기보다는 마트나 시장에 가서 완성품을 구입하면 된다. 콩나물도 기른 것을 동이 째 살 수 있고 묵도 도토리묵이나 메밀묵 또는 청포묵까지 입맛에 따라 구입할 수 있다. 산자도 한과라는 이름으로 상품화 되어 쉽게 접할 수 있다. 제사 음식을 대행하는 업체에서는 모든 제수 품을 만들어 공급해주니 편리한 세상이 아닌가?

물에 불린 메밀을 믹서에 넣고 갈았다. 그 내용물을 베주머니에 넣고 손으로 으깨고 주무르면서 메밀 즙을 짜냈다. 그러하기를 몇 차례 반복하니 백옥같이 하얀 침전물이 그릇에 가득 하다. 희다 못해 푸른 기운이 감돈다, 흰색은 청순함과 성스러움을 나타내지 않던가? 묵이 범상치 않은 식품이라는 것을 예고하고 있는 듯 했다.

이효석의 소금을 뿌려 놓은 듯 하얀 메밀꽃 밭의 정경이 떠올랐다. 조랑말을 끌고 장을 돌아다니는 가난한 허 생원의 모습도 그려졌다. 나는 중학교를 왕복 15km 떨어진 곳으로 다녔다. 등하교하는 길은 자갈이 덮인 신작로였다. 먼지가 뿌연 이 길을 걸어 등교하면 공부하기도 전에 묵사발이 되었다. 마차에 물건을 싣고 이 장 저 장 돌아다니는 장돌뱅이 아저씨들도 있었다.

명절 때가 되면 수레들의 숫자가 많아졌는데 장을 마치고 돌아가는 그들의 모습은 바로 허 생원이었다. 먼지가 날리는 길로 자동차도 못 타고 걸어 다녔던 학생들이나 탁주 한 잔에 의지하며 말을 모는 그들이나 그 시대에 곤궁하기는 매 일반이었다.

메밀에서 나온 하얀 즙을 불로 가열하였다. 센 불, 중 불, 약불로 조절하면서 주걱으로 휘 저어야 한다. 물기가 줄어들고 기포가 발생해 불룩 불룩 풍선처럼 오른다. 점점 농축 되어 묽지도 진하지도 않고 찰기마저 덤으로 얻었다. 아내의 재빠른 손놀림과 노련한 솜씨의 산물이다. 작은 것이라도 완성품이 되기까지는 각고의 노력이 필요하다. 진흙에서 우아한 청자로 거듭나려면 1500도 넘는 고열을 감수해야 되듯이 묵도 솥 안에서 새로운 변신을 위한 조련의 시간을 거쳐야 귀한 몸으로 탄생한다.

나는 묵이 거듭나는 과정만큼이나 여러 고비를 겪으며 고희의 언저리에 닿았다. 그러나 묵처럼 정제하는 과정이 없었고 응축하며 힘을 발산하려는 노력도 부족했다. 물처럼 흐르는 세월속에 부초처럼 떠 밀려오며 청포묵이면 어떻고 메밀묵이면 어떠랴? 하였다. 묵이 되어가며 매듭마다 보여준 무언의 가르침을 미처 깨닫지 못했다.

이제는 시간이 많아졌다. 배우고 충전할 수 있는 곳이 있어 수필도 배우고 중국어도 배운다. 한문 공부도 하며 옛 선비들의 지혜도 배운다. 묵처럼 정제된 자아를 발견할 수 있을 때 까지 계속하려는 의지를 가져본다.

(2016년 6. 10. 교원문학)

발맞추기

머나먼 중학교까지 다니는 길은 순탄치가 않았다. 들판을 지나고 작은 산은 넘은 뒤 먼지가 뿌연 자갈길을 터벅터벅 걷고 난 다음에야 학교에 도착할 수 있었다. 부지런을 떨어도 제 시간에 도착하기 쉽지 않은 거리였다. 어머니께서 새벽밥을 지어주시며 늦지 않게 학교에 가라고 당부하시곤 했다. 그러나 어머니 말씀은 들을 때뿐이고 등굣길에서 만나는 친구들과 장난을 치며 해찰을 했다.

거의 매일 공부가 시작되기 직전에 도착하거나 지각하기 일쑤였다. 용돈이라도 풍부했으면 버스라도 타고 가련만 그런 여유가 있는 것도 아니니 평상 걸어 다니는 수밖에 없다. 차츰 철이 들자 어찌하면 등굣길에서 머뭇거리지 않고 제 시간에 도착하여 선생님의 눈치에서 벗어날까 고민하였다. 한 가지 묘안이 생각났다. 그것은 다름 아닌 발맞추기였다. 고등학교에 다니는 형의 발걸음에 맞춰 걸었다. 형이 빨리 걸으면 나도 빨리 걷고 느리게 걸으면 나도 더디 걸으면서 박자를 맞추어 가니 해찰도 하지 않고 지루하지도 않게 예상보다 빨리 걸을 수 있었다.

전주시내 학교에서 근무할 때 일이다. 40여개 전 학급의 제식훈련制式訓練평가가 있었다. 어린이들이 운동장에 정렬한 다음 선생님의 구령에 맞추어 앞으로 가, 뒤로돌아 가, 좌향앞으로가, 우향앞으로가 등 기본동작과 단체행진 등을 평가하는 것이다. 이때 가장 중요한 것이 발맞추기다. 학급 전 학생이 구령에 따라 발을 잘 맞추게 되면 좋은 평가를 받을 수 있고 한 어린이라도 틀리면 재평가를 받기도 했다. 논산훈련소에서 조교로 복무하신 선생님의 반은 전 어린이들이 마치 의장병의 열병식처럼 질서정연하게 움직여 갈채를 받기도 했다. 바로 발맞추기를 잘한 결과였다.

건강센터에서 운동을 하고 있다. 아내가 바쁘지 않은 날에는 함께 가기도 한다. 당도해서 먼저 하는 운동은 러닝머신이다. 기계가 천천히 움직이기 시작하면 발걸음을 내딛는다. 준비단계이기 때문에 기계는 여유를 갖고 돌아간다. 나 또한 서두를 것이 없다. 기계에 맞춰 내 딛기만 하면 된다. 유리창 밖의 푸른 경치가 눈 안으로 들어왔다. 차가운 겨울을 이겨낸 나무들이 생기가 돋는 것 같다. 봄도 머지않아 우리 곁으로 다가올 것이다.

점점 기계에 속도가 붙는다. 내 몸도 바빠지기 시작한다. 발걸음이 빨라지고 두 팔도 앞뒤로 힘차게 휘두른다. 호흡이 거칠어지고 심박동수가 오른다. 기계에 미리 설정되어 있는 최고 시속과 최대 심박동수에 이르자 내 육체도 최상의 상태를 유지하며 힘차게 달리기 시작한다. 활주로를 이륙한 비행기가 정상고도를 유지한 뒤 순항하는 것처럼 안정된 페이스를 유지하며 달린다. 쿵쿵 내딛는 발걸음이 가볍다. 팔다리에 힘이 솟는다. 전신에는 땀이 흐르고 활력이 솟는다. 고개를 돌려 살며시 옆에서 달리고 있는 아내를 본다. 앞뒤로 내딛는 발걸음과 휘젓는 팔동작이 나와 일치한다. 아내와 나는 발을 맞추면서 걷고 있는 것이 아닌가? 맞추려고도 하지 않았는데 은연중에 발걸음이 맞게 되었다. 발맞추기가 자연스럽게 잘 되니 지루하지 않고 더욱 신바람이 난다. 두 사람이 한 마음이 되어 즐겁게 운동을 마칠 수가 있다. 혼자 할 때보다 기분이 좋았음은 물론이다.

이처럼 운동 센터에서는 부부간의 발맞추기가 자연스럽게 이루어지는데 그리 녹녹치 않은 때가 있다. 이는 바로 집안에서 살림할 때의 일이다. 부부사이에는 크고 작은 일들이 가로 놓여 있다. 부부가 서로 합의하여 해결해야 할 일들이다. 거의 매사에 부부가 의사가 합치되어야 다툼이 없고 무난하고 슬기롭게 처리할 수 있다. 그런데 가끔 의견이 서로 상충하여 맞서는 경우도 있다. 자녀교육문제에 이견이 있을 수 있고, 상대의 위치를 과소평가하는 경우도 있으며, 취미활동을 하는데도 다를 수 있다. 손발을 잘 맞추면서 일을 순탄하게 처리해 가다가 한두 가지라도 맞추지 못하면 성격이 맞지 않다느니, 사사건건 반대라느니 하면서 다투다가 급기야는 냉랭한 분위기에 이르기도 한다. 부부지만 성격과 개성이 다르기에 생각의 범위와 깊이가 다를 수 있다. 부부간에 발을 맞추면서 서로의 입장을 이해하려 노력한다면 행복한 가정을 이룰 수 있지 않겠는가?

친구 간에는 서로 믿음을 갖고 격려하며 인정해 줄 때 우정은 변치 않고 오래 지속될 수 있다. 흉을 보거나 시기하고 불신을 조장한다면 결코 오래 가지 못한다. 취미활동을 함께 한다든지, 같은 운동을 한다든지, 등산을 함께 다니면서 공동관심사에 대해서 대화하고 교류할 때 우정은 깊어지고 오래 지속될 것이다. 그러한 일들이 우정을 다지는데 좋은 촉매역할을 할 수 있다. 친구 간에 발을 잘 맞추어야 우정도 영원히 이어지지 않을까?

그러나 사회에는 바람직한 발맞추기가 있는가 하면 지탄 받아야 할 발맞추기도 있다. 우리 주변에는 노인을 위한 노인복지관이 많다. 복지관에는 여러 가지 프로그램이 개설되어 노인들의 생활을 윤택하게 해준다. 여가시간을 건전하게 보낼 수 있는 오락시설이 있는가 하면, 개인의 취미나 소질을 살릴 수 있는 과목도 있다. 취미가 같은 노인들끼리 기능도 높이고 친목을 도모할 수 있다. 꽃밭정이노인복지관 수필창작반의 문우들은 칭찬도 하고 작품을 발표하는 등 발을 맞추면서 즐거운 시간을 보내고 있다. 즉 손발이 맞는 사람들끼리 모여서 얼마 남지 않은 삶이지만 정열을 불태우고 있어 아름답다. 한편 스포츠댄스나 사교춤을 배우는 분들도 있다. 건강을 지키고 아름다운 교제를 할 수 있어 어른들이 모여든다. 그러나 본래의 취지를 망각하고 콜라텍이나 댄스교습소를 드나들며 도가 지나친 처신을 하다 사회적 물의를 일으키는 경우도 없지 않다. 이는 발맞추기를 잘못한 경우가 아닌가 한다. 발맞추기도 건전하고 건강한 방향으로 맞추어야지 그러지 못할 땐 아예 처음부터 맞추지 않는 편이 나은 경우도 있지 않을까?

요즈음 우리 사회에는 자원봉사자의 수가 급증하고 있다는 보도를 접했다. 노령으로 거동이 불편한 노인들에게 따뜻한 밥 한 그릇을 대접하는 부녀단체가 있는가 하면, 연탄을 모아서 노인들이 따뜻한 겨울을 나게 하는 젊은이들도 있다. 신체적 결함이 많은 어린이들에게 목욕을 시켜주는 봉사자도 있다. 각자 자기의 특성을 살려 세상을 밝게 비추는 등불이 되고 있는 것이다. 이는 나보다 부족하고 어려움이 많은 이웃에게 발을 맞추면서 살아가려는 갸륵한 마음 때문이다.

대통령 당선인은 차기 국무총리로 저명한 인사를 지명했다. 그분은 불편한 몸으로 어려운 환경에서 고학으로 법조계 최고의 자리까지 오른 입지전적인 분이다. 그동안 한 조각 구김 없는 양심으로 그늘에서 소외받고 있는 약한 자의 편을 들었다 하여 국민으로부터 칭송을 받아온 분이다. 특히 새 정부의 출범을 앞두고 국민행복시대를 열 수 있는 밑그림을 그리는데 중추적 역할을 하시던 분이다. 국무총리로 임명된다면 법과 원칙을 중심 가치로 정의사회를 구현할 적임자로 평가 받기도 했다. 그런 분이 국무총리 청문회를 앞두고 기초 검증과정에서 두 아들의 병역비리와 부동산 투기의혹, 부동산 매매은폐, 증여세 포탈 등 각종 비리의혹이 제기되어 중도에서 자진 사퇴하고 마는 불상사가 발생했다. 그동안 우리 사회에서 선량한 국민들을 가장 허탈하게 했던 부동산투기의 탈을 쓰고 정의사회구현에 앞장선 수호신처럼 처신한 그가 실망스럽지 않을 수 없다. 그간 결여된 양심의 자를 가지고 선량한 국민들을 어떻게 제단 했을까? 하늘도 놀랄 일이다. 그는 양심적이고 정의로운 사회로 가려는 평범한 사람들의 발걸음에서 벗어나 부정과 편법을 일삼는 투기꾼의 대열에 발을 맞춘 것은 아닐까?

제18대 대통령 취임을 앞두고 있다. 대통령 당선인은 국민대통합으로 국민행복시대를 열겠다고 다짐했다. 이러한 문제들은 대통령 혼자의 힘으로는 불가능하다. 모든 국민들이 협력하고 노력할 때 가능한 일이다. 지역 간, 세대 간, 계층 간, 남녀간 상충되는 문제점들을 최소화 하여 더불어 잘 사는 사회가 되게 해야 한다. 국민 또한 자기의 이익에만 집착하지 말고 이웃을 배려하는 열린 마음을 가져야 한다. 국민행복시대는 대통령과 모든 국민들이 발을 맞출 때 가능한 일이다.

(2012. 12. 10.)

변 신

우리주변에는 새로운 형태로 변신하여 아름다운 가치를 창조하거나 생활에 이로움을 안겨주는 경우가 허다하다. 나무는 계절마다 변신하며 인간에게 여러 가지 뜻 깊은 의미를 선사한다. 봄에는 예쁜 꽃을 피워 아름다운 감성을 자아내게 하고, 여름에는 짙은 신록으로 푸른 희망을 갖게 한다. 가을이면 단풍으로 물들어 인생의 깊이를 생각하게 하고, 겨울이면 벌거숭이가 되어 빈손으로 왔다가 빈손으로 가야만 하는 인생의 허무함을 깨우쳐 주기도 한다.

뽕잎을 먹고 자란 누에는 고치로 변신하여 번데기라는 우수한 영양과 예쁜 비단을 인간에게 선사한다. 콩은 삶고 삶는 고통의 시간을 통해 두부와 메주로 변신하여 새로운 맛과 최고의 영양 있는 음식으로 거듭난다. 그러면서 인간의 건강을 돕고 돕는다.

예로부터 가을 추수가 끝나면 메주를 쑤고 김장을 하고 간장도 담가야한다. 모든 일이 때가 있듯 메주 쑤는 일도 때를 맞추어서 해야 한다. 기온이 따뜻해도 안 되고 너무 추워도 아니 된다. 대개 기온이 약간 내려가는 가을의 끝자락이 좋다. 이 시기에는 대륙성 고기압이 몰려와 건조하고 서늘한 바람이 불어서 쾌적하다. 메주를 쑤어서 숙성시키는데 알맞다. 기온이 높으면 부패할 염려가 있고 너무 추우면 얼 염려가 있기 때문이다.

11월의 첫 번째 주말, 노란색과 푸른색이 반반 섞인 콩을 물에 담가 휘휘 저으며 깨끗이 씻었다. 씻기 전에는 잘 보이지 않던 불량 콩들이 물 위로 떠올랐다. 걷어내기가 아까웠으나 순정품의 메주를 만들고자 과감히 버렸다. 많은 콩들은 지난여름 불가마 더위에도 튼실한 콩으로 잘 여물었다. 그 중에도 몇몇 콩은 물위에 떠올라 버림을 당했다. 가엾은 생각이 들었다. 생장활동을 하는 시기에 병충해를 입었거나 영양실조로 낙오된 녀석들이리라. 우리 인생도 그래서는 아니 되겠다는 생각이 든다.

옥외에 설치된 가마솥에 콩을 부었다. 잘 마른 삭정이 가지에 불을 지폈다. 푸욱 삶아져야 방아도 잘 찧어지고, 메주도 예쁘게 만들 수 있고, 발효시키는데도 도움이 된단다. 불꽃이 꺼지지 않게 정성을 다해 불을 땠다. 마루에 앉아 이 광경을 지켜보시던 어머니가 오셔서 당신이 직접 불을 때겠다고 하셨다. 불 때는 모습이 미덥지 않으셨던 모양이다. 메마른 손으로 메마른 가지를 하나씩 때시는 모습이 숙련공 이상이셨다. 땔감을 알맞게 넣어서 꺼지지 않게 강약을 조절하면서 잘도 때셨다. 하기야 90평생을 아궁이에 불을 지피며 살아오신 모진세월이 아닌가? 삭정이는 새빨간 불꽃으로 산화하며 콩을 삶아내고, 한 줌의 재로 변신했다. 뜨거운 가마솥 속에서 고통을 삭이며 인내심을 발휘하고 있을 콩들이 안쓰러웠다. 새 생명으로 태어나려는 몸부림이었다. 어머니의 노련한 솜씨로 콩들은 미지의 세계를 꿈꾸며 물렁물렁 안성맞춤으로 잘 삶아지고 있었다.

계속 불을 지피면 솥바닥의 콩들이 타게 되므로 불을 멈추었다. 그리고 두어 시간 정도 뜸을 들여야 한다. 모든 콩들에게 새 삶을 위한 기회를 공평하게 준 셈이다. 어머니께서는 모든 자식을 돌보듯 수많은 콩들에게도 배려하는 마음을 베푸셨다. 그리고 또 불을 지펴서 솥 속의 열기를 높였다. 이는 콩을 더 삶기보다는 잘 물러서 쉽게 찧어지도록 하는 노하우였다. 콩을 삶는 과정에도 과학적인 원리와 경험의 지혜가 녹아 있으니 대수롭게 볼일이 아니다.

김이 펄펄 나는 콩을 퍼내어 절구통에 넣고 절구로 찧었다. 요즈음에는 기구를 이용한다는데 우리는 전통방식대로 했다. 알맞게 찧어서 퍼 낸 콩 덩이로 메주를 만들었다. 도마에 올려놓고 내리치기도하고, 도닥도닥 두드리기도 하고, 쓰다듬기도 하면서 만들었다. 채찍과 당근을 병행한 것이다. 철없는 자식을 기르는 부모와 같은 지혜를 발휘한 것이다. 천년동안 아름다운 자태를 잃지 않고 숨 쉬는 청자를 빚어낸 도공의 솜씨도 이러했으리라. 크기도 알맞고 모양도 고운 매끈한 메주가 되었다.

짚으로 얼개를 하여 동여매고 메주 망에 다시 넣었다. 햇볕이 잘 들고 통풍이 잘되는 툇마루에 매달아 놓으니 의젓한 메주 7형제가 되었다. 콩은 우리의 노력과 손놀림에 의해 메주로 대변신을 했다. 그리고 새로운 삶을 위한 기나긴 여정에 나선 것이다.

따사한 햇빛을 받아 천연의 에너지를 비축하고 차가운 바람에 몸을 단련해야 한다. 전통적인 영양의 결정체가 되기까지 인고의 시간을 보내야 한다. 최고의 건강식품으로 거듭나기 위해 내공을 쌓아야 한다. 앞으로도 많은 시련을 겪으며 위대한 식품으로 변신해 갈 것이다. 고춧가루와 몸을 합쳐 고추장으로, 소금물에 몸을 녹여 간장으로 거듭날 것이다. 그리고 마지막으로 된장의 모체가 되어 가족의 건강을 지키는데 큰 힘이 되리라 확신한다.

콩의 변신과정을 보면서 내 자신이 배워야 할 것이 많다고 생각되었다. 인생은 각 시기마다 해야 할 일들이 있다. 충실하게 준비하느냐의 여부에 따라 인생의 깊이가 달라진다. 장년기까지는 자녀를 양육하고 가정을 꾸리기 위해 앞만 보고 달리는 생활이다. 가정과 직장이라는 제도적인 틀 속에서 얽매어 살았다고 해도 과언이 아니다. 개성을 묻어만 두고 꺼내어 담금질하지 못한다. 무엇인가 하려도 나 자신보다 가족을 먼저 생각하다 보니 접어두는 경우가 많았다. 경제적으로 어려운 형편도 문제였지만 사회적인 제약, 소극적인 태도 역시 한 몫 했으리라. 이제는 인생을 갈무리해야 할 노년기에 접어들었다. 구속에서 벗어난 진정한 자유인이 되었다. 지금까지의 생활패턴에서 벗어나야 한다. 새로운 변신이 필요하다. 콩과 같은 변신 말이다. 타성에 젖은 무미건조한 생활보다 의미 있는 노년을 보낼 수 있도록 노력해야 하지 않을까? 자신의 노년은 누구도 챙겨주지 않는다. 내 스스로 챙기고 개발해야 한다.

제일 중요한 것은 역시 체력관리다. 건강을 잃으면 모든 것을 잃는다고 했다. 건강한 신체에 건전한 정신이 깃든다고도 했다. 유산소운동은 물론 근력운동에 지구력 운동으로 심신의 피로를 풀고 활력 있는 생활을 할 수 있도록 해야겠다. 그리고 신체를 청결하게 가꾸어 건강하고 향기 나는 몸매를 유지하고 싶다. 다음에는 정신적 갈증을 해소하고자 잠재된 재능을 개발해야 한다. 그리고 꾸준히 연마하여 자아실현의 기쁨을 맛보아야 한다. 성취과정에서 행복감을 느낄 수 있기 때문이다. 늦게나마 인생의 새로운 지평을 열고 싶다. 그것은 다름 아닌 수필공부다.

젊은 시절부터 미련이 있었으나 미루어 두고 실행에 옮기지 못한 부분이다. 지금까지의 경험과 생각들을 하나하나 정리해 볼 작정이다. 웃어른들의 가르침, 어린 시절의 추억, 생활경험, 자연현상 등에 대해 느낀 점을 글로 표현해 보고 싶다. 그러기 위해서는 보다 많은 독서로 식견과 안목을 높여야 한다. 선배님들의 주옥같은 작품을 섭렵해야 한다. 여행을 하면서 견문을 넓히고 많이 배워야 한다. 사물에 대해 깊이 관찰하고 다각도로 해석해 보기도 해야 한다. 실제 작품을 써 보면서 감각도 익혀야 할 것이다.

아직은 걸음마 수준이지만 끈기를 갖고 발걸음을 옮겨보려고 한다. 넘어지고 다치더라도 좌절하지 않고 일어나 걷다보면 안전하게 걸을 수 있는 날이 올 것이다. 수준 높은 작품이 아니어도, 또 인정해 주지 않는다 해도 내 안에 만족이 충만하면 되려니 싶다.

'유종의 미'라는 말이 있다. 좋은 결실을 맺어야 한다는 뜻이다. 구태의 탈을 벗고 새로운 변신을 통해 아름다운 노후를 보내고 싶다.

(전주일보, 2018. 1. 19.)

자전거 나들이

아내가 자전거를 배웠습니다. 자동차운전을 배우라고 해도 무서워서 못한다고 겁을 내더니만 용기를 내었습니다. 거기에는 몇 가지 이유가 있습니다. 무슨 일이 생겨 어디라도 가려면 나한테 자동차로 데려다 달라고 하는데 마침 내게 볼 일이라도 있으면 버스를 타거나 걸어가야 하기 때문입니다. 또 나이가 들수록 다리 힘이 없어지고 관절까지 약해지니 건강 증진을 위해서도 필요해서입니다. 그리고 자기도 무엇인가 할 수 있다는 것을 가족들에게 보여주기 위해서였을 것입니다.

진즉부터 자전거를 가르쳐 달라고 졸랐지만 난 항상 반대했습니다. 백번 잘 타다가 단 한번이라도 실수를 하면 모든 것이 허사라며 콧방귀도 뀌지 않았습니다. 그런데 서울에 사는 아들이 휴가를 왔습니다. 아내는 아들과 속닥속닥 공론을 하더니 대리점에 가서 자전거 한 대를 사왔습니다. 사실은 자전거를 사러 가기 전에 아들이 귀띔을 해 주어서 알았지만 모르는 척 했습니다. 저녁이면 서부신시가지 공터로 가서 연습을 하드군요. 아들이 뒤에서 단단히 잡아 주니 안심하고 익힐 수 있었던 모양입니다. 사흘 저녁을 연습하더니만 어느 정도 익혔다고 했습니다. 아들이 서울로 돌아간 뒤로는 나한테 통사정을 하더군요. 자기가 자전거를 타는 모습을 지켜만 봐 달라고요. 어느 토요일 오후, 아내의 자전거 타는 모습을 지켜보았지요. 첫걸음을 배우는 아기처럼 '비틀 배틀'불안하기는 했지만 넘어지지 않고 나름대로 달렸습니다.

그런대로 타는데 아직도 연습을 더 많이 해야겠다는 나의 칭찬 성 발언에 잔뜩 고무된 아내는 자기같이 쉽게 배운 사람도 드물 거라고 의기양양해 하며 모두다 아들 덕분이라고 하였습니다. 자랑하지 말라며 어디 다친 데는 없냐고 묻는 말에 조금은 겸연쩍게 사실은 긁히고 부딪쳐서 멍이 들었다고 이실직고 하였습니다.

그게 다 자전거 면허증이라며 건네는 나의 농담에 아내도 덩달아 웃었습니다. 그렇게 자전거 타기를 배운 아내는 웬만한 일은 모두 자전거를 타고 다니면서 처리했습니다. 동네 시장과 마트는 물론 친구들과 어울려 자전거 드라이브까지도 합니다. 마트에 가서 물건을 사올 때마다 자전거의 고마움을 느낀다고 너스레를 떨곤 합니다.

사실 우리 부부는 그동안 여가생활이나 취미활동에 별로 공통점이 없었습니다. 내가 테니스, 탁구, 배구 등 구기운동이나 등산에 빠졌을 때 아내는 수영에 매료되었습니다. 그러니 같이 운동하면서 소통할 수 있는 시간이 없었지요. 친구 부부가 같이 테니스를 하거나 탁구를 하는 모습을 항상 부러운 눈으로 바라보았습니다. 하얀 유니폼을 입고 라켓으로 허공을 가르며 스매싱하는 모습은 바로 천사와 같았습니다. 난 부부가 함께 운동하는 모습이 제일 부럽다고 푸념을 하곤 했습니다. 수려한 경관을 감상하면서 심폐기능을 향상시키고 지구력과 근력을 높이는 등산을 권유하면 아내는 신체에 무리가 가지 않는 전신 운동으로 유연성과 민첩성을 기르는 수영의 효과에 대해 장광설을 늘어놓았습니다. 그러기에 대화는 거기에서 끝났습니다.

아내가 자전거를 익힌 뒤 우리 부부는 가끔 자전거를 타고 나가 갈대와 코스모스가 어우러진 삼천천변을 달리기도 하고, 봄이면 시외로 나가 냉이며 쑥도 캤습니다. 지난 주말에도 모악산 둘레 길을 따라 중턱까지 신나게 달렸습니다. 온몸은 땀으로 젖었고, 입에서는 뜨거운 기운이 뿜어져 나왔지만 바람을 가르며 앞서거니 뒤서거니 달리는 기분은 이루 말할 수 없이 상쾌했습니다. 콧속으로 스며드는 자연의 향기는 감미롭고, 가끔씩 불어오는 산바람은 이마에 맺힌 땀방울을 씻어주어 기쁨이 배가 되었습니다. 부부가 함께하는 나들이니 더욱 그런 것 같았습니다.

달리던 자전거를 세워 놓고 산자락을 올려다보았습니다. 웅장한 모습으로 그 자리에 버티고 서 있는 산봉우리들은 어느새 아름다운 가을 색으로 치장하고 우리 부부를 맞아 주었습니다. 겨우살이 준비에 바쁜 다람쥐 가족들의 곡예, 나뭇가지 위아래를 콩콩뛰어 오르며 구애하는 산새들의 몸짓, 농익은 홍시를 보고 자기 짝을 부르는 까치들의 지저귐도 부부애를 보여주는 것 같아 미소를 머금게 하였습니다. 골짜기를 따라 지칠 줄 모르고 흐르는 물소리, 가던 발길을 멈추게 하는 더덕 향, 연무에 휩싸여 그윽한 분위기를 연출하는 편백 숲은 모악산을 더욱 아름답게 채색하는 요소들인 것 같았습니다. 영국의 유명한 산악인 말로리 는 '그곳에 산이 있어 산에 오른다.'고 했는데 우리는 모악산과 둘레길이 있어 자전거로 상쾌하게 달릴 수가 있었다고나 할까요? 모악산은 엄마의 품같이 모든 것을 따뜻하게 감싸며 혜택을 베푸는 영산입니다.

이 정도면 운동도 되고 가을 산의 경치도 잘 감상했다는 아내의 의견에 따라 돌아가기로 했습니다. 지루한 줄 모르고 신나게 달려온 길인데 돌아가려니 올 때와 달리 왜 그리 오르막 내리막이 많은지?

'참 많이도 달려왔구나!' 하는 생각이 들었습니다. 몇 굽이 고개를 돌아 나올 때 내 자전거에 이상이 생겼습니다. 자전거의 페달이 빠져버린 것입니다. 페달을 주워 제 자리에 달고 또 달렸습니다. 조금 달리니 웬걸 또 다시 빠졌습니다. 빠져버린 페달을 주워 끼우고 달리기를 여러 번 반복했지만 얼마 못가 빠지곤 해서 도저히 달릴 수가 없었습니다. 페달의 나사가 마모되어 버렸던 것입니다. 어쩔 수 없이 내리막길은 자전거를 타고 오르막길은 끌면서 왔습니다. 올 때는 신나게 달렸지만 갈 때는 고생 좀 하겠구나 하며 고민하고 있는데 아내가 말했습니다.

"내가 견인하면 안 될까요?"

"뭐, 견인해, 어떻게?"

"자전거 뒤 짐 틀에 매어있는 끈으로 연결해서 끌면 될 것 같은데."

"그래? 그렇게 해 볼까?"

"그런데 고개 길을 끌고 갈 수 있겠어?"

"한 번 해 보는 거죠."

난 반신반의하면서 끈으로 아내의 자전거에 내 자전거를 연결했습니다. 아내가 앞에서 끌고 난 뒤에서 따라갔습니다. 혼자 달릴 때보다는 못하지만 그런대로 달릴 수 있었습니다.

"힘들지 않아?"

"……."

말없이 씽긋 웃는 아내의 얼굴은 이미 붉게 물들었고, 땀방울에 젖어 있었습니다. 오르막길을 오를 때는 아내의 거친 숨소리가 내 귀까지 생생하게 들렸습니다. 평소 느끼지 못했던 아내에 대한 고마움이 가슴을 뜨겁게 달구고 있었습니다.

아내의 희생과 협력, 그리고 작은 끈 덕분에 고생을 덜한 셈이지요. 고개고개를 힘들게 넘어오면서 우리 부부 관계도 이런

게 아닌가? 하고 생각했습니다. 부부가 만나 희로애락의 인생 고개를 살아가면서 사랑과 신뢰, 희생과 소통의 끈으로 단단히 묶는다면 어떤 역경도 극복하고 흔들림 없이 잘 버티면서 행복한 가정을 이룰 수 있을 것입니다. 하지만 사랑의 끈이 없거나 있더라도 단단하지 못하면 파도에 휩쓸리는 난파선처럼 가정은 흔들리고 행복은 산산조각이 날 것입니다. 사랑과 행복은 먼 곳에 있는 것이 아니라 가까운 곳에 있으며, 큰 것에 있는 것이 아니라 작은 것에서부터 출발합니다. 작은 끈의 역할과 같이 말입니다. 다가오는 노년의 세월을 사랑의 끈으로 묶어 서로 소통하고 이해하며 슬기롭게 살아야겠다고 다짐하는 뜻깊은 자전거 나들이였습니다.

(공무원 연금 2012. 5월호)

제라늄 사랑

우리 집에서도 베란다에 화초를 기른다. 봄에 팬지와 군자란을 시작으로 가을에는 국화까지 꽃을 피워, 베란다를 작은 꽃밭으로 꾸며준다. 내가 그들에게 베푼 만큼 그들도 내게 아름다움과 그윽한 향기로 보답한다. 조금이라도 게으름을 부리거나 손길이 소홀하면 아름다운 꽃을 볼 수 없고 향기에 취할 수도 없다.

지난 초 봄 아파트 재활용품 코너 앞을 지나다 작은 화분 두 개를 발견했다. 퇴색된 화분에는 제라늄이 심겨 있었다. 줄기와 잎은 누렇게 변색되고 생육이 빈약 하였다. 메마른 분토는 굳을 대로 굳어서 금이 가고, 오랫동안 보살핌을 받지 못하고, 방치한 상태로 있다가 버려진 흔적이 역력했다. 주인한테 홀대를 받은 화초가 안쓰러운 생각과 함께 조금만 손길이 가면 회생할 것 같기에 가져다 길러보기로 했다. 들고 온 화분을 보고 아내는

"있는 것도 귀찮은데 뭐 하러 주워 왔느냐"고 탓했다.

"시들어 죽을 것 같은 제라늄이 불쌍하기도 하지만, 재활용 코너에 놓여 있는 것을 보면 필요하면 가져다 잘 길러주시라"는 것 같아 가져왔다고 했다. 그러면서

"잘 길러 아름다운 꽃을 선사할 테니 기다려 보라"고 장담을 했다.

먼저 화분에 물을 흠뻑 뿌려 준 다음 햇빛이 잘 드는 창가에 놓았다. 조석으로 들어다 보며 행여 어떻게 될까 살펴보고 또 살펴보았다. 노심초사 하는 마음이 연약한 자식을 바라보는 엄마와 같았다. 이삼 일 정도 지나자 축 늘어진 줄기가 꿋꿋해 지고 생기가 돌았다. 되살아나겠다는 확신이 든다. 제라늄에 대한 나의 집착도 더욱 강해 졌다. 제라늄은 본래 향일 성 화초라는 점에 착안해서 하루에도 햇빛이 잘 드는 곳을 찾아 옮기기를 여러 번 했다. 온화한 바람이 제라늄 주변에서 치맛자락을 펄럭이고 강한 햇빛이 출렁이는 계절로 접어들자 줄기에 작은 돌기가 톡톡 솟아오르더니 귭기야는 연두색 잎으로 돋아났다. 낙엽에 깻묵을 섞어 발효시켜 만든 효소 액을 뿌려주고 누런 잎도 제거해 주니 청순하고 기품 있는 작품이 되어 갔다.

예쁘고 앙증맞은 하얀색 화분을 구해다가 자양분이 풍부하고 물 빠짐이 좋은 부엽토로 분갈이를 해 주었다. 오래도록 살아갈 새 터전을 잡아 준 셈이다. 새로운 환경에 적응하려는 태도는

사람이나 식물이나 마찬가지인가? 땅 맛을 알고부터는 기세 좋게 올라 왔다. 벽에 걸린 달력을 한 장 한 장 떼어낼 때마다 제라늄은 균형 잡힌 생명체로 그 모습을 갖추어갔다. 제라늄이 튼실해 질수록 내 마음도 밝고 환해졌다. 그리고 무언가 이룰 것 같은 희망에 마음이 설레었다.

살인적인 더위가 막바지에 이르고 가을빛이 나뭇가지에 서성이던 어느 날, 창밖 거치대에 놓여있는 제라늄 화분을 들고 온 아내가

"여보, 이것 보세요. 제라늄이 꽃을 피웠어요. 향기가 아주 진해요." 원 줄기에서 꽃대가 솟아올라 포도송이처럼 꽃 무더기를 이루고 그 곳에서 다시 꽃대가 솟아올라 5엽의 예쁜 꽃을 피우고 있다. 나비 한 쌍이 살짝 내려앉아 날개를 세우고 사랑을 나누는 자태와 같다. 작게는 3~4개의 꽃망울에서 많게는 6~7개의 꽃망울까지 꽃이 피어올라 무리를 이루니 화분은 풍성한 꽃바구니가 아닌가? 정성으로 가꾼 주인에게 보답이라도 하듯, 한 화분에는 분홍 꽃이, 다른 화분에는 빨강 꽃이 서로 경쟁하며 향연을 벌이고 있다.

분홍색의 제라늄은 우아하고 고결한 여성을 꼭 빼닮았다. 화려하지는 않지만 품격이 높고 은근하면서도 애교를 지닌 행복한 여인의 표상이라고나 할까? 엷고 부드러운 연약한 꽃잎은 비단 속에 감춰진 여인의 속살마냥 주인의 마음을 흔드는 데 부족함이 없었다.

빨강색 제라늄은 강렬한 색깔로 나를 압도한다. 정렬과 에너

지가 출렁이는 불꽃이다. 모든 것을 불태워 한 줌 재가 남을 때까지 돌진하는 강인한 젊은이의 표상이다. 정열의 깃발이 나부끼듯 진취적이고 역동적인 힘이 샘솟는다. 불가마 더위에 생성된 에너지가 꽃을 통해 분출하고 있다. 정렬적인 삶을 위해 발걸음을 내 딛으라 하며 나의 영혼을 깨우는 것 같다.

아침 잠자리에서 일어나면, 창밖 거치대에서 밤새 어둠속에서 힘을 응축했다가 기지개를 켜는 제라늄에게 달려간다. 꽃잎은 새벽녘 몰래 찾아온 이슬에 함초롬히 젖어 청순함이 극에 달한다. 잘 정화된 이슬로 몸을 씻은 꽃잎은 물속에서 갓 나온 아이마냥 싱싱하고 보드랍고 야들야들한 피부로 나와 눈을 맞춘다. 청초한 모습이 청량한 아침공기와 함께 심신을 카타르시스에 빠지게 한다. 죽어가는 꽃을 살려낸 정성을 아름다움으로 되돌려 받는 일도 사랑하는 마음의 한 줄기가 아닐까?

제라늄의 꽃말 '그대가 있어 행복합니다.' 와 같이 하루의 문을 여는 나에게 잠시나마 행복감에 젖게 하는 순기능의 역할까지도 수행한다. 사색의 여유를 주고 마음을 평화롭게 한다. 제라늄은 자기를 버리지 않고 새 생명으로 거듭날 수 있도록 사랑해준 내게 고마운 듯 아름다운 꽃과 향으로 보답하고 있다. 나 또한 꽃을 통해 메말라가는 감성을 되살리고 잠시나마 행복감에 젖으며 사랑할 수 있었으니 이것이 자연과 인간의 상생이 아니겠는가?

(2017.12.15. 전주일보)

홀로서기

오늘 아침에는 오지뚝배기에 구수한 된장국을 끓여볼까? 그러려면 어떤 순서로 요리를 해야 하지? 먼저 뚝배기에 멸치와 다시마를 넣고 육수를 끓여낸다. 그런 다음 된장 한 숟갈을 퍼서 조물조물 육수에 푼다. 펄펄 끓이면서 양파와 풋고추를 썰어 넣어야지. 마늘은 칼자루 등으로 다져서 넣고. 간을 맞추려면 소금을 넣어야 할까, 간장을 쳐야 할까?

잠에서 깨었으나 침대에 누워서 머릿속으로 떠 올려본 아침 식사의 요리과정이다. 그동안 아내가 요리하는 모습을 옆에서 엿본 눈썰미와 된장국을 먹으면서 느꼈던 미각을 토대로 생각해 낸 요리법이다. 자리를 박차고 일어났다. 산책을 가야지. 산책을 끝내고 아침을 준비해도 그리 늦지는 않으리라.

나는 요사이 아내와 별거 아닌 별거를 하고 있다. 딸아이가 어렵게 얻은 아들을 키우면서 보채는 모습을 보다 못해 아내가 딸집으로 간 지 일주일 가까이 된다. 갈 때는 몇 가지 밑반찬을 해놓아 그런대로 버텼다. 그런데 그것도 한 두 끼니지 하루가 가고 이틀이 지나니 그 반찬이 그 반찬이라 손이 가지 않았다. 간 지 며칠 동안은

"견딜 만하냐? 끼니는 어떻게 해결하느냐? 집에서만 먹지 말고 외식도 하라."

친절하게 근황을 물어오더니 요새는 감감 무소식이다. 딸과 함께 무지개 꿈을 꾸는지, 손자의 재롱에 넋을 잃었는지 모르지만 곧 오겠지 하면서 기다리는 중이다. 한편 이런 기회에 나도 인내심이 강한 남자라는 것과 무엇이든 스스로 해결하는 남편임을 보여주고자 나름대로 노력하고 있다. 잡초 같은 생명력을 보여줄 수 있는 호기好機라며 은인자중隱忍自重하고 있다. 무소식이 희소식이라는데 별일이야 있을라고?

잠깐 동안이지만 아내 없이 홀로 지내기란 마치 새장 안에 버려진 외로운 한 마리의 새처럼 처량하다. 날갯짓을 보아줄 상대도 없고, 시비를 걸어올 위인도 없다. 밖을 맴돌다 들어와 보면 새장 같은 울안에는 아내의 그림자만 냉기 속에 머물고 있다. 공허만이 허접하게 매어있는 아내의 옷자락에 나부끼고 있다. 그 좁던 거실이며 안방이 하교후의 교실처럼 허허롭다. 구석에 덩그마니 놓여있는 가구들도 기다림에 지친 표정이다. 그래서 조물주는 인간은 가정을 이루어야 한다고 짝을 지어 주셨던가 보다.

아내가 집을 비우는 동안 나는 홀로서기연습을 하고 있다. 인간의 생명은 유한하기에 언젠가는 홀로 남아 있는 긴 여정을 맞아야 한다. 그때를 대비해서 스스로 살아갈 수 있는 지혜를 터득해가고 있다고 생각하니 마음이 편하다. 운동할 때 젖은 내의는 배어든 땀에 변색이 되니 지체 없이 빨아야 하고, 양말은 세탁기로는 찌든 때가 안 빠지니 손으로 싹싹 문질러야 한다. 설거지통에서 오랜 시간 침잠하고 있던 그릇들도 맑은 물로 깨끗이 씻어 말린 다음 평상에서 휴식을 취하도록 했다. 쓰레기들도 집안의 정결을 해치는 주범이라는 소리를 듣기 싫다 하니 생쥐 곳간 드나들 듯하며 안식처로 보내야 한다. 어디 그뿐인가? 된장과 달걀에게도 주인의 밥상을 풍성하게 꾸미는 성찬의 기회를 주어야 한다. 모처럼 주어진 자유와 여유를 즐기려 하나 크고 작은 일들의 성화에 몸이 한가롭지 못하다. 아내의 빈자리를 메우려니 아내보다 더 부지런해야 한다. 아내의 빈자리가 이렇게 클 줄이야?

나의 홀로서기는 비단 이번이 처음은 아니다. 중년시절에 보랏빛 꿈을 위해 서해안에 자리한 작은 학교에서 2년 동안 근무한 적이 있었다. 그곳은 전주에서 100여km가 되는 먼 곳이어서 모든 교사들이 관사에서 숙식을 해결 하였다. 월요일 아침 아내가 마련해 준 찬 그릇을 짊어지고 출근하면 토요일 땅거미가 질 때야 집으로 돌아오곤 했다. 일주일 동안 꼼짝없이 교사 겸 주부가 되어야 했다. 찬밥을 챙겨야 하고, 설거지와 세탁까지 도맡아야 했다. 그러나 낮에는 새싹들의 재잘거림에 빈 가슴을 채웠고, 밤이면 바닷가에 서성이는 달빛을 벗 삼아 아내의 빈자리를 메워 가며 홀로서기를 익혔다.

요즈음은 홀로가정이 늘어나고 있다. 노인에게도 예외는 아니다. 더군다나 노령부부 중 아내를 먼저 보내고 남편 홀로 황혼 길을 걷는 이들도 많다. 이들은 자신의 노쇠한 육신도 가누기 어려운데 밥 짓고 빨래하고 씻고 닦는 일까지 모두 스스로 해야 한다. 아내만 바라보며 근심 없이 살았던 날과는 달리 팔을 걷어붙이고 생활전선에 나서야 한다. 가장으로서 주부의 역할까지 1인 2역 이상을 수행해야만 살아갈 수 있다. 그러다 생활의 무게에 눌러 정상적으로 살아가지 못하고 노숙자가 되거나 비참하게 생을 마감하는 일도 있다. 아내의 치맛자락만 믿고 살다가 홀로 되니 모진 풍파를 견디어 내지 못하고 생에 대한 미련마저 놓아버린 까닭이리라

준비된 자만이 평탄한 미래를 열 수 있지 않을까? 아내만 하늘처럼 믿고 있다가 피치 못할 사정으로 혼자가 된다면 얼마나 망연자실할 것이며, 그 슬픔 또한 오죽하랴? 설상가상 홀로서기 준비가 부족하다면 피폐한 모습으로 곳곳을 기웃 거리는 걸객乞客이 되지 않는다고 어이 호언할 수 있으리. 둥지를 잃고 허공만 맴도는 철새가 되지 않는다고 장담할 수 있으랴? 갈고 닦아 놓은 연장이 쓸모가 있듯이 차근차근 익히고 준비하는 것만이 황혼의 언덕에서 고통을 덜어내는 약이 되지 않을까 싶다.

(20117년 황학광장)

화이트데이 선물

지난 3월 14일, 영롱회원 부부모임이 있는 날에 관촌 사선대 관광을 하였다. 관광을 하는 도중 일행은 공원의 벤치에 앉아 휴식을 취했다. 여러 대화를 나누던 중, 한 친구가 오늘이 화이트 데이란다. 화이트 데이에는 남자가 좋아하는 여자에게 사탕을 선물하면서 사랑을 고백한다고 한다. 사탕이 입안에서 쉽게 녹지 않고 남아 있는 것처럼 오래토록 사랑하자는 뜻일까? 아내에게 특별히 고백할 것은 없지만 의미 있는 시간을 마련해 보자고 했다. 좋은 생각이라며 모두가 동의했다. 선물이 사탕이라니 경비도 많이 들것 같지 않아 좋았다. 알사탕 다섯 봉지를 사왔다. 그리고 저녁식사 때 아내들에게 전해주기로 했다. 선물을 전할 때는 최대한 애정표현을 하자고 했다.

요즈음 젊은이들 사이에서는 사랑을 고백하는 날이 있다. 평일에 한다고 굳어진 사랑이 수포로 돌아가는 것은 아니겠지만 의미 있는 날에 하려 한다. 이는 분위기를 띄우고 상대의 마음을 사로잡으며 극적 효과를 얻기 위해서일 것이다. 그날이 바로 밸런타인데이가 아닌가? 그리고 2월 14일은밸런타인데이 (연인의 날)인데 여자가 평소에 좋아하는 남자에게 사랑을 고백하는 날이다. 사랑을 전하는 매체로 초콜릿을 이용한다. 초콜릿처럼 달콤한 사랑을 나누자는 걸까? 최근에는 초콜릿 이외에도 자기만의 개성 있는 선물을 준비하는 사람도 있다 한다. 밸런타인데이에 받은 선물에 대해서 보답하는 뜻으로 화이트데이에 선물을 한다는데 오늘이 바로 그 날인 것이다. 그 외에도 4월 14일은 블랙데이로 두 날에 아무것도 받지 못한 사람끼리 같이 모여 짜장면 먹는 날이고, 5월 14일은 짜장 면도 못 먹은 사람끼리 카레를 먹는 날이란다. 참 젊은이들의 세계는 복잡하고도 재미있는 것 같게 느껴진다.

현직에 있을 때 많은 제자들로부터 빼빼로를 선물로 받은 바 있다. 빼빼로데이(11월 11일)에 있었던 일이다. 이 날도 빼빼로를 전해 주면서 사랑을 고백하기는 마찬가지다. 무심하게 안겨주고 가는 어린이가 있는가 하면, 예쁜 종이에 깨알 같은 글씨로 사랑한다면서 전해 주는 어린이도 있었다. 책상에 수북이 쌓이게 되면 결국 저희들의 손으로 되돌아갔지만 행복한 순간이었다. 고사리 손으로 전해준 사랑에 보람을 느끼기도 했다. 또한 지금까지도 그들의 사랑을 가슴속에 간직하고 있다. 그러나 되갚은 기억은 없다. 순수한 동심에 실망을 안겨주지는 않았는지? 조금은 무심한 스승이라고 흉을 보았을 법도 하다.

기성세대들의 사랑고백은 현대와는 사뭇 달랐다. 사랑을 고백하는 데는 대개 편지를 이용했다. 자작연시自作戀詩를 지어 보내거나 문인들의 작품을 인용하여 마음을 전해 주곤 했다. 또 간단한 물품이나 책을 선물로 보내면서 그 속에 살짝 연정을 실어 보내기도 했다. 젊은 시절 연서를 주고받으면서 푸시킨의 '삶이 그대를 속일지라도'를 많이 인용했던 기억이 생생하다.

관광을 마치고 전주의 한 음식점으로 돌아왔다. 약속한 대로 식사 전에 선물을 전했다. 어려운 살림살이에도 가정을 잘 지켜 준 노고에 감사하는 마음을 실었다. 먼 훗날까지 아름답게 가꾸어 가자는 의미도 있었다. 작은 선물이지만 감사와 사랑을 전하는 메시지였다. 한 사람씩 차례로 돌아가며 전했다. 감동적인 장면을 연출하려 노력했다. 조금은 익살스런 표정으로 전하는 친구가 있는가 하면, 무릎을 꿇고 정중하게 바치는 친구도 있었다. 나는 이덕화의 '부탁해요!'를 성대모사하며 연기력을 발휘해서 전해 주었다. 아내가 "이게 웬 일이냐?" 며 소녀처럼 부끄러워했다. 닭살이 돋을 정도로 애교를 부리며 전하는 친구, 과감하게 껴안고 스킨십을 하면서 전하는 배짱 좋은 친구도 있었다. 실로 진풍경이었다. 친구들 앞이니 진반농반眞半弄半으로 흥이 나게 했다. 실내는 웃음바다가 되었다. 익살스런 행태 속에서도 사랑하는 마음은 묻어나고 있었다. 아내들 또한 화이트데이에 난생 처음 받는 선물이라며 감격해 했다. 작은 선물이지만 고마워하는 아내들의 모습이 햇살처럼 밝았다. 오늘따라 남편들이 멋져 보인다며 너스레를 떨었다.

지난 세월, 변변한 선물 한 번 하지 못하고 살아왔다. 정작 처음부터 선물을 등한히 한 것은 아니었다. 여행길에 마음먹고 선물을 사 가지고 온 적도 있었다. 그때마다 쓸모없는 물건이니, 비싸게 샀다느니 시큰둥하게 대하기에 단념하고 말았던 것이다. 그러다 보니 선물을 안 하는 체질이 형성되었고, 아내 또한 그러려니 하면서 살아 왔다. 아내도 여자임에 틀림없다. 사랑이 담긴 선물을 받고 싶었을 게다. 운치 있는 분위기에서 공주 같은 대접도 받고 싶었을 게다. 그것이 바로 여자들의 로망이 아닌가? 그러나 아들딸을 기르고 교육시키는 과정에서 절약하고픈 마음에 본의 아닌 핑계를 대었을 수도 있다. 마음 구석에서 밀려오는 욕구를 잠재웠을 수도 있다. 과분한 사치라고 억제했을 수도 있다. 오늘 작은 선물에도 감격해 하지 않는가? 그 마음을 꿰뚫어보지 못하고 무심히 지나쳐 왔으니 남편의 도리를 다 했다고 할 수 있을까?

그날 저녁의 음식은 더욱 맛이 있고 향기가 났다. 술잔 속에서 우정도 넘쳤다. 아내에 대한 애정도 봄꽃처럼 피워 올랐다. 모두의 얼굴에 사과 빛 생기가 돌았다. 분위기 또한 최고로 뜨거웠다. 식사를 마치고 계산대로 가니 음식점 안주인이 한마디 했다.

"아저씨들은 정말 멋있는 분이네요. 사모님들은 행복하겠어요."

선물을 전하고 있는 우리의 모습을 엿본 듯하다. 그녀의 얼굴에는 부러움이 스며있었다. 멋있는 사람? 젊은이들의 흉내를 내 보았는데 칭찬을 듣게 되었다. 뜻하지 않은 화이트데이가 가져다준 선물이다. 날마다 오늘 같은 소리를 들을 수 있으면 좋으련만……. 어떻게 하면 멋있는 사람이 될까? 곰곰 생각해 보면서 돌아왔다.

(2013. 3. 15.)

여섯 번째 이야기

자연의 품에서

고향의 저수지 | 가을의 품에 안긴 전주 천
달팽이 | 대접받는 곤충자원
두물머리 같은 삶 | 밤이 더욱 행복하다.
봄은 갔는데 | 사과 삼형제
텃밭에서 얻은 행복

고향의 저수지

내 고향 동림에는 커다란 저수지가 있다. 노령산맥의 골짜기에서 흘러오는 물을 모아 호남 벌을 적시며 옥토를 기름지게 하는 호수이다. 전국적으로 열 손가락 안에 들 정도로 넓어서 초등학교의 사회과 지리부도에도 수록되어 있다. 주변의 경치가 아름다워 근동의 학교에서 소풍지로 이용하기도 했고, 추석 등 명절 때에는 선남선녀들이 놀이 장소로 자주 찾던 곳이다. 그런가 하면 수질이 양호하여 각종 어류들의 낙원이어서 낚시꾼들의 발걸음이 멈추지 않았다. 호남지방에서는 말할 것 없고 멀리 수도권에서도 관광버스를 대절하여 수시로 드나들었다. 밤낚시에 밝힌 불빛이 저수지 주변을 온통 불야성으로 만들어 장관을 이루기도 했다.

저수지는 내 마음의 한 편에 확실하게 자리한 어머니와 같은 존재이다. 고향을 생각하면 가장 먼저 떠오르는 것이 가족이요 친구들이지만 저수지 또한 지울 수 없는 벗이다. 어머니의 포근하고 따스한 품이 그립듯이 그림같이 아름다운 저수지 주변의 경치와 잔잔한 수면은 내 평생 지울 수 없는 그리움의 대상이다.

저수지는 우리들의 어린 시절 사시사철 추억을 생산해 준 장소이기도 하다.숨을 고른 봄바람이 산등성을 넘어 살랑살랑 저수지로 불어 올 때면 둑으로 나갔다. 두 팔을 벌리고 포근한 봄바람을 가슴에 품어 안으면 향긋한 봄 냄새가 물씬 풍겨왔다. 날아다니는 제비를 향해 활개를 치고, 둑의 곳곳에 파릇파릇 나 있는 솜털 가득한 봄나물을 꺾어 코에 대면 몸도 마음도 봄 향기에 물든 푸른 소년이 된다. 나의 봄은 저수지에서부터 그렇게 찾아오곤 했다.

무더운 여름날 땀이 비 오듯 하면 누가 먼저라고 할 것 없이 옷을 홀라당 벗어 던지고 저수지로 풍덩 뛰어 들었다. 철모르는 오리새끼처럼 자맥질을 하는가 하면 술래잡기를 하며 한나절을 훌쩍 보냈다. 입술이 파래지고 온 몸이 덜덜 떨리면 물 밖으로 나와 햇빛에 말렸다. 제방에 놓인 돌에 귀를 대고 물을 빼고야 집으로 향했다. 그럴 때 마다 부모님의 호통이 벼락처럼 떨어졌다. 며칠이 지나면 언제 그랬느냐는 듯이 또 찾았다. 형들은 수영보다는 한 곳에 삼삼오오 모여 고추를 내놓고 비교하며 킬킬 웃기도 했다. 그때는 의아해 했는데 먼 훗날에 이르러서야 그 의미를 알고 빙그레 웃음을 자아내기도 했다.

저수지의 여름밤엔 별빛이 물위로 보석처럼 쏟아져 내렸다.

모기를 피해 나온 친구들은 수문으로 통하는 다리위에 가지런히 누워 캄캄한 밤하늘에서 반짝이는 별빛을 보며 소소한 이야기로 밤을 새웠다. 이 별은 내별이고 저 별은 네별이라며 우기기도 했고, 더 큰 별을 찾아 온통 밤하늘을 더듬기도 했다. 그렇게 별을 보며 나의 보랏빛 꿈을 그려보기도 했다.

성년이 되어서 직장을 다닐 때였다. 여름철에는 저수지에서 새우가 많이 잡혔다. 도시락을 싸 가지고 다니던 시절, 풋 호박에 고추장을 넣고 끓인 새우 매운탕을 펴 놓으면 동료 교사들의 손길이 바빴다. 지금도 가끔 그 분들을 만나면 그 때 먹었던 새우매운탕을 꺼내놓고 추억을 더듬곤 한다. 어느 여 선생님은 수로를 진흙으로 막고 세수 대야로 물을 퍼낸 다음 수풀 속에 웅크리고 있는 새우를 잡고 돌 틈에서 푸드득 거리며 나오는 메기와 뱀장어도 잡았다며 내가 잊고 있던 추억까지도 들추어 주었다. 아련히 떠오르는 옛 이야기지만 모두 저수지가 있기에 꾸며준 화첩이다.

지난 가을에 고향을 찾았다. 나무들이 무거운 짐을 벗고 차가운 계절을 맞이하려던 때였다. 둑에 나가 물 위를 바라보니 물새들이 수면을 가득 메우고 있었다. 진객으로 불리는 노랑부리저어새, 가창오리 등 수 십만의 물새들이 떼 지어 물위에 떠 있다. 마치 검정 천을 깔아놓은 들판 같이 새까맣다.

잠시 후 해가 서산을 넘고 노을이 짙어질 무렵이었다. '까악

까악' 소리와 함께 푸득푸득 날개 짓을 하는 등 약간의 술렁임이 있더니 한두 마리씩 날아오르기 시작했다. 점차 그 수가 많아져 노을빛 하늘을 꽉 메웠다. 수면 위는 물론 드넓은 벌판 등 광활한 무대에서 바람을 일으키며 군무를 시작했다. 한순간에 모였다 흩어지기도 하고 하늘높이 솟았다 내려앉았다. 회오리바람처럼 맴을 도는가 하면 비단자락처럼 펄럭이기도 했다. 성난 벌떼들이 동시에 나는 것 같기도 하고 어여쁜 나비가 춤을 추는 것 같았다. 신기에 가까운 춤사위는 누구도 감히 흉내 낼 수 없는 행위예술이었다. 방송매체에서는 대서특필하고 탐조객들은 초점을 맞추느라 여념이 없다. 바라보는 이들은 모두 황홀경에 빠진 듯 환성만 자아냈다.

저수지가 철새들의 군무로 많은 사람들의 관심을 끌 무렵 예기치 않은 복병이 찾아왔다. 그것은 조류 독감이었다. 많은 저수지나 호수 중에서 조류독감이 제일먼저 발병한 곳이 바로 내 고향 저수지이다. 철새들의 군무로 주가를 높이고 있었는데 조류독감으로 오명의 저수지가 되었다. 한참 승승장구하던 터에 뒤통수를 얻어맞은 셈이다. 고향의 저수지가 조류독감의 발병지로 보도가 나가자 내 자신이 부끄러웠다. 마치 내가 무슨 큰 잘못이나 저지른 것처럼 움츠려졌다. 사실 조류독감이란 주위 환경이 불결해서 생기는 병도 아니고 주민들이 환경을 훼손해서 생기는 병도 아니다. 보균한 철새들이 날아와서 전염시키는 병이다. 그런데도 그 책임이 지역주민에게 있는 것 같아 자괴감에 빠졌던 것이다. 그 후 오리나 닭을 사육하고 있는 농가에서는 수 만 마리를 살 처분해야 하는 아픔을 겪었다. 이 고장을 지나가는 차량들을 철저히 소독하는 등 각고의 노력을 다했다. 다행히 조류 독감을 물리칠 수 있었다. 그렇지만 조류독감 발병지라는 오명을 쉽게 지울 수 없게 된 것은 참으로 안타까운 일이다.

반세기를 지나오면서 저수지는 영욕의 세월을 번갈아 맞이했다. 한때는 유원지, 낚시터, 철새들의 낙원으로 명성이 자자했는가 하면 또 한때는 조류독감의 근원지로 치욕의 세월을 보내야 했다. 그렇지만 이제는 모든 지나간 세월이기에 우쭐하거나 원망할 일은 아니려니 싶다. 아름다운 꿈과 낭만이 어린 곳, 그림같이 예쁜 주변 환경을 간직한 곳, 그 이상과 이하도 아닌 영원한 고향으로 남았으면 하는 바람이다.

(국보문학 2017년 8월호)

가을의 품에 안긴 전주 천

날씨가 화창한 주말이다. 현란한 햇볕의 유혹에 이끌려 전주천으로 나갔다. 깊어가는 가을햇살이 빗살같이 내려와 대지와 초목에도 부서지듯 내리 쬔다. 주변의 나무들은 빨강, 노랑, 분홍의 고운 색을 한껏 풀어 잎들을 예쁘게 물들이고 있다. 찬란한 햇빛의 조명 아래 전신에 품고 있는 한 방울까지 짜내어 가을의 무대를 장식하고 있다.

전주천은 임실 슬치에서 발원하여 천년고도 전주를 휘감아 돌아 호남평야를 가로질러 서해로 빠지는 지방1급 하천으로서 그 길이가 30여km에 이른다. 전주시를 품에 안듯이 감고 돌아가는 전주천은 시민의 애환을 지켜보며 유유히 흐르는 젖줄이다.

예전에는 잦은 홍수로 저지대가 침수되고, 쓰레기가 산더미처럼 쌓여서 더럽고 악취가 났다. 오수와 생활하수가 흘러들어 수질은 오염될 대로 오염되었다. 생명체 하나 발붙이지 못하는 애물단지였다. 그 뒤 생활에 여유가 생기고 환경의 중요성이 강조되면서 천주천은 새 생명을 얻게 되었다. 늦게나마 깨우친 인간의 지혜 덕이 아닌가한다.

남천교 밑으로 내려가 한벽당 쪽 천변을 따라 걸었다. 산책길이 끊어진 듯 이어지고 이어진 듯 감돌며 구불구불 잘도 나 있다. 햇볕은 포근하게 내리쬐고 덥지도 춥지도 않은 전형적인 가을 날씨여서 산책하기에 알맞았다. 햇볕을 쬐면 비타민 D가 많이 생성된다던가. 가을 경치를 구경하고, 심신을 단련할 수 있으니 일석 삼조라 자위하며 걸었다.

길옆에는 가다가 지치면 쉬어갈 수 있는 벤치도 있고, 간간이 운동기구도 있어 지루함을 달랠 수 있다. 물이 막힘없이 잘 흐를 수 있도록 수로를 시원하게 내주고 주변을 깨끗하게 가꾸고 정리하였다. 모든 시민이 자유롭게 걷고 사색할 수 있는 휴식처로 탈바꿈해서 운치가 있다. 내가 어릴 적에 본 전주천의 지저분하고 악취 나던 모습은 없었다. 수정처럼 맑은 물이 속살거리며 가볍게 흐른다. 어찌나 맑은지 흐르는 물을 한 움큼 마시고 싶은 충동까지 일었다.

물속에는 붕어, 송사리들이 떼 지어 가녀린 몸을 좌우로 흔들며 유영遊泳한다. 먹이를 찾고 있는지 휴식을 취하는지 모르겠으나 몸놀림은 계속하고 있다. 부지런을 떨며 일찍 찾아온 아기 청둥오리들이 부리로 깃털을 쪼아대며 재롱을 부리는 모습이 갓난 아기를 보듯 귀엽다. 먹이를 찾으러 물속 깊이 자맥질을 하며 맛있는 점심을 장만하는 녀석들도 있다. 청둥오리들의 귀여운 유희遊戱가 나그네의 발걸음을 붙잡는다. 전주시민의 노력으로 철새들의 안식처로 거듭난 전주천이 자랑스럽다. 송사리, 쉬리 등 1급수에서만 살 수 있는 어족들이 돌아와 둥지를 틀고 수달가족이 보금자리를 펼 수 있는 청정수역이 되었다. 전주천은 시가지에 가까이 있으면서도 어디에 내 놓아도 뒤지지 않은 자연생태계의 보고이다.

흐르는 물 언덕에는 들국화가 함초롬히 피어 향기를 내뿜고 있다. 가을이 깊어가자 들국화도 더욱 청초한 자태를 뽐내고 있다. 빨간 단풍잎과 노란 은행잎이 한데 어우러져 불타는 가을을 쉽게 만끽할 수 있어 좋다. 멀리 떠나지 않고 가까운 전주천변에서 아름다운 가을을 완상玩賞할 수 있는 것은 행운이다.

천의 둔덕에는 밀림처럼 펼쳐진 갈대들이 간간이 불어오는 갈바람의 문안 인사에 답하듯 머리를 흔든다. 갈대는 머리가 센 노인처럼 백발을 머리에 뒤집어쓰고 있다. 갈대도 사람같이 모진 풍상을 다 겪다 보니 머리가 하얗게 되었나보다. 하얀 갈대가 어우러진 천변에도 가을은 깊어가고 있다. 대로에 줄지어 선 은행나무들도 하늘을 노랗게 물들이고 전주 천을 굽어보며 채색한다. 산책하는 시민들도 가을에 취한 듯 표정도 밝고 발걸음도 가볍다. 전주천은 가을의 품에 깊이 파묻혀 있었다.

한벽당 밑에는 보를 만들어 흐르는 물을 가두어 놓은 작은 소沼가 있다. 예전에는 대성동쪽에서 흐르는 물이 한벽당 앞에서 한 번 휘돌아 굽이치고 다가동쪽으로 줄달음쳐 흐르다 보니 머물 곳이 없었다. 가뭄 때는 갈수渴水가 되고 장마 때는 홍수洪水가 나서 이래저래 피해를 많이 주었다. 그러나 이제는 물막이를 만들어 거침없이 흐르던 물도 잠시 쉬어갈수 있게 작은 담수호를 만들었다.

물막이 한쪽에는 물고기들이 헤엄쳐 올라오도록 만든 어제魚梯가 만들어져 있다. 물막이를 갓 넘어온 물은 웅덩이에서 맴돌고 또 작은 물막이를 넘는다. 물막이를 넘고 웅덩이에서 맴돌아가야 하는 시설이 10여 개나 연속으로 이어져있다. 물고기들이 올라오다가 쉴 수 있는 웅덩이가 마련되어 있다. 물막이를 넘을 때마다 튕기는 물방울들이 가을 햇빛에 영롱하게 빛났다. 한순간 아름다운 보석으로 변했던 물방울은 사라지고 또 다른 물방울이 튕겨 올라 보석처럼 빛난다. 따스한 가을 햇살이 연달아 튀어 오르는 물방울마다 보석으로 만드나 그 생명은 순간이다. 물방울 보석이 한순간이듯 우리네 인생도 한순간이 아니겠는가? 물은 흐르는 소리마저 맑고 청아하다. 짙어가고 있는 가을에 잘 어울리는 소리다.

소沼의 물위에 내려앉은 단풍잎은 흐르는 물길에 몸을 맡긴 채 한가롭다. 한 무리의 작은 물고기들이 떠 있는 낙엽을 희롱하며 가을 한낮을 즐기고 있다. 여름에는 악동들이 물장구를 치는 놀이터요, 겨울에는 썰매나 스케이트로 추위를 이겨내는 명소인데, 가을에는 낙엽에게 자리를 내 준다. 계절의 변화에 따라 소는 다른 모습으로 태어난다. 한벽당의 부드러운 추녀가 반대편 언덕의 빛 고운 단풍과 휘휘 늘어진 버들가지와 함께 수면 위에서 조화를 이루니, 그 또한 운치 있는 가을 풍경이다. 전주천은 그렇게 가을의 화폭으로 빠져들고 있었다.

(전주일보, 2017. 11. 10.)

달팽이

푸르고 연한 열무 한 아름을뽑아왔다. 왕 가뭄 속에서도 날마다 물을 퍼 날라 뿌려준 수고의 대가이다. 아내는 부드럽고 서근서근하여 맛깔스런 여름 반찬이 되겠다고 했다. 저녁상이 기대 되었다. 아내가 열무를 다듬으려 거실에 펴 놓았다. 나도 손을 보탰다. 젊은 시절에는 이 정도의 김치 거리는 거들떠보지도 안았는데 이제는 당연한 일이 되었다. 시간이 많고 막상 할 일도 별로기에 나선 일이라고 하나 실은 가사는 공히 분담해야 한다는 시대적 흐름이 더 큰 비중을 차지한 게 사실이다. 아내의 눈총에서 자유로운 뱃심 두둑한 남편이 몇이냐 있다던가?

열무를 다듬다 보니 달팽이 한 마리가 잎 뒤에 붙여 있다. 미동도 하지 않고 있는 것으로 보아 잔뜩 겁먹은 모습이다. 그동안 이른 아침마다 달팽이를 잡아내곤 했는데 용케도 살아 있다가 발견되지 않고 이곳까지 더불어 온 것이다. 억세게 운이 좋은 녀석이다. 제 스스로 찾아온 것은 아니지만 끈질긴 생명력에 연민의 정을 느꼈다. 달팽이를 어찌 할까 망설였다. 밭에 있는 열무에 붙어서 잎을 갉아 먹을 때는 무단 침입자로 여기고 가까운 숲으로 던지며 네 인생은 네가 알아서 해라 했다. 지금은 아파트 아래로는 십 수길 낭떠러지가 버티고 있고 그렇다고 밖에까지 나가서 보금자리를 마련해 줄 여유도 없다. 다듬고 난 열무 찌꺼기에 묻혀 새로운 삶을 마련해라 했다.

나는 중학교를 졸업하고 서울로 갔었다. 어른들은 말렸으나 고집을 부렸다. 추위가 풀리지 않은 2월은 매섭게 추웠다. 옷가지 몇 개와 달랑 몇 푼의 여비만 갖고 서울 행 완행열차에 몸을 실었다. 차창으로 내민 차가운 내 손을 잡고 어머니는 네 갈 길은 네가 알아서 해라 했다. 오늘 달팽이가 그때 그날의 나의 운명과 같지 않을까?

한 참 후에 달팽이가 다시 시야에 들어왔다. 자세히 보니 조금 전에 열무 찌꺼기에 묻어둔 바로 그 녀석이다. 열무 밭에서 마음 놓고 살던 달팽이에게 숨죽이고 있으라 했으니 얼마나 답답했을까? 때론 죽을 수도 있겠다는 생각을 했을지도 모른다. 생존본능이 발동했으리라. 미물인 달팽이도 이러 하거늘 세월호 참사 때 움직이지 말고 제자리에 머물러 있으라고만한 말을 들은 학생들은 얼마나 발을 동동 굴렀을까?죽음으로부터 벗어나야겠다는 본능은 미물인 달팽이나 만물의 영장인 인간이나 마찬가지가 아닐까? 어린싹들의 생명은 안중에도 없고 자기들만 생의 끈을 잡고 허우적거렸던 선원들의 모습이 가증스럽게 떠오른다.

달팽이와 신경전은 시골에 살 때도 가끔 있었다. 김칫거리를 다듬다 달팽이가 보이면 그 쓰레기와 함께 두엄자리에 던지곤 했다. 주변에는 풀밭이 있고 나무들도 열병처럼 서 있으니 그런 곳에서 새로운 둥지를 틀고 살아갈 방도가 있으려니 했다. 지금은 나와 달팽이는 사방 팔면이 시멘트로 둘러쳐진아파트에 있지 않는가? 틈새나 후미진 곳으로 피한다 해도 제 생명을 부지하기 어려우려니와 아이들이라도 본다면 밖으로 내 던질 것은 불을 보듯 뻔한 일이다.망설이고 있는 사이에 달팽이는 바구니를 넘고 있었다. 죽음으로부터의 대 탈출이다. 탈출은 목숨을 보전하기 위한 본능이요 새로운 삶을 위한 출발점이다. 탈출이 여의하면 소중한 목숨을 보전할 수 있지만 그렇지 못 할 때에는 천길 구렁텅이로 떨어진다. 내 눈에는 달팽이의 움직임이 머줍기 한량없으나 달팽이는 사력을 다하는 것 같았다. 아프리카 세렝게티 국립공원에서 맹수에 쫓기어 달아나는 얼룩말과 가젤들의 힘겨운 모습이 떠올랐다. 가여운 일이다.

탈출이라면 몇 년 전 상영된 영화 '대탈출'의 눈물겨운 장면들이 떠오른다. 통일을 눈앞에 두고 진격을 계속하던 순간 중공군의 인해전술로 철수를 해야 했다. 흥남부두에 구름같이 모여든 장병들과 국민들의 생사를 걸고 탈출하는 모습은 처참하기 이를 데 없었다. 국민 모두가 겪은 뼈아픈 슬픔이지만 오늘날까지 그 아픔은 끝나지 않았으니 안타까운 일이 아닐 수 없다.

얼른 바구니 째 들고 밖으로 나왔다. 화단에는 커다란 나무가 듬성듬성 서 있고 바닥에는 거친 풀들이 자라고 있다. 어느 곳에 놓아 줄까 망설이다 나무 가지위에 올려놓았다. 거친 풀밭에 놓아주면 연한 먹이 감도 없으려니와 자칫하면 개미 등 천적의 공격을 받을 수 있겠다 싶어서였다. 가지에 올려놓는데도 쉬운 일이 아니다. 몸통을 모두 껍데기에 감추어 버린 달팽이는 둥글고 작은 돌멩이가 되었다. 겁에 질린 달팽이가 방어수단으로 취하는 행태라고 하나 그 겉모습만 보면 모든 외부와 단절하고 오로지 자기의 주장만 부르짖는 고집불통과도 같았다. 남의 친절에도 눈과 귀를 닫고 안으로 자기의 성만 쌓는 고립주의자와 같았다.

식물이나 동물들은 타종으로부터 공격을 받으면 방어하는 수단이 있다. 보호색을 나타내거나 몸을 변형시켜 상대를 현혹하게 하는가 하면 독을 퍼드리거나 혐오 물질을 배출 하므로 공격권에서 벗어나는 부류들도 있다. 이런 행위는 사람에게도 예외는 아니다. 사람도 자신의 신분을 감추기 위해 변장을 하거니 가발을 쓰기도 한다. 대개 사회적으로 물의를 일으킨 인물들이 현실 도피를 위해 꾸미는 행위이다. 그렇다고 해서 마음까지 먹칠해서는 아니 되리라.

나는 부부간에 언성이 높아지거나 소통이 안 될 때에는 내 안에 굳건한 성을 쌓는 괴벽이 있다. 그 성은 밀려오는 파도에 무너지는 모래성처럼 쉬이 허물어지는 경우도 있지만 때론 해와 달이 몇 번을 번갈아 떠올라도 문을 굳게 걸어 잠그는 경우도 있다. 오늘 이 달팽이를 보니 나의 모습과 닮았다. 독선과 아집으로 똘똘 뭉친 달팽이 모습을 보며 아내와 언쟁을 벌릴 때 마다 굳게 닫아버린 내 마음의 빗장이 이제나 저제나 풀릴까 노심초사 했던 아내는 얼마나 울화통이 터졌을까? 미안한 마음이 한겨울 문풍지를 울리던 바람처럼 스쳐갔다.

몇 시간 후 화단 앞을 지나다 달팽이의 안위가 궁금했다. 놓아두었던 나뭇가지를 살폈다. 위를 올려 보아도 아래를 내려 보아도 달팽이가 보이지 않았다. 그간 어찌 되었을까? 잔뜩 웅크리고 있다 굴러 떨어져 거친 풀숲을 헤매고 있는 것은 아닌지? 짝을 찾아 날아온 새들의 한 입 먹이 감으로 생명을 다한 것은 아닌지? 아니면 위로 올라서 안식처를 마련했는지? 그 때서야 연한 나뭇잎에 이르러 그 생명이 온전하기를 바라는 엷은 동정이 연기처럼 일었다.

식구들과 함께 저녁상 앞에 앉았다. 구수한 밥에 맛깔스런 김치를 얹어 먹는 사이 달팽이의 모습이 떠올랐다. 어쩌다 열무잎을 따라 회색빛 건물 한 가운데 까지 왔다가 생사의 갈림길에서 우여곡절을 겪게 했는지? 손발이 성성한 내가 푸른 잎 하나 제대로 마련해 주지 못한 옹졸한 마음이 사각사각 김치를 먹고 있는 내내 가시지 않았다.

(2017. 7. 5.)

대접받는 곤충자원

여름방학을 맞아 찾아온 외손자의 손을 잡고 농업과학원에 마련된 생태 체험관을 찾았다. 호기심이 많은 손자에게 체험할 수 있는 장소를 물색하던 중 이 곳을 선택하게 된 것이다. 마침 폭염이 기승을 부리고 있던 때라 피서 겸 왔던 것도 사실이었다.

커다란 체험관속에는 채송화 붓꽃 민들레 등 낯익은 꽃들이 폭염 속에서도 활기차게 자라고 있었다. 체험로 주변에는 작은 호수를 만들어 물을 흐르게 해서 조금은 시원함을 느낄 수가 있었다. 곤충으로는 수십 종의 나비들이 허공을 날기도 하고 꽃 속에 파묻혀 꿀 사냥을 하고 있었다. 화수분향이 미세하게나마 콧속으로 스며들어 아기자기한 정원에 온 듯 기분이 상쾌하였다. 손자의 방문으로 조용하고 평화롭던 체험 장 안에는 긴장감이 감돌기 시작했다.

손자는 꽃과 나비를 보자마자 혼을 뺄 정도로 빠져 들었다. 날아다니는 나비를 쫓아 나비가 되고 꽃 속에 숨어 있는 벌레를 찾으려고 신경을 곤두 세웠다. 손자는 나비를 쫓고 나는 손자의 뒤를 쫓는 진풍경이 연출되었다. 손자에게 쫓긴 나비들은 날아가다 그물망에 막히면 다시 돌아와 꽃 속으로 숨어들었다. 이를 발견한 손자는 그냥 두지를 않는다. 손자가 즐거워할수록 나비는 지쳐가는 듯 날개 짓도 힘들여 보였다. 보기가 안타까웠다. 그렇다고 손자를 말릴 수도 없고 나비를 안식처로 안내할 수 없는 상황이다. 더군다나 채집망까지 구비해 놓아 이것으로 나비를 잡는다고 허공에 대고 휘저으며 극성이다. 이 나비는 하루종일 손자와 같은 철부지 아이들에게 시달림을 당해야 하고 생명의 위협까지 느끼리라. 그물망 밖으로 보이는 푸른 하늘은 먼 나라의 하늘로만 느껴지리라.

체험이나 교육이라는 이름아래 곤충을 길러 산교육의 기회를 제공하는 건 좋지만, 한편 생각해 보면 인간의 잔인함이 그대로 드러나는 일이 아닌가 한다. 인간은 한 때 즐거웠다거나 작은 소득이 있었다고 말하겠지만 나비나 곤충에게는 생사를 넘나드는 시련을 겪어야 하지 않겠는가? 인간이란 본시 선하게 태어났지만 사회적 환경적 영향을 받아 잔인함을 묵인하거나 오히려 즐기는 것이 본연의 모습인가 하는 의구심이 들기도 했다. 곤충의 매력에 빠져있는 손자를 달래 곤충 전시관으로 발길을 옮기는데 매우 힘이 들었다.

전시관 초입에는 여러 사람들이 삼삼오오 무리지어 있었다. 벽에 게시된 자료를 유심히 바라보고 있는 사람이 있는가 하면 열심히 메모하는 이들도 있었다. 어디에서 무슨 일로 왔느냐는 나의 물음에 농촌에서 곤충 사육에 대해서 연수차 왔다는 것이다. 그러면서 구릿빛 얼굴에 근육질 몸매를 자랑하는 중년 아저씨의 푸념이 이어졌다. 그동안 농사도 지어보고 채소도 재배해 보고 가축도 길러 보았지만 어느 것 하나 확실하게 소득을 보장하는 품목이 없다 한다. 조금만 이상기후가 계속되면 메말라 비틀어져서 건질 것이 하나 없고, 또 풍년이 되면 값이 폭락하니 갈아엎기를 밥 먹듯이 한다며 한숨을 길게 내 쉬었다. 설상가상 세계 여러 나라와 FTA가 체결되어 축산물, 수산물은 물론 각종 농산물까지 밀물처럼 쏟아져 들어오고 있어 우리의 농산물이 제대로 대접을 받을 수 있는 형편도 아니란다. 지금까지 해오던 농업 방법으로는 도저히 생존을 보장할 수 없어서 새로운 대안으로 곤충 자원을 사육하기 위해서 찾아 왔노라고 했다, 재래식 변소에서 꾸물거리던 구더기도 우리의 미래에 중요한 식량 자원이 된다고 말하는 그의 눈 속에는 확고한 신념이 자리하고 있었다.

나는 그의 말에 고개를 끄덕였다. 그리고 그의 생각이 대단히 진취적이고 혁신적이라고 생각했다. 비록 한 사람의 농부이지만 현재의 불리한 농업 상황을 꿰뚫어보고 새로운 대안을 찾아 도전하는 정신이 가상하다고 느꼈다. 남보다 한 발 앞 서 멀리 보는 그 분은 녹색혁명의 주인공으로서 밝은 미래가 펼쳐지리라는 예감이 들었다.

사실 우리들의 어린 시절도 곤충과 함께 즐겼던 시대였다. 봄이면 벌 나비를 쫓아 달려가다 돌부리에 걸려 넘어지기가 다반사요, 여름이면 매미의 울음소리를 벗 삼아 느티나무 그늘 아래에서 잠들곤 했다. 잠자리를 잡으러 살금살금 다가가다 놓쳐버리면 괜히 푸른 하늘에 대고 활개를 치며 그 분풀이를 하곤 했다. 또 풍뎅이의 다리를 절반씩 잘라내고 머리를 비틀어 못 날게 한 다음 '손님 오니까 마당 쓸어라'하고 외치면 빙빙 돌곤 했는데 그때마다 날개에서 나오는 바람을 쐬며 즐거워하기도 했다. 돌이켜 보면 곤충의 생명은 안중에도 없고 오로지 무료함을 달래주는 장난감으로만 여겼을 뿐이다.

어른들도 곤충이나 벌레를 나름대로 이용하지 않은 것은 아니다. 성미가 급했던 할아버지는 연장을 사용하다 다치면 마루 밑에 놓여 있는 지네기름을 찾으셨다. 상처 부위에 지네 기름을 바르고 이삼일이 지나면 아픈 상처가 아물곤 했다. 지네를 구워서 복용하면 담을 훑어낼 수 있어 민간에서 단방 약으로 이용하기도 한다.

그리고 아버지가 병환으로 생사를 넘나들고 있을 때 벼 짚 더미에서 자라고 있는 굼벵이를 볶아서 드린 일도 있었다. 그러나 이미 깊어진 병을 호전시킬 수 있을 정도로 큰 효험을 보지 못했다. 어디 그뿐인가? 가을철 벼 폭 사이에서 푸드득 푸드득 날던 메뚜기, 꿈틀꿈틀 땅속을 헤집는 지렁이, 개구리를 요리해서 만든 만세 탕 등도 가난하고 배고팠던 서민들이 주린 배를 채웠던 보양식이었다.

며칠 전 TV에서는 신기한 장면을 보여 주었다. 그 것은 중국에서 공부하다 돌아온 학생이 친구와 함께 곤충을 요리하는 음식점에 들러 지네, 개미, 풍뎅이, 귀뚜라미 사슴벌레 등 각종 곤충을 맛있게 먹는 모습이었다. 태연히 먹고 있는 그 학생에 비해 옆에서 보고 있는 우리나라의 친구는 꺼림칙하다며 다른 음식까지도 물리쳤다. 이처럼 중국은 일찍부터 곤충을 요리로 개발해서 남녀노소를 불문하고 즐기고 있는데 비해 우리나라는 혐오식품이라 하여 꺼리고 있는 실정이다. 그러나 좀 더 요리법을 개발하고 위생적으로 처리 한다면 우리도 머지않은 장래에 곤충식품을 애호하는 사람들이 더 많아지지 않을까?

예나 지금이나 곤충에 대한 관심은 지대하다. 놀이 감이나 애완물로 이용 하고 또는 체험학습 자료로 활용한다. 집안에 사육상자를 설치하고 직접 기르는 친구들도 늘어나고 있는 추세이다. 곤충들을 인터넷을 통해 분양해서 짭짤한 재미를 보고 있는 자립형 마니아들도 있다.일부 고장에서는 곤충을 주제로 축제를 열기도 한다. 무주의 반딧불 축제나 함평의 나비축제는 다른 지방의 그 어느 축제보다 인기 있는 행사로 사람들의 관심을 모으고 있다. 이처럼 곤충은 어린이들은 물론 어른들까지 호기심의 대상이고 추억을 엮어주는 주인공이다.

그런데 앞으로는 이에 더 나아가 곤충을 기르거나 감상하는 수준을 넘어 병충해를 막는 친환경 농법에 이용하고, 곤충의 체

내에서 나오는 유용 물질로 의약품을 생산해 낸다 한다. 가축들의 사료로 이용되고 인간에게 필요한 단백질의 주공급원이 된다 한다. 또 고부가 생명 산업으로써바이오제약, 신소재등과 함께 첨단 융합 산업의 신 성장 동력으로까지 주목을 받고있으니 놀랄만한 일이 아닌가? 그래서 곤충산업을 꿈의 산업이라 하고 황금 알을 낳는 거위라고도 한다. 하찮은 미물로만 천시 받아왔던 곤충이 대접받는 세상이 되리라 그 누가 알았겠는가? 음지가 양지되고 양지가 음지 된다는 말을 새겨두어야 할 일이다.

(2016. 8. 1.)

두물머리 같은 삶

푸름으로 물든 산야를 버스는 시원하게 달린다. 이르는 곳마다 아름다운 꽃들과 초목들이 반가이 맞이한다. 꽃술마다 지난밤 청아하게 빛나던 달빛냄새가 스며있다. 길섶에 열병처럼 늘어선 이팝나무에서는 하얀 꽃분을 지천으로 품어낸다. 모두가 오월의 찬연한 화경花景에 빠져 든다.

한 동안 달리던 버스가 숨을 고르자 넓은 호수가 길을 가로막는다. 여기가 그 이름도 정겨운 두물머리이다. 강인 듯 바다인 듯 가늠하기 어려울 정도로 넓다. 병풍처럼 둘러쳐진 산자락을 베게 삼아 편안하게 누워있다. 어머니의 품처럼 넉넉하고 평화롭다. 결 고운 바람에 풍랑이 살며시 밀려왔다 다시 강안으로 되돌아간다. 멀지 않은 곳에 물결 따라 흔들거리며 한가히 떠 있는 황포돛배가 호수의 정취를 더욱 높여준다.

주변에는 갈맷빛 잎들이 나비처럼 펄렁이고 무성한 가지들이

치마폭처럼 그늘을 펴준다. 매무새를 다듬은 벤치와 쉼터들이 발걸음 무거운 나그네에 자리를 내어준다. 철사 줄처럼 뻣뻣하게 뻗은 피로가 파도에 씻겨 말끔히 사라진다. 유유자적하듯 강심을 바라보며 몸을 부린 한순간의 휴식이 달콤하다.

두물머리는 남한강과 북한강의 물이 마주 치는 곳이다. 백두대간 곳곳을 달려온 물들이 날개를 접고 함께 어우러지는 곳이다. 샘물처럼 맑고 투명한 물도 맞이하고 때론 흙탕물이거나 오염물이라도 손사래를 치지 않는다. 흘러온 물이라면 청탁을 가리지 않고 너그러이 받아주는 그 모습은 바로 우리 어머니의 모습이다. 어머니는 어느 자식인들 버리지 않고 따뜻한 마음으로 감싸며 오늘에 이르게 하지 않았던가?

두물머리를 바라보고 있노라니 흐르는 물위에는 어린 시절의 내가 둥둥 떠내려갔다. 나도 두물머리 만큼 넓은 호수가 있는 마을에서 자랐다. 걸음걸이를 배우고 난후 나의 놀이터는 호수의 물속이었다. 개구리헤엄을 익히게 되자 호수를 가로질러 나아가려는 겁 없는 용기가 생겼다. 재롱부리는 오리새끼마냥 한동안 자맥질하다 입술이 파래지고 온몸에 한기가 가시처럼 돋아나면 구무럭구무럭 나왔다. 제방에 쌓인 돌부리에 귀를 말리고 어스름이 스멀스멀 내리면 집에 가곤 했다. 어머니의 근심이 강보다 깊고 바다보다 넓었다.

우리는 세상을 살아가면서 수많은 사람들을 만나게 된다. 그 사람 중에는 나보다 우월한 사람도 있고 나보다 조금 기우는 사람도 있다. 때론 신체적으로나 정신적으로 어려움을 겪는 장애우 들도 있다. 그런 사람들을 아울러서 마음에 안고 가는 사회가 되어야 함은 두물머리의 본성에서 배워야 할 덕목이다.

두물머리는 모아진 물들을 잠시 숨을 고르게 했다가 다시 떠나보내는 곳이기도 하다. 그렇다고 해서 쉬는 것으로 끝나지는 않는다. 그곳에는 침묵 속에 심오한 사색이 있다. 지나온 자신의 발자취를 더듬어 보는 혜안이 있다. 급하다고 서둘지는 않았는지? 여유가 있다고 머뭇거리지는 않았는지? 모름지기 계곡마다 골골마다 휘돌아 올 때 목이 타고 허기에 지친 민초들의 아픈 마음을 쓰다듬어 주었는지? 천년고뇌를 간직한 듯 묵묵히 흐르는 강물은 살아온 날들에 대해 마음속으로 속울음을 하며 번민하는 나의 모습이다.

두물 머리에 잠시 닻을 내린 물은 다시 한강으로 흘러가야 하는 숙명을 안고 있다. 지금까지의 삶이 심산유곡을 지나며 산새소리 바람소리에 몸을 씻고 사람들에게 힐링을 안긴 삶이라면 앞으로 달려가야 할 행로는 고달픈 삶이 될 수도 있다. 목마른 서울 시민들의 젖줄이 되고 매연에 찌들고 얼룩진 그들의 몸과 마음을 씻어주는 생명수가 되어야 하기 때문이리라. 그리고 마침내 서해에 이르러 노을이 짙어지는 그 생에 마침표를 찍게 되리라. 나는 길게 남지 않은 여정에서 두물 머리를 떠난 물과 같이 뭇 사람의 가슴에 단비를 내리고 상처투성이인 아픈 가슴을 쓸어내리는 약손이 될 수 있도록 해야 하리라. 조금은 흐릿한 탁류지만 꽃도 피우고 나무에게도 뿌리를 내릴 수 있게 한다면 얼마나 뜻깊은 여생이 되겠는가.

물은 모두 태생과 출발점이 다르다. 어떤 물은 맑고 깨끗한 샘물에서 발원하고 어떤 물은 탁한 시궁창에서 생을 시작하기도 한다. 가정에서 흘러 보낸 생활하수가 있는가 하면 공장에서 공업용수로 사용하다 버린 폐수도 있다. 각기 무늬가 다르고 순도가 다를지라도 누구 하나 깨끗하다고 뽐내지도 않고 더럽다고 위축되지도 않는다. 흐르면서 만나면 몸을 섞고 섞어서 몸이 불으면 개울물이나 냇물이 되고 강물이 되었다가 드디어 바다에 이른다. 앞서지도 않고 뒤서지도 않고 서로 탓하지 않고 유유히 흐를 뿐이다. 너와 나의 구별도 없고 흐르고 흘러 낮은 곳을 채우며 나아간다.

그렇게 흘러가는 물의 여정에 쉽게 공감하는 것은 어쩌면 그 모습이 우리의 인생사와 닮아있기 때문이 아닐까?. 사람도 저마다의 출생이 다르고 성장하는 배경이 다르다. 한 평생 살아감에 시련과 굴곡 속에서 허덕이는 사람이 있는가 하면 꽃이 활짝 핀 화원 같은 비단길을 걷는 사람도 있다. 개인의 일생에서도 터널 같은 암담한 시절이 있는가 하면 비개인 한낮같이 밝은 시절이 있기도 하다. 산과 들을 굽이치고 급기야는 하구에 이르러 그의 생을 마감하는 강물처럼. 그렇게 어우러져 부대끼며 사는 것이 우리네 인생이다.

나는 두물 머리와 같이 분기점을 넘어 하류로 내달리고 있는 인생이다. 지금까지의 삶이 거침없이 내 달려온 강물이라면 이제는 강줄기도 좁아지고 수량도 줄어든 실개천이 된다. 아니 삶이라는 강물을 따라 오다 보니 곧 바다에 다다를 정도가 되었다. 서해의 황혼 빛이 눈에 어린다. 그렇다고 빛 고운 노을에 취하고 있을 순 없다.돌무더기와도 치우고 흙덩이도 걷어내야 한다. 주변에는 화초도 심고 꽃길로 다듬어야 한다. 물살이 세차지는 않지만 막힘없고 유유히 흐르는 실속 있는 개울물이 되게 되리라

사람이 살다보면 폭포수처럼 떨어지고 굽이쳐 흐르는 물살 같은 열정도 필요하지만 제 자리에 머물다 주위를 보듬고 흐르는 물결 같이 부드럽고 너그러운 아량도 필요하다. 진정한 삶이란 온 세상이 다 흔들려도 주변을 살피면서 함께 더불어 앞으로 나아가는 것이 아닐까? 맑은 물 탁한 물 가리지 않고 불평 없이 받아주고 넉넉하게 담아주는 저 두물 머리 심연에 유장히 흐르는 물처럼.

(2017년 꽃밭정이 수필)

밤이 더욱 행복하다.

우리 집 화원에 참으로 귀한 꽃이 피었다. 이 꽃은 10년에 한 번 필까 말까 하는 꽃이고, 수 백 그루 중에서 잘 해야 한두 그루에서 만이 볼 수 있는 꽃이다. 그런가 하면 기르는 사람의 일생에 한번 볼까 말까 할 정도로 귀한 꽃이기도 하단다.

TV를 시청하고 있던 어느 날 저녁이었다. 소파에 앉아 TV에 눈을 박고 있는데 한줄기 야릇한 향기가 스쳤다. 창밖에서 풍겨오는 냄새려니 하고 크게 신경을 쓰지 않고 화면속의 주인공과 그들의 이야기에 집중하였다. 그런대 또 한 줄기의 향기가 바람결에 밀려오는 솔 향처럼 콧속을 짙게 자극했다. 예사 일이 아니듯 하여 주변을 살폈다. 그리 멀지 않은 곳에 자리한 화분들 속에서 밀려오는 향기가 아닌가? 이 꽃 저 꽃을 살펴보니 행운목의 몇 가지에은백색의 꽃이 부풀어 있다. 그 옆에는 잠시 후에 피우려는 듯 망울 망울 맺혀있는 아기 꽃도 몇 송이 웅크리고 있다. 너희들이 주인공이구나! 마치 흰 비단을 부풀어 놓은 것 같기도 하고, 작은 수국 꽃송이 같기도 하고, 또는 도란도란 모여서 활짝 핀 이팝나무 꽃을 닮기도 했다. 순박한 새색시처럼 수줍은 듯 피어있는 모습이 소박했다. 그러나 향기만은 으뜸이었다. 코를 가까이 들이밀자 기다렸다는 듯이 향을 마음껏 뿜어댔다. 그간 내가 맡아온 꽃향기 중에서 이처럼 진하면서도 역겹지 않은 향기는 처음이었다. 오랜 세월동안 응축하여 모아 온 기를 향으로 발산하고 있는 것일까? 향기를 내 품으며 자신들의 존재를 알리고 있는 행운목이 대견하였다.

나무를 키우다 보면 행운목은 말 할 것도 없고 하찮은 나무 한 그루 풀 한 포기라도 꽃을 피우기란 정말로 어려운 일이다. 나무라도 성정이 각각 달라서 햇빛을 좋아 하는 나무가 있는가 하면 그늘에서 자라야 생장 율이 좋은 나무가 있다. 물을 좋아 하는 나무가 있고 반면 싫어하는 나무도 있다. 건조한 토양에도 잘 적응하는 품종이 있는 가하면 습지라야 제 세상을 만난 듯 잘 자라는 품종도 있다. 그러기에 나무를 기르려면 자식을 기르듯이 신경을 써야 한다. 한 시도 손을 놓아서도 안 되고 딴눈을 팔아서도 안 된다. 나무의 특성을 살려서 길러야 함은 말할 필요가 없다. 그러려면 나무들에 대한 기본 상식은 있어야 하고 더 나아가서는 수목을 관찰할 줄 아는 안목쯤은 있어야 한다. 그러 함에도 나는 그런 소양은 고사하고 꽃을 기르는데 소홀히 했고 애정도 부족했다. 꽃을 가꾸는 일은 아내의 몫인 양 방관자적인 입장에 있었다. 화분들을 남쪽 창가에 방치해 놓고 분토가 마른듯하면 물을 뿌려주고 조금 생육이 더딘듯하면 거름을 넣어주는 것으로 소임을 다한 듯 했다. 설상가상 내가 척추 수술을 한 이후로는 나무나 화초에 관심이 더더욱 멀어졌다. 무거운 물건을 들어 나르는 일이나 힘든 운동은 당분간 삼가야 한다는 의사 선생님의 처방을 받았기 때문이다. 몸조리를 하면서 일체의 힘든 일을 멀리 했다. 자연 화분이나 나무에도 손길 한번 제대로 준 일이 없다.

그런대도 별다른 수고도 하지 않은 나에게 행운목은 향기로운 꽃으로 보답한 것이다. 잘 보살피지 못하고 교육도 변변히 시키지 못한 자식이 입신양명하여 부모님께 효도하는 경우와 비슷하고 더 나아가서 나는 상대에게 격에 맞추어 대우를 해 주지 않았는데 상대는 나에게 과분한 호의를 베푸는 경우와도 같다고나 할까? 홀대받은 듯 한곳에 내동댕이쳐진 나무에서 예쁜 꽃을 피어준 행운목에 미안할 따름이다. 사랑의 손길 한번 제대로 주지 않았는데 지나친 대우를 받는 느낌이니 고마울 뿐이다. 아무튼 살아가면서 행운목이 전해주는 메시지를 마음에 새겨 향기 나는 인간이 되어야 한다고 다짐을 해 본다.

많은 이의 사랑을 받는 화려한 장미도 좋지만 길섶에 핀 앉은뱅이 제비꽃의 소박하고 진솔한 아름다움에 더 마음이 와 닿을 때가 있다. 아무도 돌보지 않는 깊은 산속 바위틈에 숨어서 피는 꽃들이 있기에 지구는 언제나 아름답다고 했던가. 남들이 시선을 의식하거나 조건을 탓하지 않고 그늘진 곳에서 숨은 향기를 발하는 이런 행운목이 있기에 따스함이 느껴지는 우리 집 거실이 아닐까.

나는 요즈음 밤이 몹시 기다려진다. 밖에 나갔다가도 해가 서산으로 설핏 지면 서둘러 집으로 온다. 이것은 사랑하는 가족이 기다리고 있기 때문에 그렇기도 하지만 현관문을 들어서는 순간 진한 행운 목의 향기가 온 집안을 감싸고 있기 때문에 더욱 그렇다. 지칠 대로 지친 몸도 그 향기에 젖다보면 피로는 어디로 간지 모르게 사라진다. 머리도 맑은 물로 씻은 듯 개운해지며 힐링의 순간을 맞게 된다. 낮에는 주춤했다가 어두워지면 진하게 향기를 내 품는 행운 목의 특성 때문에 요즈음 나는 밤이 더욱 행복하다.

(국보문학 2016년 12월호)

봄은 갔는데

올해도 봄이 쉬이 가 버렸다. 꿈결처럼 왔다가 바람처럼 사라졌다. 이렇게 짧은 봄을 나는 오랜 동안 기다리고 또 기다렸다. 속절없이 기다린 내가 허망한가? 무정하게 가버린 봄이 야속한가? 그나마 산기슭을 붉힌 진달래와 울타리를 황금성黃金城으로 치장한 개나리가 기다림의 대가로 봄이 내려준 선물인 셈이다. 손마디처럼 짧은 기간이지만 기화요초로 마른 감성에 물기를 흐르게 하고 생에 대한 의욕을 충일하게 할 수 있었던 것은 봄이 남긴 은전이다.

봄에 대한 나의 기다림은 지난 가을 낙엽이 지면서 시작되었다. 열매를 맺고 잎이 진 식물들은 생명을 씨앗으로 또는 겨울눈으로 남긴다. 어떤 동물들은 겨울잠을 자며 새봄을 기다린다. 모든 생명체가 살아있으되 일시적인 정지상태가 된다. 자연히 나의 마음에도 잿빛 하늘이 내린다.수채화처럼 아름다운 자연을 잃었다 하는 상실감이요 또 한 계절을 손님처럼 떠나보냈다 하는 아쉬움이다. 백설이 온 산하를 뒤 덮는 순백의 겨울을 맞으며 마음을 다독여 보려 하지만 빈 그릇처럼 허허롭다. 새봄이 되어야 만물이 소생하듯 내 마음에도 생기와 여유가 고이곤 한다.

지난 3월 초순, 새봄을 맞으러 남녘으로 향했다. 아직은 살바람이 품안으로 파고들고 기온마저 변덕을 부렸다. 그러나 방송에서는 봄기운이 바람타고 산허리에서 내려오고 강변의 버들에도 머무르고 있다 하며 유혹했다. 발걸음을 재촉했다. 봄의 흔적을 찾으러 눈은 연신 지리산 자락을 훑어 내리고, 코는 섬진강변의 봄 향기를 맡으러 쉴 새 없이 벌름거렸다. 하지만 기대에 못 미쳤다. 가끔 병아리 부리처럼 노란 잎을 내비친 산수유가 한나절 품을 보상해 줄 뿐이다. 광양만 매화마을에도 사람들만 북적일 뿐 매화는 미동도 하지 않았다. 가지에 앉은 동박새 한 쌍이 사랑 놀음에 여념이 없다. 계절의 순환을 착각했거나 생체리듬에 혼란을 느낀 몇 그루만이 서둘러 피었다가 차가운 바람에 움찔한 흔적이 역력하다.

"그래 봄은 성미 급한 내 마음에만 와 있지 자연은 그렇지 않은가 봐." 돌아오면서 스스로 중얼거린 한 마디였다. 며칠이 지나자 기온이 오르고 포근해 졌다. 맺혔던 꽃망울이 입술을 내밀고 향기까지 품어냈다. 나는 다시 부산해졌다. 봄을 맞이하러 나섰다. 이젠 카메라까지 둘러맸다. 웬 걸 날씨의 심술이 심하다. 기온이 곤두박질치고 바람마저 매섭게 분다. 맵시를 뽐내려던 꽃이 움츠리며 몸을 사린다. 봄이 왔으되 봄같이 아니하다고 푸념하며 잠시 뜸을 들였다. 그리고 며칠 후 바라본 밖에 풍경은 나를 경악케 했다. 지기 직전 꽃들이 볼 성 사난 모습으로 나를 대하고 있는 것이 아닌가? 변화무쌍한 일기에 적응하지 못하고 헤매다가 겉늙어 버린 모습이다. 아쉬운 일이다. 이 순간을 위해 차갑고 긴 겨울을 얼마나 견디며 인내했던가? 그런데 백목련은 순결한 자태를 뽐내지 못하고 순식간에 검정 무늬로 얼룩진 채 비바람에 날려 땅에 뒹굴고 있다. 빨간 철쭉꽃 또한 회색 물감을 뒤집어 쓴 듯 탈색하였다. 모든 꽃들이 개화기간을 다 채우지 못하고 져 버렸다. 바라보아 주기가 거북할 정도이다. 인간들도 자연이나 환경에 따라 건강은 물론 삶의 질까지 영향을 받으며 웃고 울거늘 하물며 연약한 식물들이야 오죽하랴?

옛 속담에 화무십일홍花無十日紅 이라는 말이 있다. 꽃이 열흘 동안 피어있지 않는다는 말이니 권력이 언제까지 유지되지 않는다는 의미로 쓰이는 말이다. 꽃이 오래 피어있지 못하는 건 예나 지금이나 다르지 않았던 모양이다. 그러나 열흘은 고사하고 단 사흘도 버티지 못하고 봄꽃들이 상하고 말았으니 내 마음이 더욱 불편하다. 그 이유는 자연환경의 변화 때문에 일어나는 현상이 아닌 가 한다. 겨울인데도 이상 난동이 오고 여름인데도 콩 알만 한 우박이 내리도 한다. 꽃이 피는 가하면 어김없이 꽃샘추위가 시샘을 한다. 예기치 않은 비바람이 세차게 몰아쳐 순식간에 아름다운 꽃들의 생명을 단축하고 만다. 추위가 물러갔다 하면 봄을 만끽할 여유도 없이 이마에는 땀이 송골송골 맺힌다. 이에 꽃들도 갈피를 잡지 못하고 우왕좌왕하다 아름다운 꽃 시절을 순식간에 보내고 만 것이다. 꽃이 지면 봄도 따라 꼬리를 감추게 됨은 자연의 이치다.

나는 봄을 참 좋아 한다. 겨우내 움츠렸던 몸을 활짝 펼 수 있어서 좋고, 남녘에서 불어오는 보드라운 바람이 얼굴을 간질이면 좋다. 산비탈에 서성이는 아지랑이를 찾아 달릴 수 있어서 좋고, 얼음장 밑에서도 바르르 떨며 화사하게 꽃을 피우는 노루귀, 바람꽃, 복수초를 만날 수 있어서 좋다. 그뿐 만이 아니다. 내 어릴 적 장다리 밭을 날던 노랑나비를 만날 수 있어서 좋고, 하늘높이 날며 노래하는 종달새를 보면 내 유년의 시절을 회상할 수 있어서 좋다. 어디 그뿐인가? 자고 나면 풀빛세상이 되는 자연에서 내 마음도 푸르러지며 무한한 생명력을 느끼니 그 보다 더 한 계절이 어디 있겠는가? 그러한 봄이 눈 깜짝 하는 사이에 가 버렸으니 그 망연함이란 이루 다 말할 수 없다.

계절은 물레와 같아 돌고 돈다. 그러기에 세월이 가면 내년에도 어김없이 봄은 찾아오고 꽃은 산하에 지천으로 필 것이다. 지난봄이 조금 아쉬웠다 해도 느긋한 마음으로 기다리기만 하면 초록 누리는 또 펼쳐질 것이다. 그러나 올해처럼 쉬이 가는 봄이 아니라 모든 이의 눈과 마음을 즐겁게 해 주는 봄, 활기차고 의욕이 넘치게 하는 봄, 꿈과 희망을 부풀게 하는 봄이 되었으면 좋겠다. 거기에 더하여 한 가지, 계절에 봄이 오듯이 나의 인생에도 꽃처럼 화사한 시절이 다시 오면 좋으련만…….

(국보문학 2016. 6월호)

사과 삼형제

후끈한 골바람이 머물다 간 과수원에는 어린 사과나무가 한 여름 무더위에 지쳐 힘겹게 서 있다. 그 중의 한 그루에 알밤만 한 사과가 사이좋게 맺혀 있다. 아직은 푸른빛을 벗지 못한 애송이 사과 삼형제이다. 눈부시게 환한 햇빛에 몸을 맞기고 망중한을 즐기고 있다. 비에 걸러져서 순도 높은 햇빛도, 솔 향에 물든 골바람도 그들 곁을 서성이며 응원하는 듯싶다.

아직은 향기를 발할 수 없고 탐스런 육체를 자랑할 정도는 아니다. 태어난 지 반년 쯤 되는 아기의 피부처럼 야들한 살결에 솜털이 나 비린내가 가시지 않았다. 어미나무의 가슴에 목줄을 대고 도란도란 모여 고른 숨을 내쉬고 있는 중이다. 무서리가 내리고 낙엽들이 꽃눈처럼 분분히 날릴 때 빛 곱고 튼실한 자태를 맘껏 뽐내려 고행하는 행자처럼 담금과 채찍으로 혹독한 수련의 시간을 보내고 있으리라.

누구나 첫 걸음은 신중할 수밖에 없다. 사과를 매달고 있는 나무는 금년에 새로 옮겨 심은 어린 묘목이다. 농업대학 묘목 실습장에서 분양 받아온 것이기에 그의 혈통이 순수하리라 믿었다. 정성으로 심으며 무럭무럭 자라서 달고 맛있는 사과가 주렁주렁 열릴 것을 기원했다. 그덕분인지 갓 시집온 묘목치고는 너무 많은 열매를 맺어 주었다. 어린 나무가 그 많은 자식들을 어떻게 건사할까 조바심에 여러 개를 버려야 하는 아픔을 감수하고 삼형제 만 남겼다. 식물이나 동물이나 피붙이를 떼어낸다는 것은 뼈아픈 고통이 따르리라. 다만 식물은 동물에 비해 그 감정을 즉시 전달할 수 없는 구조이니 그들의 가슴 찢어지는 아픔을 알지 못할 뿐이다. 말없는 항거나 침묵은 요란하고 산만한 항의보다 더 큰 울림이 되고 함의가 있다는 것을 배우지 않았는가?

맺혀있는 알들의 모습을 보니 지난날 우리 형제들이 올망졸망 자라던 모습이 불현 듯 떠올랐다. 비교적 어린나이에 결혼한 부모님은 여러 자식을 두게 되었다. 산아제한도 모르던 시절 줄줄이 태어나는 자식들은 태산 같은 짐이었다. 사과처럼 솎아 낼 수도 없고 분양할 수도 없다. 제 복은 제가 안고 태어난다는 막연한 믿음으로 우리 안에 든 토끼새끼처럼 핥고 쓰다듬으며 키워 왔다.

자식들의 주린 배를 채우기 위해 정녕 부모님은 허리띠를 질끈 졸라맸다. 손바닥만 한 논배미에서 해가는 줄 모르고 구슬땀을 흘려야 했다. 피곤하고 지칠 때에도 어린자식들의 앞날을 일곱 빛 수채화로 그리며 다시 일어섰고, 불안함과 초조가 달려들 때면 억지로라도 노래를 부르고 춤을 추었다. 내색 한번 못하고 가슴 속 깊이 삭이며 부르는 노래는 바람 속으로 스며들어 허공을 떠돌았다. 어머니의 지친 어깨와 아픈 두 팔을 잡아준 건 그래도 무럭무럭 자라는 자식들이었다.

사과는 과일의 왕이다. 모양과 빛깔도 타의 추종을 불허 하지만 영양이나 맛에서도 그렇다. 그렇다고 해서 놓아주는 밥상만 받는다면 기대에 못 미치는 것은 불을 보듯 뻔하다. 사람이 어떤 경지에 오르려면 주야를 가리지 않고 갈고 닦을 때 가능하듯 과일도 그의 가치를 높이고 유종의 미를 걷으려면 봄에서 가을까지 쓴 내 나는 세월을 견디어야만 우수상품으로 거듭 나리라. 중간에 그만 두거나 다른 길로 접어들면 금자탑을 이룰 수가 없음은 앞서 간 선인들이 우리에게 글과 말로 남겨준 교훈이다. 과일 또한 불볕 같은 더위에 조련하고 풍우에 씻기며 인고의 세월을 보내야 풍성한 가을 달을 맞아하며 과일계의 귀공자로 등극하리라. 오늘 옹골차게 버티고 있는 사과 3삼형제가 풍성한 가을자락을 장식할 수 있겠다는 예감이 들어 반가웠다.

3은 1과 2과 합해진 숫자이다. 홀수와 짝수가 합해져서 생성된 홀수이며 양의 숫자이고 완전한 숫자가 되기도 한다. 한국인에게 3이란 숫자는 '모든'이라는 말이 붙을 수 있는 최초의 숫자이며 처음과 중간 그리고 끝을 모두 포함하기에 전체를 나타내는 숫자라고 한다. 그래서 사과나무에 3개의 사과를 남겨놓은 것은 번성해서 알토란같은 열매가 맺히기를 바라는 나의 간절한 소망도 한 몫 했다.

사과는 여러 과일 중에서 나와 제일 친한 벗이다. 가을부터 늦은 봄까지 수시로 접할 수 있는 평범한 과일이기에 맘에 들고, 붉은 색 계열의 색상은 약간은 선정적이지만 마음 따뜻한 이웃집 아저씨 같은 친근감을 주기에 더욱 그렇다. 한 입 크게 베어 물면 아삭아삭한 육질에 단맛이 온 입안으로 스며드는 것은 붙임성 좋고 서글서글한 이웃집 아주머니와 같은 온화함을 느끼기도 한다. 새벽에 눈비비고 일어나면 손수 믹서에 갉아 마신 사과즙은 하루를 여는 신호탄이요 노쇠한 신체에 활력을 불어넣는 윤활유가 된다.

작달막한 나무에 옹기종이 매달려 있는 사과를 조용히 내려다본다. 작은 가지에 이마를 맞대고 있는 모습이 안쓰럽다 라기 보다는 도도함이 묻어있고 귀엽다고 하기 보다는 무엇인가 꼭 이루고야 말겠다는 결기가 옹두리처럼 맺어있다. 그들의 언어는 들을 수 없지만 모체란 생명체를 잉태해야 한다는 자연의 순리에 순응하듯 어린 사과 3형제를 가슴에 오롯이 품고 삶의 행진을 멈추지 않고 있는 듯하다. 어린 묘목과 그의 분신에 박수를 보낸다.

(2017. 8. 15.)

텃밭에서 얻은 행복

텃밭은 울안에 있거나 마을 어귀에 자리하고 있는 작은 밭이다. 농작물보다는 푸성귀를 길러 반찬으로 대어주고 겨울이면 개구쟁이들의 놀이터가 되기도 한다. 그래서 텃밭하면 고향과 같은 향수가 느껴지고 엄마의 품과 같이 포근한 느낌이 들기도 한다. 시골에서만 볼 수 있었던 텃밭이 요즈음에는 도시의 곳곳에 자리하게 되었다. 주택가에 손바닥만 한 땅도 텃밭으로 이용되고 아파트의 자투리땅에서도 채소가 자란다. 지자체가 푸서리를 일구어 이웃 주민에게 분양하면 구름처럼 몰려들기도 한다. 인간은 본시 흙에서 와서 흙으로 돌아가기에 흙을 가까이하며 살아가려는 마음이 있는 것은 아닐까? 아니면 고향에 대한 그리운 향수를 텃밭을 통해 해소하려는 것은 아닌지?

외손자 용준, 우현이와 함께 텃밭으로 나갔다. 이 텃밭은 농촌 진흥청에서 마을 주민들에게 1년 동안 무상으로 대여해준 밭이다. 나는 삽과 괭이를 들고 아내는 고추, 가지, 상추, 오이 등 갖가지 모를 챙겼다. 손자들은 물 조리를 들고 강아지처럼 앞장섰다. 마치 들로 나서는 시골 농부들처럼 기대에 부푼 모습이 봄 햇살 만큼이나 밝다. 나는 채소의 종류에따라 두렁을 쌓고 비닐 멀칭을 쳤다. 옛날 아버지가 하셨던 요령을 떠올리며 흉내를 내니 그럭저럭 모양이 잡혀갔다. 아내는 어린모들을 알맞은 간격으로 앉혀 다독이며 하나하나 심는다. 솜씨를 내다보니 해 걸음 안에 마치지 못할 듯하다. 내가 불같은 성정으로 재촉하나 어디 그 고집을 꺾을 수 있을 손가?

신이 난 것은 손자들이다. 물을 길어 나르는 건지 물장난을 하는 건지 알 수 없다. 물을 뿌려 주는 것이 아니라 숫제 물바다를 만든다. 어린모들도 물을 흠뻑 뒤집어쓰고는 신이 난 듯 움츠렸던 잎을 활짝 편다. 그러나 어쩌랴? 귀여운 것들이 저지르는 일을. 어르고 달래며 일을 마치고 나니 손바닥만 한 텃밭이 채소들의 아늑한 보금자리로 변했다. 그러나 뿌리를 내리고 활기를 찾기까지는 며칠이 걸렸다. 이팝나무 꽃향기를 품은 바람이 어깨를 스치니 기지개를 켜며 일어났다. 제법 상추 잎들도 아이들 주름치마처럼 피어오르고, 고추 잎들도 제법 두툼하고 푸르다. 나의 발자국 소리가 스치고 손길이 닿을 때 마다 채소들은 으쓱으쓱 경쟁하며 자란다. 아침 해가 동산에 떠오르면 이슬로 목을 축이며 초록바다를 이루어 갔다. 머지않은 장래에 나의 밥상을 건강하게 꾸며 줄 걸 기대하니 마치 자식과도 같이 사랑스러웠다.

나도 어릴 적 부모님을 도와서 텃밭에서 일한 경험이 있다. 두렁도 만들고 거름을 뿌리고 씨앗도 심었다. 그러나 열심히 일하시는 아버지 곁에서 딴전을 부리는 경우가 많았다. 아무 말도 없이 묵묵히 일 하셨던 아버지는 밤새 끙끙 앓으며 뒤척이셨다. 먼 훗날 내가 아빠가 되어 그 마음을 알았으나, 이미 되돌릴 수 없는 회한만 가득하다.

6월의 어느 날, 손자들의 손을 잡고 밭에 나간 아내가 함박만한 웃음을 안고 돌아왔다. 치마폭처럼 넓고 녹실녹실한 상추와 통통하게 살이 오른 오이고추, 기품을 자랑하는 자색 가지 등을 한 소쿠리 따 가지고 왔다. 그동안 땀 흘린 보람이 풋풋한 채소가 되어 돌아 온 것이다. 상추와 고추는 맑은 물에 깨끗이 씻고 헹구어 점심상에 올렸다. 그리고 오이는 깍두기처럼 네모나게 설어 초고추장에 마늘을 다져넣고 부추도 썰어 넣어 버무린 뒤 상에 올렸다. 나는 상추 잎에 식은 밥을 한술을 놓고 그 위에 양념 된장과 고추 쪽을 곁들여 입안으로 쏘옥 몰아넣었다. 거기에 초 고추장를 뒤집어 쓴 오이 한쪽을 입에 넣었다. 씹을 때마다 풋풋하고 사근사근한 상추 잎이 된장의 알맞은 간기와 톡 쏘는 고추의 매운맛과 어우러져 입안으로 퍼졌다. 갖가지 자연의 맛이 오묘한 조화를 이루며 입안을 행복하게 해 주었다. 그러면서 잃어버린 식욕까지도 한 층 돋우어 주었다. 그래 이게 자연의 맛이야! 이 보다 더한 신선한 채소가 어디 있으며 이보다 더한 보약이 어디가 있을까? 나는 채소를 먹으며 오감의 희열을 느꼈다. 이러한 기쁨은 가만히 있으면 얻을 수 있는 것이 아니라 땀을 흘리고 노력을 할 때 가능한 것이려니 싶다. 오늘처럼 갖가지 채소들이 나의 밥상을 풍성하게 해 준 다면 올 여름 더위도 거뜬히 이길 것 같은 예감이다.

제 집으로 돌아가는 손자들에게는 고추와 가지, 상추, 오이를 따고 거기에다 참외도 곁들여서 한 상자 들려 보냈다. 저희들이 나름대로 노력한 대가이다. 별것이야 아니지만 그 녀석들이 맛있게 먹을 일을 생각하니 그 뿌듯함이 며칠 동안 이어졌다.

그러나 무엇보다 소중한 것은 몇 끼니 때울 수 있는 채소를 얻었다는 데에 있는 것이 아니다. 땀을 흘려 일을 해 보았다는 데 있고, 좀 더 큰 의미를 둔다면 흙은 진실 되어서 노력한 만큼 준다는 사실을 알게 된 것이리라 그 것이 손자들이 얻게 된 큰 보람이려니 싶다. 한편 우리 부부에게는 함께 일하며 마음을 공유할 수 있는 시간을 가졌다는데 그 의의가 있지 않을까?

(2016년 향촌문학)

백금종 수필집

대숲에 흐른 세월

인쇄_ 2018년 3월
발행_ 2018년 3월

글쓴이_ 백금종
펴낸이_ 김서종
펴낸곳_ 도서출판 Book Manager
전주시 완산구 메너머 4길 25-6
전화 063)226-4321 팩스 063)226-4330
전자우편_ 102030@daum.net
출판등록_ 전주시 제95-3

값 15,000원

ISBN 978-89-6036-311-3 (03810)

이 도서의 국립중앙도서관 출판예정도서목록(CIP)은 서지정보유통지원시스템 홈페이지(http://seoji.nl.go.kr)와 국가자료공동목록시스템(http://www.nl.go.kr/kolisnet)에서 이용하실 수 있습니다.(CIP제어번호: CIP2018007617)